逻辑学完全指南

[英] 李少芬◎著　　李先龙　蔡　慧◎译

北京科学技术出版社

LOGIC

A Complete Introduction

First published in Great Britain in 2017 by Hodder & Stoughton.

An Hachette UK company.

Copyright © Siu-Fan Lee 2017

Simplified Chinese translation Copyright © 2025 by Beijing Science and Technology Publishing Co., Ltd.

著作权合同登记号　图字：01-2024-6486

图书在版编目（CIP）数据

逻辑学完全指南 /（英）李少芬著；李先龙，蔡慧
译 . -- 北京：北京科学技术出版社，2025. -- ISBN
978-7-5714-4579-9

Ⅰ . B81

中国国家版本馆 CIP 数据核字第 2025Q9C506 号

策划编辑：崔晓燕	电	话：0086-10-66135495（总编室）	
责任编辑：张雅琴		0086-10-66113227（发行部）	
责任校对：贾 荣	网	址：www.bkydw.cn	
图文制作：天露霖文化	印	刷：北京中科印刷有限公司	
责任印制：吕 越	开	本：710 mm×1000 mm　1/16	
出 版 人：曾庆宇	字	数：321千字	
出版发行：北京科学技术出版社	印	张：23.5	
社　　址：北京西直门南大街16号	版	次：2025年7月第1版	
邮政编码：100035	印	次：2025年7月第1次印刷	
ISBN 978-7-5714-4579-9			

定　价：79.00元

京科版图书，版权所有，侵权必究。
京科版图书，印装差错，负责退换。

序　言

　　人们不仅对事物是什么感兴趣，还对事物为什么是这样感兴趣。为了探究导致事物是这样的原因，我们需要了解事物之间是如何联系的，以及事物之间为什么是这样的联系。由此，我们才可能了解事物的各种可能性，并且从已知的事物中推导出目前未知的事物。例如，我们可以从"所有人都会死"和"苏格拉底是人"中推导出"苏格拉底会死"。再如，我们若接受"如果天上有乌云，那么便会下雨"的观点，则看到天空中乌云密布时便知道暴雨即将来袭。类似地，我们如果观察到大多数天鹅都是白色的，便会推断出所有天鹅都是白色的（即使事实上天鹅并不都是白色的）。以上例子都与推理或论证有关。可以说，人们自寻求"为什么要相信这个或那个"的答案开始，就一直致力于探究各个陈述的真假，及其彼此之间的关联。

　　逻辑学研究推理，研究的是将好推理与坏推理区分开来的方法和原则。各个陈述之间的关系在很多情况下取决于论证的形式或结构，而不是其实际表达的内容。因此，逻辑学研究的关注点在于论证的形式或结构。在这个意义上，逻辑学具有抽象性，但也正是这种抽象性赋予了逻辑学普遍性和一般性的特征。因为对逻辑学而言，内容是无关紧要的，所以逻辑学可以非常广泛地应用于所有学科的学术研究，无论这个学科研究的内容是什么。

　　本书介绍了三个基本的逻辑系统：词项逻辑、命题逻辑和谓词逻辑。对每个系统，本书都给出了一种检验论证有效性的基础方法：检验词项逻辑中论证有效性的基础方法是文恩图，检验命题逻辑中论证有效性的基础方法是真值表，检验谓词逻辑中论证有效性的基础方法是自然演绎法。本书还提供了大量的例子和练习来帮助你掌握这些检验方法。由于每个逻辑系统都涉及对日常语言的分析，因此逻辑学与我们日常语言的使用息息相关。词项逻辑分析的是句子的主谓结构。命题逻辑关注的是简单句之间的联结。谓词逻辑结合了词项逻辑和命题逻辑的特点，是一种非常强大的、可用于分析复杂思想和关系的工具。本书之所以选择介绍这些逻辑系统和检验论证有效性的方法，是因为这些系统和方法都是非常直观的，并且在日常论证中有十分广泛的应用。不过，水平更高的读者可能希望更深入地了解其他复杂的逻辑系统。

除了与论证形式有关的知识，本书还讨论了意义的本质。同时，本书也介绍了一些非形式谬误，这些谬误或者与意义有关，或者与语言使用有关，或者与前提和结论之间的关系有关。这些讨论都有助于我们在日常生活中识别出坏推理。因此，本书的定位介于批判性思维和逻辑之间——比常规的批判性思维课程涉及更多的形式化内容，但比纯粹的逻辑学课程少了一些技术性的要求。

本书不仅能帮助你掌握基本逻辑中的方法，还能帮助你理解这些方法背后的思想。在你读完本书后，我希望你能了解逻辑学家的思考方式，并开始像逻辑学家一样思考！当然，所有逻辑系统都有其局限性，为了在日常生活中恰当地运用逻辑技巧，了解这些局限性是很重要的。

在本书中，我会采用对话的方式邀请你和我一起探索逻辑学，你将通过练习和复习来实践和巩固你所学的知识。在阅读本书时，你不需要具有逻辑学或数学专业背景。书后附有所有练习的参考答案，关键词在正文中都已用黑体标出，并且在术语表中再次给出解释。

目　录

3 非形式谬误 061

4 词项逻辑 107

5 命题逻辑   171

1

逻辑学概述

你将在这一章中学习以下内容

▶ 逻辑学是什么？

▶ 论证是什么？

▶ 演绎和归纳

▶ 真和有效性

▶ 学习逻辑学的心理准备

1.1 逻辑学是什么？

逻辑学是一门**规范性的**学科，研究的内容是区分好推理和坏推理的方法和原则。从这个意义上讲，逻辑学家不是要去探索人们实际推理时的思维过程（这其实属于心理学家的工作），而是要指出人们在推理时应当做些什么。

推理必然会涉及论证，所以我们将在本章一开始先解释论证的构成，以及如何识别论证。接下来，我们会区分两种基本的论证类型：演绎和归纳。由于我们在生活中经常会说到论证为真或是有效的（我会在后文说明，从专业的角度讲，用"真"来评价论证其实是错误的），我们将在第 1.4 节中将讨论"真"和"有效性"之间的关系。在本章的结尾，我们还会澄清一些与逻辑学有关的误解，以免大家在学习逻辑学之前产生不必要的恐惧感。

1.2 论证是什么？

论证的构成

论证是由一个结论和若干个前提组成的结构。其中，**结论**是论证者希望确立的命题；**前提**是用于支持结论的理由，论证者据此可以坚定其关于结论中的信念。而逻辑则是指结论是否来自前提，或者结论是怎样从前提中推出来的。所谓"结论（命题 B）来自前提（命题 A）"，通常是指在前提（命题 A）为真的所有情况中，结论（命题 B）也都为真。在现实生活中，论证有不同的形式。其中，有一些论证我们很容易便可以辨认出来，但有一些论证表述得很隐晦。因此，我们需要做一些练习来提升识别论证的意识和能力。

一个论证一定会包含并且只能包含一个结论。如果一段论述中包含了多个结论，这意味着这段论述中包含了多个论证。因此，我们可以借助结论来区分不同的论证。我们可以按照如下步骤将一个论证整理为标准形式：首先，把前提依次排列在上方，结论排列在最下方；其次，把每一个前提都标上序号；最后，用一条横线将前提和结论分隔开。

前提 1

前提 2

············

结论

一般来讲，结论都应该有前提支持。因此，论证通常会包含若干个前提。实际上，论证可以包含的前提数量是没有上限的。然而，我们不禁要问：一个论证所包含的前提数量有下限吗？如果有，那么一个论证至少需要包含多少个前提？一个，两个，还是三个？答案可能让你感到惊讶——从形式上讲，论证可以不包含任何前提。这个答案之所以会让人感到惊讶，是因为如前所述，前提是用于支持结论的理由，而没有前提则意味着没有理由来支持结论。可是，我们论证的目的就是要通过给出可信赖的理由来使人接受结论。这样看来，零前提与论证的目的似乎是冲突的。然而，逻辑学家给出这样的答案，也是有其合理之处的：允许论证不包含任何前提，并不是指结论可以不用任何理由来支持，而仅仅是指没有什么理由可以反对这个结论。我们认为这样的结论是自明的。以下是一些不言自明的真理的例子。

例（1）　每一事物与自身同一。

例（2）　某事物要么是这样，要么不是这样。

例（3）　某事物在同一时间既是这样，又不是这样，这一定不是真的。

例（4）　一个物体在同一时间不可能全都是红色的和绿色的。

不言自明的真理是不需要任何理由来支持的显而易见的真理。或者，我们也可以这样讲，因为没有任何理由可以反对自明的真理，自明的真理也不与任何事物相矛盾，所以任何理由或事物都在支持自明的真理。我们会在下文介绍这样一个观点：如果一个论证可以将其前提的真实性保持到其结论当中，那么这个论证是有效的。之所以要这样定义"有效"，就是因为含有自明的真理的结论总为真。任何真的陈述作为前提，都会导致[①]结论也为真。因此，每一个支持自明的真理的论证都是有效的论证。

例（1）～例（3）中的命题是如此的普遍与直观。因此，我们把这三个命题的一般形式看作**逻辑基本规律**。这三个逻辑基本规律分别命名如下。

例（1）　同一律。

例（2）　排中律。

例（3）　矛盾律。

例（4）则是形而上学中一个必然真理的实例。

甚至有一些哲学家认为，对偶然真理而言，只要是非常直观的并且难以反驳的，就是自明的真理。如例（5）所述，作为第一人称感知到的真理是自明的。

例（5）　这是我的一只手（在正常感知的情况下，我一边说一边抬起一只手，并且仔细地看着这只手），这是我的另一只手（我一边说一边晃动着另一只手）。

当然，自明的真理只是论证的特殊情况，大多数论证不是这样的，而

---

① 这里所说的"导致"并不要求前提和结论一定具有因果性，后文会有详细的解释，此处不必纠结"导致"一词的具体释义。——译者注

是至少包含一个前提的。我们在介绍识别论证的技巧时还会列举更多论证的例子。

核心概念：自明

自明仅仅是指"没有什么反对的理由"吗？你是怎么看待自明的？

有关自明的问题其实远比表面上看起来的复杂。自明的真理来自直觉。我们往往很难去反驳普遍的直觉，特别是当我们的许多判断都基于普遍的直觉时。不妨考虑一下，我如果要怀疑这双手是我的，那接下来会发生什么？我将怀疑许多在生活中被认为理所当然的事物。然而我们知道，生活中有些我们相信其为真的事物原本可能为假。例如，我将远处的一只机器狗误认为是一只真正的狗。那么，问题来了，我们要怎么分辨不同类型的直觉呢？更重要的是，我们要如何为这些非常普遍并且基本的直觉提供合理的证明依据呢？显然，这都不是简单的问题！

哲学家维特根斯坦曾经这样描述此类情况："如果我穷尽了根据，我就挖到了坚硬的基岩，我的铲子就弯了回来。这时我会说'我就是这样行事的'。"（维特根斯坦，《哲学研究》）

此外，我们是否应该把自明看作"没有什么反对的理由"呢？我们在这样看待自明的时候，是不是已经假设了命题要么为真要么为假，没有命题是既真又假的？可问题是，这些逻辑基本规律（分别是排中律和矛盾律）恰恰属于我们声称存在的自明的真理。于是，我们实际上是在用一些自明的真理来定义自明的真理。这难道不是乞题谬误吗？

对我们而言，还有一个问题：尽管在通常情况下我们不会质疑自明的真理，但是我们也似乎很难说明为什么不能质疑自明的真理。事实上，已经有一些逻辑系统在质疑某些逻辑规律了。我们在例（1）~例（3）中介绍的三个逻辑基本规律其实都是经典逻辑系统中的规律。有一些非经典逻辑系统正在尝试以不同的方式挑战这些逻辑规律。例如，次协调逻辑便拒绝矛盾律——一些次协调逻辑的专家指出，现实中存在真正的矛盾，如一些人会持有相反的道德观点；但也有一些逻辑学家认为，所有的矛盾都是显然错误的。

识别论证的技巧

因为所有的论证都有且只有一个结论，所以我们在识别论证时首先应该识别出论证的结论，然后再根据结论来回溯前提。思考以下论证，你能识别出结论和前提吗？

例（6） 到现在为止，雨已经下了一个月了。因此，明天很可能还下雨。

例（7） 如果上帝存在，那么这个世界上将不会再有苦难。这个世界上还有苦难。因此，上帝不存在。

例（8） 史密斯先生一定是一个坏人或者一位严厉的老师，因为只有坏人或严厉的老师才会打孩子，而史密斯先生打孩子。

在例（6）中，结论是第二句，前提是第一句。我们把例（6）改写成如下所示的标准形式。

（前提）到现在为止，雨已经下了一个月了。
_____
（结论）因此，明天很可能还下雨。

例（7）包含了一个结论和两个前提，结论是最后一句。

（前提1）如果上帝存在，那么这个世界上将不会再有苦难。

（前提2）这个世界上还有苦难。
_____
（结论）因此，上帝不存在。

例（8）也包含了一个结论和两个前提。不过，例（8）是先给出了结论，而后才给出前提。此外，虽然例（8）中的论证是用一句话表述出来的，但是我们可以把句子的各个部分分别识别为前提和结论。

（前提1）只有坏人或严厉的老师才会打孩子。

（前提2）史密斯先生打孩子。
_____
（结论）史密斯先生一定是一个坏人或者一位严厉的老师。

需要注意的是，日常语言中的论证有无数种形式。结论可以出现在结尾，如例（6）和例（7）；也可以出现在开头，如例（8）。论证可以用一个简单句来做结论，如例（6）和例（7）；也可以是一个包含了多重主谓关系的复合句，如例（8）。此外，论证可以只有一个前提，如例（6）；也可以包含多个前提，如例（7）和例（8）。

由于论证的形式有很大不同，我们经常会使用一些典型的词来表示哪一句是前提，哪一句是结论。这些词分别被称为**前提指示词**和**结论指示词**。常见的指示词如下所示。

● 前提指示词：因为，由于，由……推知，如……所示，既然，根据，理由是，由于……的原因，可以从……中推知、推导、推断，鉴于……的事实，等等。

● 结论指示词：所以，因此，从而，作为结果，相应地，它证明，由此得出……，我们可以推知，这使我们能够推断出，这表明、意味着、包含、暗示着，等等。

熟知以上这些指示词将有助于你在文章中识别论证。

省略论证：省略前提或省略结论

我们在论证时，有时会省略一个或多个前提，有时会省略结论。这样的论证被称为省略论证。在这种情况下，我们需要把省略的部分补充完整，从而展示出整个推理过程。补充省略论证会涉及语境的解释。然而，解释是否正确，有可能产生争议。以下便是一个例子。

例（9）　你为什么还在这里？所有学生都应该在考试开始前15分钟到达考场。

例（9）的论证形式如下。

（前提 1）所有学生都应该在考试开始前 15 分钟到达考场。

（前提 2，省略）你是即将参加考试的学生。

（前提 3，省略）你在这里。

（前提 4，省略）这里不是考场。

_____

（结论，隐含）你不应该在这里。

例（9）也是一个**修辞性问句**的实例。有时候，人们提出一个问题或发出感叹的目的其实是要以另一种语气来提出一个隐含的命题，而非真正询问或抒发情感。如例（9）中的问题"你为什么还在这里？"就不是要得到答案，而是隐含地表示"你不应该在这里"。因此，我们在论证时，需要根据相应的语境来把握隐含的内容，并将其以命题的形式明确地表述出来。

连锁论证和子论证

有些时候，一个论证可能是另一个更大的论证的一部分。这时，我们把较小的论证称为**子论证**。每一个子论证都会得出一个结论，而这个结论通常又会作为另一个论证的前提被使用，如此往复，最终会得出一个一般而言更具有普遍性的结论。由于子论证的结论与其他论证相关联，有时整个论证可以被称为**连锁论证**。严格来讲，"连锁论证"这个词通常专门用于指称一种特殊的论证形式——纯假言三段论。

以下是一个纯假言三段论的例子。

例（10）没有社会，个人便得不到发展。没有国家，社会将不复存在。因此，没有国家，个人便得不到发展。

我们可以把例（10）中的论证改写为如下形式。

（前提 1）如果没有国家，那么就没有社会。

（前提 2）如果没有社会，那么个人便得不到发展。

_____

（结论）因此，如果没有国家，个人便得不到发展。

在例（10）中，国家的缺失导致了社会的缺失，社会的缺失导致了个人发展机会的缺失，就此意义而言，一个因素导致了另一个因素的产生，从而形成了一根"链条"。如果我们用符号（A、B、C等）来表示不同的因素，那么这些因素将连成一条线。例如，用 A 表示国家的缺失，B 表示社会的缺失，C 表示个人发展机会的缺失。那么，以上论证可以抽象地表示为如下形式。

A → B，B → C，所以 A → C。

以下例子都是包含子论证的论证。

例（11） 每个人都只能活一次。你是一个人。你如果只能活一次，那么应当珍惜生命中的每一分钟。因此，你应当珍惜生命中的每一分钟。

例（11）中的论证可整理为如下形式。

（前提 1）每个人都只能活一次。

（前提 2）你是一个人。

（结论，隐含）你只能活一次。

（前提 3）你如果只能活一次，那么应当珍惜生命中的每一分钟。

（前提 4，隐含）你只能活一次。（前提 1 和前提 2 的隐含结论）

（结论）因此，你应当珍惜生命中的每一分钟。

在例（11）中，前提 1 和前提 2 其实已经可以组成一个论证了，其隐含的结论是"你只能活一次"。论证者又把这个结论作为前提，进一步论证了"你应当珍惜生命中的每一分钟"。"你应当珍惜生命中的每一分钟"是整个论证的最终结论。因此，这个完整的论证中包含了一个子论证，即由前提 1 和前提 2 提出所需的结论。我们也可以用一张图来展示例（11）中论证的结构，这样可以更清楚地看出子论证在整个论证中的作用。

```
┌─────────────────┐        ┌─────────────┐
│ 每个人都只能活一次。│        │ 你是一个人。 │
└─────────────────┘        └─────────────┘
       └──────────────┬──────────────┘
           ┌ ─ ─ ─ ─ ─ ─ ─ ─ ┐
           │ 你只能活一次。   │       ┌──────────────────────┐
           └ ─ ─ ─ ─ ─ ─ ─ ─ ┘       │ 你如果只能活一次，那么应当 │
                   └──────────────────│ 珍惜生命中的每一分钟。    │
                                      └──────────────────────┘
            ┌──────────────────────────────┐
            │ 你应当珍惜生命中的每一分钟。      │
            └──────────────────────────────┘
```

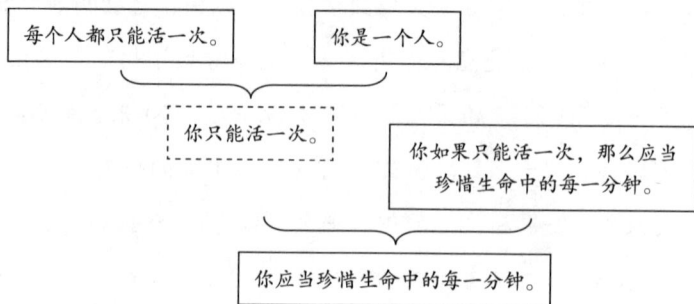

　　例（12）　莫里亚蒂很可能是罪犯。这是因为只有犯罪天才才能计划和实施如此缜密的犯罪，而且我们已经证实了莫里亚蒂就是犯罪天才。此外，事实上，莫里亚蒂还出现在了犯罪现场。

　　（前提1）只有犯罪天才才能计划和实施如此缜密的犯罪。

　　（前提2）莫里亚蒂是犯罪天才。
————————————————————————————————————
　　（结论，隐含）莫里亚蒂能计划和实施如此缜密的犯罪。

　　（前提3）莫里亚蒂出现在了犯罪现场。

（前提4，隐含）莫里亚蒂能计划和实施如此缜密的犯罪。（前提1和前提2
　　　　　　　　　的隐含结论）
————————————————————————————————————
（结论，隐含）莫里亚蒂能计划和实施如此缜密的犯罪，并且出现在了犯罪
　　　　　　　　现场。

（前提5，隐含）如果一个人能计划和实施如此缜密的犯罪，并且出现在犯
　　　　　　　　罪现场，那么这个人很可能是罪犯。

（前提6，隐含）莫里亚蒂能计划和实施如此缜密的犯罪，并且出现在了犯
　　　　　　　　罪现场。（前提3和前提4的隐含结论）
————————————————————————————————————
　　（结论）莫里亚蒂很可能是罪犯。

　　我们也可以用下图来表现例（12）中论证的结构。

只有犯罪天才才能计划和实施如此缜密的犯罪。

莫里亚蒂是犯罪天才。

莫里亚蒂能计划和实施如此缜密的犯罪。

莫里亚蒂出现在了犯罪现场。

一个人如果能计划和实施如此缜密的犯罪，并且出现在犯罪现场，那么这个人很可能是罪犯。

莫里亚蒂能计划和实施如此缜密的犯罪，并且出现在了犯罪现场。

莫里亚蒂很可能是罪犯。

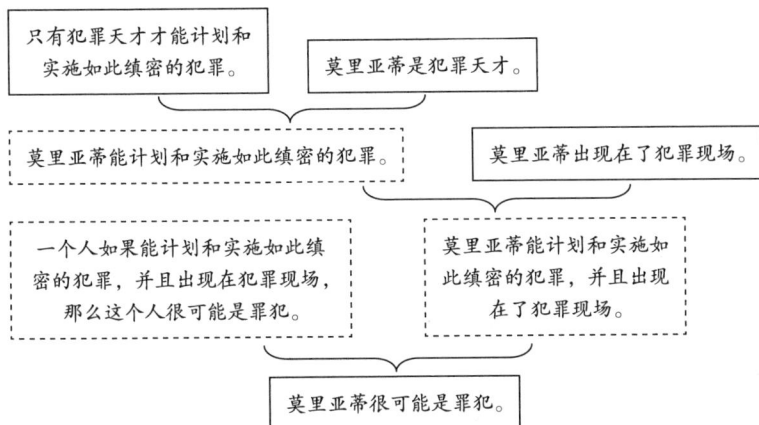

练习 1.1 识别论证

识别出下列句子中的论证，并将这些论证改写成标准形式，同时标出前提提示词和结论指示词。注意，我们实际使用语言时，可能隐藏某些假设或前提，观点也可能暗含在问题中而不是陈述中。因此，我们需要将这些情况一一辨识出来，并将句子改写为明确的陈述。

1.君主……应当同时效法狐狸与狮子。由于狮子不能够防止自己落入陷阱，而狐狸则不能够抵御豺狼。因此，君主必须是一只狐狸，以便认识陷阱，同时又必须是一头狮子，以便使豺狼惊骇。（尼科洛·马基雅维利，《君主论》）

2.既然幸福在于心灵的宁静，既然心灵的持久的宁静依靠我们对未来的信心，既然那一信心建立在我们应有的关于上帝和灵魂之本性的科学基础之上，因此可以说，为了真正的幸福，科学是必须的。（戈特弗里德·威廉·莱布尼茨，《综合科学序言》）

3.自由意味着责任。这就是大多数人都畏惧它的缘故。（萧伯纳，《人与超人》）

4.爱丽丝知道它说的话根本不成立，但是她还是继续问："你又为什么说你自己是疯子呢？""咱们从这里开始说起吧，"猫说，"狗不是疯的，你同意吗？""也许是吧！"爱丽丝说。"好，那么，"猫接着说，"就像你知道的，狗生气时会叫，高兴时会摇尾巴，可是我却相反，我是高兴时叫，生气时摇尾巴。由此可见，我是疯子。"（刘易斯·卡罗尔，《爱丽丝漫游奇境记》）

5.尝试从日常读的报纸、期刊或博客文章中识别出一个论证来。

1.3 演绎和归纳

在逻辑学研究中，除了能识别出论证，我们还需要分辨相应的论证类型。论证至少存在两种类型。比较例（6）、例（7）和例（8），我们会发现例（6）与例（7）、例（8）有着非常明显的区别：即使例（6）的前提为真，其结论也仅仅有可能为真，而不会绝对为真。换言之，对例（6）来说，当前提为真时，结论有可能为真，也有可能为假。我们把这种类型的论证称为**归纳**。然而，对例（7）和例（8）来说，如果前提都为真，我们就可以知道结论一定为真。换言之，即使前提实际上可能并不为真，但是我们也可以明确地知道结论是否来自前提。或者，我们可以说，前提的真实性完全决定了结论的真实性。这也是我们所说的论证的有效性。我们把这种类型的论证称为**演绎**。

归纳论证通常应用于科学推理中，即基于特定的观察和实验推出一般性的观点。演绎论证更常用于数学和哲学推理中，因为演绎可以使我们在不需要知道前提是否为真的情况下获得确定的知识。本书主要关注的论证类型是演绎。

以下是演绎和归纳的不同点。

演绎	归纳
获得确定性：对一个演绎有效的论证，如果前提都为真，那么结论一定为真。	获得可能性：如果前提都为真，那么结论可能为真，但不必然为真。
增加新前提不会产生更强的论证。	增加新前提可能改变原论证的强度。
结论已经包含在前提之中。从这个意义上说，演绎不涉及新知识。	增加了经验知识。

核心概念：归纳

虽然我不打算在这本书中过多地讨论归纳，但归纳的确是逻辑学中的一个重要的概念。

大多数科学发现、统计分析和概括都是基于归纳论证的。归纳论证可以用强或弱来评价。注意，只有演绎论证才可以用有效或无效来评价。实际上，所有归纳论证都是无效的。

1.4 真和有效性

逻辑学的主要任务不仅是识别论证，还包括评价论证。评价论证的标准有两个：一是单独的陈述（前提或结论）是否为真；二是整个论证是否有效。对这两个标准，我们还需要做一些解释。

真

逻辑学的目的在于追求真。其实，所有论证的目的都在于追求真。**真**即它是什么，就说它是什么。像人这样的智慧生物总是好奇心满满，想知道外面有什么，现在的情况是什么样的或不是什么样的，事物之间是怎么联系的，将来会发生什么和曾经发生过什么，等等。所有科学的目的都是要去建立这样的知识体系。我们可以把逻辑学看作一门特殊的科学，因为逻辑学不仅关注事物是什么，还关注事物可能是什么。因此，我们虽然实际上可能并不知道事物具体是什么样的，但可以知道如果事物是这样的或那样的，那么接下来可能发生什么。我们来看看如下论证。

例（13）

（前提1）把不必要的痛苦强加给其他生命，这在道德上是错误的。

（前提2）有一些动物是能感受到痛苦的生命。

（结论）因此，把不必要的痛苦强加给一些动物，这在道德上是错误的。

我们可能无法确定例（13）的前提是否为真。其中，前提1是道德论辩中的一个主题，前提2是科学研究中一个主题。然而，我们从前提1、前提2和结论的关系中可以知道，如果前提1和前提2都为真，那么结论也为真。我们把前提和结论之间的这种关系称为**有效性**。

核心概念：真和有效性

论证通常是由若干个陈述组成的，即一个结论和若干个前提。

A. 陈述（前提或结论）可以是有效的或无效的吗？

B. 相应地，论证可以为真或假吗？

答案是，都不可以。陈述一定为真或假，而论证才是有效的或无效的。这是因为有效性描述的是陈述之间的一种关系，而不是陈述自身的属性。有效性是指，如果前提都为真，那么结论是否来自前提。虽然我们有时候会听到有人在日常语言中使用"有效的陈述"这种说法，但这种说法实际上是错误的。

类似地，只有陈述才能为真或假。论证所包含的陈述可以为真或假，但论证自身不能为真或假。如果论证是有效的，那么当该论证的所有前提都为真时，其结论一定也为真。然而，此时我们要说这个论证是有效的，而不能说这个论证为真。

有效性

当且仅当结论来自前提时，论证是**有效的**。这意味着，如果所有的前提都为真，那么结论不可能为假。任何论证如果不是有效的，就是**无效的**。

事实上，判断论证的有效性是逻辑学中最受关注的问题之一。因此，接下来，我们会通过例子来说明有效性这个概念，再介绍一些判断论证有效性的方法。

下面这个论证从直觉上判断是有效的。

例（14）

（前提1）如果下雨，那么地面会湿。

（前提2）下雨了。
_____

（结论）因此，地面会湿。

例（14）是有效的，因为其结论来自前提。然而，例（14）的前提并不一定都为真。实际上，前提1仅仅是我们生活的这个现实世界中的一个偶然事实。因此，前提1不一定为真。当天气晴朗时，前提2为假。尽管如此，我们无法改变的事实是，如果前提1和前提2都为真，那么结论一定为真。

我们再举一个例子作为对照。

例（15）

（前提1）如果下雨，那么地面会湿。

（前提2）没有下雨。
_____

（结论）因此，地面不会湿。

例（15）是一个无效的论证，因为即使前提1和前提2都为真，结论仍然有可能为假。例如，某人向地上泼水，或者意外地打破了一个装满水的杯子，地面都会因此变湿。这便说明，即使没有下雨，地面仍然有可能是湿的。于是，例（15）的前提的真不能保证结论的真。因此，例（15）中的论证是无效的。

更多例子

请凭直觉判断以下论证是否有效。

例（16）

（前提1）孔子是一位伟大的老师。

（前提2）一个星期有7天。
_____

（结论）因此，2+5=7。

在例（16）中，前提和结论都为真，甚至结论必然为真，因为数学真理不依赖经验世界中偶然发生的事件。然而，例（16）的前提和结论之间没有关系。因此，虽然我们也把例（16）这样的论证称为有效的论证，但是这种有效性是无意义的。因此，例（16）不是好的论证。

例（17）

（前提1）所有蜘蛛都是昆虫。

（前提2）所有昆虫都有8条腿。
_____

（结论）因此，所有蜘蛛都有8条腿。

在例（17）中，前提1和前提2都为假。因为，蜘蛛不是昆虫[①]，并且昆虫有6条腿而不是8条腿。不过，这个论证是有效的。这是因为这个论证的结论来自前提，即如果前提都为真，那么结论也为真。作为对照，我们再看后面这个例子。

_____

① 蜘蛛属于蛛形纲，而不是昆虫纲。——译者注

例（18）

> （前提 1）所有昆虫都是蜘蛛。
>
> （前提 2）所有昆虫都有 8 条腿。
> ───────────────────────────
> （结论）因此，所有蜘蛛都有 8 条腿。

例（18）的前提也都为假，但论证却是无效的。因为即使前提 1 和前提 2 都为真，也不能保证结论一定为真。前提 1 说所有的昆虫都是蜘蛛，如果前提 1 为真，那么蜘蛛的集合大于昆虫的集合。这说明，昆虫的集合不能囊括所有的蜘蛛。因此，即使所有的昆虫都有 8 条腿，仍然可能有一些蜘蛛不是昆虫，并且没有 8 条腿。

比较例（18）和下面的例（19），例（18）和例（19）具有完全相同的形式，但是我们很容易便可以看出例（19）中的论证是无效的。

例（19）

> （前提 1）所有妈妈都是女人。
>
> （前提 2）所有妈妈都有孩子。
> ───────────────────────────
> （结论）因此，所有女人都有孩子。

用例（19）的结构去对比例（18）的结构，这是一种很好地讨论有效性的方式。我们把这种方式称为**类比推理**。使用类比推理时，论证者通常同时给出两个具有相同形式的论证，其中一个论证是明显有效的或无效的，而另一个论证的有效性是不明显的。虽然有一个论证的有效性不明显，但因为这两个论证具有相同的逻辑属性，所以我们只要指出其中一个论证的有效性，便可以说明另一个论证的有效性了。

常见混淆

▶ **"一个具有真前提和假结论的论证可以是有效的论证。"**

错误。如果一个论证是有效的，并且所有的前提都为真，那么这个论证的结论一定为真。有效的论证可以具有：

- 真前提和真结论；
- 假前提和真结论；
- 假前提和假结论。

然而，有效的论证不可能具有：

- 真前提和假结论。

▶ **"一个具有真前提和真结论的论证总是有效的论证。"**

错误。我们不是单独基于前提的真和结论的真来判断论证的有效性的。有效性是指前提和结论之间的关系，即如果前提为真，那么结论不可能为假。因此，对有效性来讲，无论前提和结论是否为真，前提和结论都必须以一种正确的方式关联在一起。因此，一个论证即使具有真前提和真结论，仍然有可能是无效的。请思考下面的例子。

例（20）

（前提1）没有一只蜘蛛是昆虫。

（前提2）所有昆虫都有6条腿。
_____

（结论）因此，没有一只蜘蛛有6条腿。

例（20）是一个无效的论证，因为前提并没有说明只有昆虫才有6条腿，也许还有一些其他种类的动物也有6条腿，而蜘蛛是其中之一。因此，虽然这个论证的前提和结论都为真，但是前提的真并不能保证结论的真，所以例（20）的论证是无效的。

▶ "一个具有一个或多个假前提的论证可能有一个真结论，并且该论证是有效的。"

正确。请思考例（14）中的论证。有一种可能的情况是，在天晴时（前提 2 为假），有人把地面弄湿了（结论为真）。尽管如此，例（14）的有效性并没有因此发生改变。

▶ "一个有效的论证可以有假前提和假结论吗？"

可以。以下是一个例子。

例（21）

$$（前提）2>3。$$
$$（结论）因此，2^2>3^2。$$

例（21）的前提和结论都为假。不过，如果前提为真，那么结论也为真。因此，例（21）中的论证是有效的。

评价论证：有效性、可靠性和恰当性

我们已经讨论了两个与评价论证有关的概念（真和有效性），接下来便可以用它们来具体评价论证了。我们希望论证至少是有效的，因为论证如果是无效的，我们就无法得到任何可靠的知识。虽然我们在很多情况下无法确切地知道某一个陈述是否为真，但在**有效的论证**中，我们至少可以知道陈述之间的关系是怎样的，即如果某事物是这样的，那么这会产生一个确切的结果。这种知识是有用的。例如，在数学中，很多人不愿意断言数学对象（如数字）是作为抽象实体而存在的。然而，无论这些数学对象是什么，我们至少能够知道由某些我们接受的公理（前提、假设）可以得出什么结果。在解决实际的数学问题时，了解这种前提和结论之间关系的知识可以确保数学系统能够发挥其作用。

相对有效的论证而言，更好的一类论证是，在保证有效性的同时，所有的前提都为真。我们把这一类论证称为**可靠的论证**。可靠的论证之所以比有效的论证更好，是因为有效性可以保证在前提为真时结论一定为真。如果这时所有的前提确实都为真，那么可靠的论证的结论也为真。这正是我们想要的关于真理的确切知识。

例（17）是一个有效的论证，但例（17）不是可靠的论证，因为其前提为假。事实上，一个论证即使只有一个前提为假，也不可能是可靠的。以下是可靠的论证的例子。

例（22）

（前提 1）$289 \times 312 = 90168$

（前提 2）如果 $289 \times 312 = 90168$，那么 289 是 90168 的一个因数。
_____

（结论）因此，289 是 90168 的一个因数。

例（23）

（前提 1）每一个人都会死。

（前提 2）苏格拉底是人。
_____

（结论）因此，苏格拉底会死。

以上两个论证都是可靠的。不过，在可靠的论证中，并非所有前提的真实性都是可以信赖的。因此，可靠的论证又分为两类：恰当的和不恰当的。例（22）中的论证是可靠的但不恰当的，例（23）中的论证是既可靠又恰当的。对例（22）而言，人们可能并没有计算 312 乘 289，从而不知道乘积是 90168，所以前提 1 的真并非显而易见的。此外，有一些人（如不懂数学的人）可能无法很好地理解前提 1。因此，例（22）的前提不是可以信赖的。与例（22）相反，例（23）的所有前提都是显而易见的，所以人们更容易接受例（23）中的论证。

我使用"**恰当的论证**"①这个词来指代任何"前提是可接受的、与结论相干的，并且对结论而言是充分的"（约翰逊和布莱尔于1977年提出）论证（包括归纳论证）。在日常语言中，这个定义可以涵盖更加广泛的论证。赫尔利将恰当的论证定义为"强的并且前提全都为真的归纳论证"。如此一来，恰当的论证就等同于可靠的归纳论证了。不过，我更倾向于采用更宽泛的理解，而不仅仅把恰当的论证限制在归纳论证中。

我们再看一些例子，以下论证都是可靠的，并且具有完全相同的论证结构。不过，例（24）是恰当的，例（25）是不恰当的。

例（24）

（前提1）如果地球是平的，那么在船离开港口后船的桅杆不会消失在地平线处。

（前提2）船的桅杆会消失在地平线处。

（结论）因此，地球不是平的。

例（25）

（前提1）如果质数是有穷多个，那么这些质数的乘积加1的和不是质数。

（前提2）这些质数的乘积加1的和是质数。

（结论）因此，质数不是有穷多个。②

恰当性反映的是论证的说服力。因为恰当性涉及知识，所以恰当性与论证的语境和目标受众有关。对一些人来说，某个前提的真实性是可信赖的，但对其他人来说就未必如此了。

---

① 有些学者也称其为"信服的论证"或"有力的论证"。——译者注

② 质数是指只有1和它本身两个因数的自然数。如果质数是有穷多个，那么这些质数的乘积加1的和（不妨设为 a）不等于任何一个质数，所以 a 不是质数。故而，前提1为真。因为这些质数除以 a 的余数都是1，所以 a 只有1和 a 两个因数；因此，a 是质数。故而，前提2为真。——译者注

例（26）

> （前提1）鲸鱼是哺乳动物。
>
> （前提2）鲸鱼会跳。
>
> ─────────────────────
>
> （结论）因此，有些哺乳动物会跳。

以现在的观点来看，例（26）显然是一个恰当的论证。然而，过去人们普遍认为鲸鱼是鱼，而不是哺乳动物。因此，在过去，例（26）不是一个恰当的论证。

总而言之，我们可以按照以下三个标准来定义好的论证。

● 有效的：当且仅当一个论证的所有前提都为真，其结论也为真时，该论证是有效的。

● 可靠的：当且仅当一个论证是有效的，其所有的前提都为真时，该论证是可靠的。

● 恰当的：当且仅当一个论证的前提是可接受的、与结论相干的、对结论来说是充分的时，该论证是恰当的。

要点荟萃：逻辑学的基本概念

我们在这一章中介绍了逻辑学的一些基本概念。

● 逻辑学是研究好推理和坏推理的学科。推理是以论证的形式呈现的，论证是一个用前提支持结论的结构。

● 陈述、命题要么为真，要么为假。

● 我们可以按照如下顺序依次评价一个论证：有效性、可靠性和恰当性。

● 有效的论证，是指如果论证所有前提都为真，那么其结论不可能为假。

● 可靠的论证，是指论证是有效的，并且所有前提都为真。

● 恰当的论证，是指论证的强度高，并且所有前提的真实性都是可信赖的。

练习 1.2 检验有效性概念

1. 判断以下陈述的真假。

i. 一个有效的论证总有一个真结论。

ii. 一个可靠的论证可以有一个假结论。

iii. 一个恰当的论证总有真前提。

iv. 一个具有真前提和真结论的论证就是有效的论证。

v. 一个无效的论证可以有一个真结论。

2. 将下列词和相应的定义连接起来。

i. 论证   a. 一个未明确表达的前提。

ii. 断言   b. 在前提为真时可以保证结论也为真的结构。

iii. 前提   c. 由一些导致结论的理由组成的结构。

iv. 结论   d. 无论有没有提供理由或支持的证据，该陈述都为真。

v. 隐含前提   e. 不考虑支持或反对的证据而形成的信念。

vi. 有效的论证 f. 具有真前提的有效的论证。

vii. 可靠的论证 g. 从论证的前提中得出的陈述。

viii. 无支持的论证 h. 从中可以得出论证的结论的陈述。

1.5 补充说明

这一节的目的是消除大家在学习逻辑学时产生的一些常见的心理顾虑。

逻辑学是数学吗？

如果你认为数学是一项关于计算、测量和计数的工作，那么逻辑学肯定不是数学。我们不妨以数独游戏为例，数独需要你将 1～9 这 9 个数字填入一个 9×9 的网格中，使得每一行、每一列和每一个 3×3 的网格中都包括 1～9，并且数字不重复。数独的本质是根据某些规则和样式来操作符号，即使不使用数字，我们使用其他的符号也可以这样玩。因此，数独游戏不是一个数字游戏，而是一个逻辑游戏。（我在伦敦看到过有为吸引商人而专门用货币符号来制作的数独游戏。）这表明，逻辑学可以不受所使用符号的现实意义的限制。因此，逻辑学比数学有更广泛的应用范围。

不过，逻辑学和数学在其他诸如抽象的思考和运算等方面却有极大的相似性。被誉为"现代逻辑之父"的德国逻辑学家戈特洛布·弗雷格曾经雄心勃勃地带头开展了一项研究，即**逻辑主义研究**，旨在将算术完全化归为逻辑。该研究的任务是，只用逻辑运算来定义数，使算术变得完全一般化，从而不再需要任何实质性的数学内容。在这项计划中，弗雷格首先将0的概念定义为"不与其自身相同"。因为没有任何事物是不与其自身相同的，所以"不与其自身相同"这个概念不指称任何对象，即有0个元素的集合满足"不与其自身相同"的标准。于是，我们便可以用"不与其自身相同"这个概念把0定义为一个集合。只要有了0的定义，我们就可以借助0来定义其他的数了。例如，我们借助0来把1定义为一个集合，因为"不与其自身相同"这个概念指的是0，所以我们便可以用"与0相同"这个概念来定义1。我们还可以用相同的方式把2定义为"与0相同或与1相同"，等等。

这项研究是基础的且简练的。然而，伯特兰·罗素于1911年指出这项计划中存在一个悖论（后人将此悖论称为"罗素悖论"），从而导致这项计划终止。这个悖论是关于空集及其幂集的。空集是指不包含任何元素的集合，幂集是一个由集合构成的集合[①]。如果我们构造一个包含了空集的幂集，直观上这个空集将成为其自身的一个元素。因此，这个空集的集合是不空的。然而，根据定义，空集内应当没有任何元素。于是，这便产生了无中生有的现象。那么，一定是有什么地方出了问题。弗雷格是用空集和幂集来定义数的，于是他的整项研究都陷入了由罗素悖论导致的问题中。最终，

---

① 严格来讲，幂集是由一个集合的所有子集构成的集合。——译者注

弗雷格在罗素提出悖论后放弃了逻辑主义研究。

核心概念：先验知识

  因为逻辑不依赖任何实质内容，所以人们有时候也称逻辑知识是先验的或先天的知识。先验知识是指不需要任何经验证据来证明的知识。先天知识是指与生俱来的知识，而非由经验产生的知识。如果逻辑是先验的或先天的，那么每一个有理性的生物都必然具备进行某些逻辑推理的能力。因此，我们立刻来进行一些逻辑推理吧！

逻辑学很难吗？

  逻辑学是评价论证或推理的。为了做到这一点，我们需要用一种十分清楚的方式来整理每一个论证，并且一步一步地检验该论证是否有效。因为逻辑学中的概念都有明确的定义，并且论证的每个步骤、规则和程序也都是明确的，所以判断一个规范的论证是否有效，并不是一件困难的事情。在技术层面上，我们甚至可以把逻辑引入计算机中，用计算机程序来检验论证的有效性。连一台计算机都可以完成的检验，我们人类又有什么做不来的呢？聪明的人类既然可以设计出计算机和计算机程序，那么至少原则上也可以完成相应的检验。虽然，从技术细节上讲，检验论证有效性的过程可能很复杂。例如，检验可能要分成许多步骤，并且每一步都要处理许多种不同的可能性。然而，从原则上讲，如果一个逻辑系统是协调的且完整的，那么检验的方法总是可以确定的。如此一来，我们只要找到这种检验方法就可以了。

  其实，在日常生活中，评价论证的困难一般不在于执行检验有效性的程序，而在于如何识别论证，如何将论证整理为正确的形式，以及用哪个逻辑系统来为论证辩护。其中，前两点的困难之处在于语言和意义的多样性和复杂性，最后一点的困难之处在于我们要对每个逻辑系统的本质都有深刻的理解。本书将指导你迎接这些挑战。随着学习的深入，新世界的大门将向你敞开，你可以在这个崭新的世界里享受追求知识的无尽乐趣，还可以解锁深层次的智慧——这听起来是不是很棒？

1.6 本章小结

本章介绍了逻辑学的一些基本概念、一些用于识别论证的技巧，以及评价论证的标准。

逻辑学研究的是区分好推理和坏推理的方法和原则。我们可以用论证的形式来表述推理，论证是由一个结论和若干个用于支持结论的前提（理由）组成的。我们可以用结论指示词和前提指示词来辅助我们识别论证。不过，在有些情况中，论证可能省略前提，或者包含子论证，或者呈现不同的结构。因此，我们需要结合语境来正确地理解和分析论证。

论证可以分为两类：演绎和归纳。因此，逻辑有演绎逻辑和归纳逻辑之分。演绎论证，是指在论证有效时，前提的真实性完全决定了结论的真实性。归纳论证，是指在前提为真时，结论有可能为真，也有可能为假。

在评价一个命题时，我们要知道这个命题为真，还是为假。在评价一个论证时，我们有三个标准：有效性、可靠性和恰当性。有效的论证，是指在论证的所有前提都为真时，其结论不可能为假。可靠的论证，是指论证是有效的，并且所有前提都为真。恰当的论证是具有可接受的、与结论相干的、对结论而言是充分的前提的论证。

推理始于对论证的理解。事实上，逻辑、真和意义之间有非常复杂的关系。因此，我们将在下一章中讨论一些和语言的意义有关的概念和问题。

2

意 义

你将在这一章中学习以下内容

▶ *演绎逻辑的形式特征*

▶ *常见的表达不清楚的类型*

▶ *意义是什么？*

▶ *定义*

> "我用一个词的时候，"矮胖子相当傲慢地说，"它表示的就是我想要说的意思——恰如其分，不多不少。"
>
> "问题是，"爱丽丝说，"你怎么能随便创造出一些包含许多不同意思的词呢？"
>
> "问题是，"矮胖子说，"谁是掌控语言的人。"
>
> ——刘易斯·卡罗尔，《爱丽丝镜中奇遇记》

2.1 演绎逻辑的形式特征

演绎逻辑不依赖个别词的实际意义。请看以下例子，你觉得这些例子有共同点吗？如果有，那它们的共同点是什么呢？

例（1） 如果保守党获胜，那么预算将会被大大削减。保守党不会获胜。因此，预算不会被大大削减。

例（2） 如果烤蛋糕的时间太长了，那么蛋糕会被烤糊。蛋糕没有烤那么长时间。因此，蛋糕没有被烤糊。

以上两个论证的内容完全不同：例（1）是关于政治的，例（2）是关于烘焙的。此外，构成这两个论证的词的意义也都不相同。然而，我们似乎可以从这两个论证中看出一些共同点。直觉上，我们几乎可以判断第一个论证是无效的。这是因为即使保守党失败了，预算也可能被削减，比如遇到经济严重衰退等情况。

类似地，在例（2）中，除了烤制时间过长，还有其他原因可能导致蛋糕被烤糊，如烤制的温度太高。因此，对上述两个论证，即使两个前提都得到了满足，也不能保证结论一定为真。事实上，例（1）和例（2）具有完全相同的形式，并且也正是因为这样才导致两个论证都不能保证结论一定为真。为了明确表达这两个论证的形式，我们可以用符号来代替两个论证中的个别词。

令 A 代表"保守党获胜"，B 代表"预算会被大大削减"。于是，例（1）可表示为：

例（1'） 如果 A，那么 B。非 A。故非 B。

类似地，令 A 代表"烤蛋糕的时间太长了"，B 代表"蛋糕会被烤煳"。于是，例（2）可表示为：

例（2'） 如果 A，那么 B。非 A。故非 B。

例（1'）和例（2'）是完全相同的，所以我们可以看出在句子的意义完全不同的情况下，两个论证可以具有完全相同的形式！而且，这种论证的形式可以决定论证是否有效。

我们可以对例（1'）和例（2'）做一个直观但不正式的解释："如果 A，那么 B。"这一论证结构只能决定当 A 成立时将会发生什么，并不涉及 A 不成立时的情况，这便意味着 B 的出现可能由其他原因导致，而并不仅仅是因为 A。因此，仅仅根据"如果 A，那么 B"和"非 A"这两个前提，我们不能保证 B 一定不会发生。

意义不对论证的有效性起决定作用，但在其他方面对逻辑起关键作用：我们如果不确定论证中句子的确切意义，就无法识别出相关的论证形式。例（1）和例（2）的意义是明确的。然而在某些情况下，单个词可能具有多重或模糊的意义；或者某个句子可能有多种解读方式，这使得我们很难准确地阐述该句子的正确意义。如果出现这些情况，根据我们结合语境阐述的句子意义的不同，论证形式可能有所不同。

2.2 常见的表达不清楚的类型

我们若要对一个论证做出恰当的分析，那么该论证的意义必须尽可能清楚。因此，为了加深对意义问题的认识，我们来看几种常见的表达不清楚的类型。思考以下例子，这些句子的意义清楚吗？

例（3）　Brian goes to the bank every day.（布莱恩每天都去岸边/银行。）

例（4）　There is no victor in war.（战争没有胜利者。）

例（5）　Time flies like an arrow, fruit flies like a banana.（时间飞逝如箭，水果飞逝如香蕉。）

例（6）　Peter attacked the woman with a knife.（彼得用一把刀袭击了那个女人。/ 彼得袭击了那个带着一把刀的女人。）

歧义

上述 4 个例子都可以表达多种含义，所以以上 4 个例子都没有确切的意义。

例（3）可以有两种不同的理解：其一，布莱恩每天都去岸边；其二，布莱恩每天都去银行。例（3）之所以会有这两种不同的理解，是因为"bank"一词有两种意思，即"岸边"和"银行"。当一个表达式可以表达多个意义时，我们就称这个表达式是有**歧义**的。歧义正是第一种与意义有关的问题。

产生歧义的原因有很多，并且歧义的表现形式多样。对例（3），我们很容易就可以从英汉字典中查到"bank"这个词具有多个意义。然而，其他一些产生歧义的情况可能就没有这么简单了，如例（4）。虽然战争陷入双方僵持的状态是一种没有胜利者的情况，但是人们一般不从这个意义上理解例（4）。人们在说例（4）时，更多地是指即使在战争中获胜了，战胜方也常常会付出惨痛的代价，所以最好的选择是根本不要发起战争。

例（5）和例（6）产生歧义的原因与例（3）、例（4）有所不同。这两个例子涉及的不是句子的意义，而是句子的句法结构。例（5）涉及的情况是同一个词在句子中的词性不同。第一句中的"flies"是一个动词，表示时间过得很快；第二句中的"flies"是一个名词，表示果蝇。对例（6），我们可以用多种不同的方式来分析这个句子。"with a knife"（带着一把刀）这个短语，既可以用来修饰彼得，又可以用来修饰女人。如果用这个短语修饰彼得，那么这句话的意思就是"彼得用一把刀袭击了那个女人"；如果用这个短语修饰女人，那么这句话的意思就是"彼得袭击了那个带着一把刀的女人"。

含糊

一个表达式如果只有一个核心意义但没有划出明确的边界，那就是含糊的。与歧义不同，含糊并非指一个表达式可以表达完全不同的意义，而是指表达式的内容在某一标准或某一比较类别下的划分不清晰。我们来看下面的例子。

例（7）　我的命好苦啊！我太老了，无法过幸福生活了。

例（8）　秃顶的男人很有魅力。

例（9）　作为一个13岁的普通男孩，他太矮了。

在例（7）中，"老"是一个含糊的表达，"幸福"也是一个含糊的表达。一个人是否老了，取决于语境和说话的目的，而"老"本身并没有绝对的界定。一个人如果愿意，即使年龄已经很大了，也不会觉得自己老。"幸福"不仅是含糊的，而且是有歧义的。说"幸福"是有歧义的，是因为各种不同的因素都可以构成幸福的生活：一个男人如果娶了一个漂亮的妻子，他可能是幸福的；一个人如果读了一本好书，他也可能是幸福的，等等。同时，

"幸福"是含糊的，因为幸福有程度之分。当我饿了时，我得到了一份免费的午餐便很幸福了；但是，我如果不得不一次吃两份饭甚至三份饭，可能就不觉得幸福了。生活中必须有多少幸福才能称之为幸福生活呢？这也是没有确定答案的。

在例（8）中，"秃顶"和"有魅力"这两个词都是含糊的。如果一个人不断地掉头发，那么当他剩下 0 根头发时，他明显是秃顶。如果一个人有 10000 根头发，他明显不是秃顶。可是，问题在于，从秃顶到不秃顶到底至少需要掉多少根头发呢？这是不确定的。是 2601 根吗？如果是，那么拥有 2600 根头发的人和拥有 2601 根头发的人就是不同类型的人吗？对此，我们几乎不可能为任何一个答案提供合理的证明依据。我们把这种与含糊相关的问题称为**连锁悖论**（见"要点荟萃"）。所谓**悖论**，就是由明显合理的假设产生了荒谬的结果的命题。含糊问题目前还没有令人满意的解决方案。

要点荟萃：连锁悖论

连锁悖论，也被称为谷堆悖论，是由含糊导致的悖论。

具体而言，一粒谷子不能成为谷堆，再加一粒也不能成为谷堆。事实上，从直觉来讲，没有任何一粒谷子能改变现有谷粒总和的状态，即从谷粒变成谷堆。然而，若是有人一粒一粒地不断添加谷粒，最后谷粒会形成一个谷堆。那么，谷堆是什么时候形成的呢？或者说，"谷堆"和"非谷堆"之间的界限是什么呢？

在哲学讨论中通常有几种方法来处理含糊问题，包括认识论的方法、对真值进行量化的方法、超赋值的方法。有兴趣的读者可以进一步阅读其他参考书，如塞恩斯伯里或克拉克的著作。

例（9）表明我们对含糊的判断依赖于相关事物之间的比较。一个 13

岁的普通男孩如果要做职业篮球运动员，那他可能太矮了；但他如果要去玩儿童充气城堡，那他可能又太高了。因此，这个 13 岁的普通男孩是高还是矮，取决于用什么标准来衡量。然而，在大多数情况下，日常语言的内容在指定标准或比较类别下的划分并不明确，需要我们根据语境来确定相关的标准。在例（9）中，我们便需要根据语境来判断"普通"是指哪方面。当然，我们从语境中可以看出，"普通"是指身高普通，而不是智力普通，因为例（9）说的是与身高有关的内容。

现在，我们已经知道了，含糊在日常语言中是一个非常普遍的现象，大多数日常语言都有些含糊。然而，这并不意味着这些语言都有问题，或者都不能用于论证或逻辑推理。我们其实是要在语境中考虑一个句子的意义是否足够清楚，如果句子在语境中的意义是清楚的，那它就不会引起问题。

晦涩

一个表达式如果缺少核心意义，那便是晦涩的。对一个含糊的表达式，我们不能划定其所表达的内容在所有情况下的明确界限，如"秃顶"和"不秃顶"之间的界限、"老"和"不老"之间的界限。不过，语言表达能力强的人仍然或多或少地知道"秃顶"或"老"的意义是什么，如没有头发的人一定是秃顶，100 岁的人肯定是老的。因此，含糊的表达是有核心意义的，但是晦涩的表达没有核心意义。思考以下例子。

例（10） 一切尽在掌握。

例（11） 在某种程度上（或某种意义上），你总是对的。

例（12） 这里面有一些东西。

例（13） 这是一个有趣的论证……

以上例子似乎是在说什么。然而，如果仅从字面来看，没有人知道这些例子具体在说什么。例（10）虽然说"一切尽在掌握"，但"一切"是什么？何谓"在掌握"？对于例（11），我们有时可能听到有人说"在某种程度上，你总是对的"，可是"某种程度"是哪种程度？究竟到了哪种程度才是对的？如果没有进一步的解释，说话者表达的意义可能与听话者理解的完全不同；甚至，说话者可能只是在敷衍，让听话者觉得自己是对的，从而闭嘴。因此，说话者要表达的意义可能根本就不是听话者是对的。例（12）和例（13）也是类似的情况。在例（12）中，"有一些东西"并不具体。在例（13）中，如果说话者真的觉得论证很有趣，那么"有趣"是一个含糊的表达；可是，"有趣"也可能在暗示说话者对论证根本不感兴趣，只是用客气话来打发对方。

不完整表达

不完整表达是指没有特定论域的表达。不完整表达的意义通常由语境来决定。

例（14） Let's go to the pub afterwards.（之后我们去酒吧。）

例（15） 每个人都很开心。

在英语中，定冠词"the"用于指称单数。哲学家、逻辑学家罗素提出，我们应当把"the X"形式的短语分析为"在整个论域中唯一满足属性 X 的对象"。例如，"the discoverer of the theory of relativity"（相对论的发现者）就是指阿尔伯特·爱因斯坦；"the smallest prime"（最小的质数）指的就是数字 2，因为只有数字 2 既满足质数的条件，又是所有质数中最小的。

然而，如果恰如罗素所说，那么例（14）是没有意义的。因为显然全世界不只有一家酒吧，而是有成千上万家酒吧，甚至还包括历史上曾经存在的酒吧。因此，说话者在说"the pub"时，并不是指"全世界唯一的那家酒吧"，而是指"在特定的时间和地点所指的那家酒吧"。因此，我们把"the pub"看作一个不完整表达更合适。

当然，对不完整表达来说，语境通常会提供一些线索，从而把不完整表达限定在某个论域中。例如，说话者可能指的是他们曾经一起去的一家酒吧，或者之前提到过名字或地址的某家酒吧。因此，"the pub"是一种回指的用法，用于指代以前提到的某家酒吧。

类似地，在例（15）中，世界上生活着几十亿人，每个人在任何时刻都很开心是非常不现实的。因此，当有人说出"每个人都很开心"时，他所指的可能并不是全世界所有人，而只是某一个特定地方的特定人群，如正在和说话者参加同一个聚会的人。因此，"每个人"也是一个不完整表达，而完整表达应该是"每个在 X（特定时间和地点）的人"。

异质化表达

异质化表达是指术语，或用法不寻常、偏离常规且没有明确定义的表达式。专业人士在其领域内经常使用术语，这往往是为了准确传达意思。有时出于保密的目的，特定的人群会使用密文进行交流，这些密文便可以被看作一种异质化表达。异质化表达不一定是坏事，这完全取决于交流的目的和语境。例如，本章开篇引用的矮胖子的台词便是一个有趣的笑话。故事是这样的。

"我不懂你说的'光荣'是什么意思。"爱丽丝说。

矮胖子轻蔑地笑了："你当然不懂，得等我告诉你。我的意思是'你在争论中彻底失败了！'。"

"但是'光荣'的意思不是'在争论中彻底地失败'。"爱丽丝反驳说。

"我用一个词的时候，"矮胖子相当傲慢地说，"它表示的就是我想要说的意义——恰如其分，不多不少。"

异质化表达虽然不一定是缺陷，但是如果导致交流中断或意义混淆，或者新的意义并没有得到恰当且充分的解释，就会引发问题。我们来看下面的例子。

例（16）　没有人是自由的，因为我们不能选择自己在何时何地出生。

例（16）使用了"自由"一词的非典型意义。在政治哲学中，我们只要行为不受其他人或机构干涉，就可以认为自己是自由的。我们不会抱怨自然限制的存在，如"没有氧气我们就不能呼吸"是对自由的剥夺。同样地，在伦理学中，我们如果可以决定自己的行为，那么在直觉上就认为自己是自由的，并且对自己的行为负有道德责任。一个人在何时何地出生，这是自然的事情，所以我们不应该把"不能选择在何时何地出生"看作一个人在政治上或道德上的不自由。当然，例（16）的说话者可能坚持"自由"的这种特殊的用法，甚至可能把这种特殊的用法当作一个玩笑。然而，如果我们要认真对待这句话，那么说话者便有责任来解释清楚这句话的意义，以及回应由此引发的争议。

此外，我们还需要注意，专业人士在试图引入一些新术语时，必须谨慎地考虑如何正确地使用这些术语。

例（17）　正如在上一次总统选举中《纽约时报》所报道的，"后真相民主"将不再是民主。

在例（17）中，"后真相民主"是一个新引入的术语，但是说话者并没有解释"后真相民主"的具体含义，只是继续基于这个新术语指出"后真相民主"将不再是民主。可是，这个未加解释的新术语究竟指什么？如果不用这个新术语，就不可以继续论证了吗？

使用情感性词语

情感性词语是指通常可以引起特定感觉和判断的表达式。就像异质化表达一样，评价性表达或对感觉有引导性的词语，不一定都是不好的。我们有时候在表达时不仅要描述客观的状态，而且还要表达自己的情绪。然而，在一些微妙的情境中，听话者可能并没有意识到字词背后隐藏的情绪或评价，从而被字词所误导，误以为说话者只是在描述事实。你能从以下例子中分辨出每一对词所蕴含的不同意义吗？

例（18）"固执"与"坚韧不拔"或"意志坚定"。

例（19）"让我自己待一会儿"与"滚开"或"别管我"。

例（20）"财政收入"与"增加税收"。

例（21）"艰难的选择"与"削减预算"。

在下一章中，我们将深入探讨错误地使用语言导致的谬误。

练习 2.1 辨别出有关意义的问题

识别出以下不清楚的表达式，并且解释是哪一种类型的错误。

1. 成功属于那些在正确的时间做了正确的事的人。

2. 老兵不会死去，他们只是消失了。

3. 虚空的虚空！凡事都是虚空。

4. 做个好人，好事最终会自己找上门来。

5. No smoking seats available.

6. 诚实是最好的策略。

7. 我就是我的世界（小世界）。（维特根斯坦，《逻辑哲学论》）

2.3 意义是什么?

命题、句子和陈述

到目前为止,我们几乎是在不加区别地使用"命题""句子"和"陈述"这三个术语。然而,这三个术语之间其实是存在差异的,并且这种差异具有哲学上的意义。其中,命题与句子的差异比较明显。接下来,我们详细讨论一下。

命题是逻辑学的一个概念,其内容可以断定为真或假。因此,命题是一个抽象的实体。**句子**是一个符合句法结构的有意义的符号串。因此,句子是语言学的一个概念。**陈述**表达的是说话者的信念,是其心理状态的一种体现。

命题和句子不一定是相同的。句子可以表达命题。如果不同的句子表达了相同的内容,那么这些句子就表达了同一个命题。不过,一个句子也可能不表达任何命题,或者同一个句子在不同的语境中表达不同的命题。我们来看几个具体的例子。

例(22) Snow is white.

例(23) La neige est blanche.

例(24) 雪是白的。

例(25) 雪は白です。

上述每个例子都是一个句子。句子就是一串符合句法结构的符号,其本身是有意义的。不同的语言有不同的句子,因为不同语言的符号(字或词)是不同的,句法结构也可能是不同的。例如,日语把动词放在句尾,而英语把动词放在主语和宾语之间。例(22)~例(25)中的每一个句子都表达了相同的意义,即雪是白的。因此,这些句子表达了相同的命题:

雪是白的。注意，当我把一个表达式放在引号中时，目的是表明这是一种语言学用法，即它是符号或句子等；表达式如果不在引号中，则表达的是其内容本身。

例（26）"雪是白的"表达了命题：雪是白的。

例（27）"Snow is white"表达了命题：雪是白的。

例（26）看起来有些啰唆，但实际上并不是真正的啰唆。引号中的符号串是一个句子。如果我们把引号中的句子替换成例（27）中的那样，虽然两个句子意义相同，但是替换后的句子就没有啰唆的感觉了。

在同一种语言中，不同的句子也可以表达相同的命题。

例（28）　伦敦位于约克郡之南。

例（29）　约克郡位于伦敦之北。

例（30）　我饿了（劳本博士说）。

例（31）　劳本博士饿了。

例（28）和例（29）虽然是不同角度的描述，但表达了相同的事实。如果例（28）是真的，即伦敦位于约克郡之南，那么例（29）也一定是真的，即约克郡位于伦敦之北。例（28）和例（29）具有相同的真值。总是具有相同的真值是两个表达式表示同一个命题的必要条件之一。[①]

例（30）和例（31）也是以不同的角度表达的同一个命题：例（30）是第一人称视角的叙述，例（31）是第三人称视角的描述。我认为二者是否相同是需要探讨的。不过，我们要探讨的问题不是例（30）和例（31）是否表示同一个事实，因为二者的真值是相同的。问题的关键在于，"我"

[①] 表达了相同的意义便是同一个命题，这是有争议的。因为总是具有相同的真值只是两个表达式表示同一个命题的条件之一，是不是唯一的条件，仍需探讨。事实上，从关系命题的角度看，例（28）和例（29）可以看作两个不同的命题，但这两个命题在逻辑上是等值的。——译者注

和"劳本博士"属于不同的呈现方式。每个人对自己都有一种专属的私密的认知通道，对其他人则没有。当我们说"我"时，我们脑海中呈现的内容比我们用第三人称说自己的名字时更加直接和亲密。弗雷格认为"我"和"劳本博士"虽然具有相同的指称，但是有不同的含义。不过，两个表达式是否要在指称和含义上都相同才能成为同一个命题，目前还没有共识。

例（32） 我饿了。

例（32）是一个句子，但不表达任何命题，除非这是在某个具体的语境中说出来的一句话。我们可以说，一个句子本身并不能表达任何东西，真正重要的是话。有些话，如例（32）这类带有指示词或索引词的话，比其他话更依赖语境。根据语境的不同，同一句话可能表达不同的命题。例如，华莱士说"我饿了"，表示华莱士饿了；但若是汤姆说了同样的话，则表示汤姆饿了。

还有一种情况是句子根本就不表达命题。例如，疑问、命令、感叹等情感性表达，本身并不涉及真或假，所以都不是命题。然而，这些情感性表达都是句子，因为我们把句子理解为任何符合句法结构的符号串。

反过来，命题也不必非要用句子表达。例如，"胡说八道！"就不是一个句子，却表达了一个信念和一个命题，即某件事是胡说八道的。类似地，诸如"火！"或"水！"本身只有一个词，而不是完整的句子，但是在语境中却可以表达完整的思想。

总而言之，我们现在应该可以清楚地知道命题和句子之间的差异了。逻辑学是与命题相关的。不过，因为命题通常是用句子来表达的，所以我们在讨论逻辑学问题的同时，也需要分析和明确句子的意义。

"意义"的多种意义

在日常语言中，我们经常说起一个句子或一个表达式的意义（意思）。

然而，我们所说的"意义"这个词本身就具有多个不同的意义（双关语）。在这一节中，我们便介绍一些语言哲学中有关"意义"的意义的讨论。为了加深理解，我对相关概念做了区分，还简要介绍了单词意义和句子意义的区别。这部分内容偏重于哲学，你如果不感兴趣的话，可以跳过这部分。

▶ **涵义与指称**

语言有三个基本功能。

- 信息功能：交流信息。
- 表达功能：表达情绪、感觉和态度。
- 指导功能：引起或阻止公开的行为。

为了实现这些功能，语言必须具有指称性，即我们可以用语言来表达世界上的事物（如物体、事件、事态等）和我们的思想。语言和世界之间的关系是指称关系。

指称的对象是表达式所代表的对象。一个表达式可以指称一个单独的对象，也可以指称一组对象。例如，"贝拉克·奥巴马"指称了一个单独的人——贝拉克·奥巴马；"黑人"则指称包括贝拉克·奥巴马、纳尔逊·曼德拉、马丁·路德·金、威尔·史密斯、迈克尔·杰克逊等在内的一大群人。我们有时也称一个表达式指称的对象为这个表达式的**外延**。

意义和指称是一回事吗？

一般而言，表达式可以指称什么对象是有原因的。例如，"黑人"一词可以指称贝拉克·奥巴马、纳尔逊·曼德拉，但不能指称比尔·克林顿、托尼·布莱尔和女王伊丽莎白二世，这是因为诸如皮肤黝黑、种族起源可上溯至非洲或加勒比地区等特征是前者共有的，但后者都不具有这些特征。事实上，也正是因为这些共同的特征才决定了谁属于"黑人"这个词所指称的对象。因此，表达式不仅指称某个（些）对象，还涉及因何而指称这个（些）对象。我们可以说，表达式之所以指称某个（些）对象，是因为它所表达的属性使然。约翰·斯图亚特·密尔把这样的属性称为表达式的**内涵**。按照密尔的说法，"人"的外延是彼得、约翰、玛丽等具体的人，"人"的内涵就是人性。

密尔认为，专名没有内涵只有外延。然而，弗雷格提出了一个著名的观点：即便是专名，也与某些东西有关联。弗雷格举了一个例子：长庚星是启明星。长庚星是在傍晚时可观测到的第一个天体，因而也被称为"暮星"；启明星是清晨时可观测到的最后一个天体，因而也被称为"晨星"。天文学家用了很多年才发现，长庚星其实就是启明星，二者是同一颗星——金星。因此，尽管"长庚星"和"启明星"这两个名字指称的是同一个天体，但我们无法根据这两个词的字面意义得知这一点。弗雷格由此得出结论：这两个词的认知意义一定是不同的。因此，我们要理解一个表达式的意义，不是只知道其指称的对象就可以了，意义一定还包括指称的对象以外的东西。弗雷格将这个"以外的东西"称为**涵义**。

鲁道夫·卡尔纳普将涵义形式化地表示为一个逻辑函项，并称之为**内涵**。卡尔纳普是通过模态（即可能世界）来构造逻辑函项的。逻辑函项就像是一台把一个值映射到另一个值上的机器。外延是一个函项（机器），将一个词映射到给定的可能世界中的对象上；内涵也是一个函项，将不同的可能世界映射到对象上。例如，在现实世界中，"有心脏的生物"和"有肾脏的生物"所指称的对象是相同的，即二者有相同的外延。然而，我们可以想象一些自然法则不同于我们这个世界的可能世界或平行宇宙。在那里，有心脏的生物可能并没有肾脏。因此，"有心脏的生物"和"有肾脏的生物"的内涵是不同的。这种不同似乎也属于意义上的区别。因此，意义不仅包括外延，还包含内涵。

综上所述，大多数哲学家都赞同意义至少包含指称（外延）。不过，他们在意义是否只包含指称（外延）这个问题上是有争议的。有些哲学家提出了语义方面的概念，如涵义、内涵。不过，若要解释清楚这些概念并非易事。例如，一些评论者认为，即使是弗雷格自己也没有完全说清楚什么是涵义。当然，本书仅对此类问题做一个简单的介绍，所以我们暂且搁置这些争论，仅知道意义可能包含许多不同的层面便可以了。

我的观点是，为了明确一个表达式的意义，我们有时需要明确其涵义，有时需要明确其指称，有时既要明确其涵义又要明确其指称。

要点荟萃：意义

密尔：外延（denotation）与内涵（connotation）

弗雷格：指称（reference）与涵义（sense）

卡尔纳普：外延（extension）与内涵（intension）

▶ **分析陈述与综合陈述**

除了涵义（内涵）和指称（外延），另一组对我们理解意义有帮助的概念是分析陈述和综合陈述。

分析陈述是仅凭其自身意义便可以断定真假的陈述；或者我们可以这样解释，一个分析陈述只要为真（假），那么在任何时候它都为真（假）。我们称在任何时候都为真的陈述为**重言式**或**永真式**，称在任何时候都为假的陈述为**矛盾式**或**永假式**。因此，分析陈述常常与重言式和矛盾式关联在一起。

例（33） 单身汉都是未婚的。（重言式）

例（34） 三角形有四个角。（矛盾式）

例（33）是真的。对于例（33）为真这个问题，我们并不需要去找单身汉来询问他是否未婚，只需要考察一下"单身汉"这个词的意义——指未婚的男子，那么未婚的男子理所当然是未婚的了。因此，我们如果理解了这个陈述的意义，便已经知道这个陈述为真，并且永远为真。

类似地，我们只通过例（34）中陈述的意义便可以知道例（34）为假，因为"三角形"是指有三个角的几何图形。我们若是掌握了这个陈述中所有关键词的意义，便已经知道这个陈述为假了。

一个陈述若不是分析的，那便是综合的。请看以下例子。

例（35）　太阳从东方升起。

例（36）　所有物体都有重量。

我们不能简单地通过综合陈述的意义来断定该陈述的真假。相反，我们需要调查相关的事实才能判断一个综合陈述的真假。这意味着，综合陈述的真假是由经验来证实的。因此，综合陈述的真实性是偶然的，取决于我们所处的现实世界，而不仅仅是逻辑上或概念上的真实。

总而言之，分析陈述常常被看作**先验的**和**必然的**，即不依赖经验证实的，永远都为真或假。综合陈述常常被看作**后验的**和**偶然的**，即需要用经验来证实的，并且在一些可能世界中为真，在另一些可能世界中为假。

要点荟萃：关于命题属性的经典观点

分析的：先验的、必然的。

综合的：后验的、偶然的。

伊曼纽尔·康德是分析陈述和综合陈述的主要提出者和支持者，但他也认为存在例外情况。例如，他认为道德真理是综合的，却是先验的（即道德真理不能通过分析词的意义得出，但也不需要用经验来证实）。后来，有些哲学家，如奎因曾质疑分析陈述和综合陈述之间是否有明确的或原则性的界限；索尔·克里普克也曾提出，存在必然的后验陈述（如"水是H_2O"）和偶然的先验陈述（如"国际米原器的长度是一米"）。

区分分析陈述和综合陈述的方法论意义在于，我们可以仅通过明确陈述的意义来简单地断定这个陈述的真假。这显示了概念分析的重要性。逻辑实证主义者艾耶尔曾提出，通过检查这个陈述是分析陈述还是综合陈述，以及综合陈述是否可被证实或可被证伪，就能对该陈述是否有意义做一个简单且先验的判定。虽然艾耶尔的论点受到严重的质疑，但概念分析仍是使推理和论证更加准确的有用方法。

2.4 定义

明确意义的方法有很多种。常见的方法包括明确语境、提供范例、追溯词源、明确说话者意图等。当然，对关键词下一个清晰又准确的定义，也是方法之一。我们在这一节中便重点讨论下定义的方法以及一些常见的定义类型。同时，我们也会给出区分好定义和坏定义的标准。

定义的结构

定义由两部分构成：被定义项和定义项。其中，**被定义项**是需要被定义的词，**定义项**是用于定义的词。我们用逻辑符号"$=_{df}$"来表示定义的关系。

例（37）"三角形"$=_{df}$"具有三条边和三个角的、闭合的几何图形"

在例（37）中，定义符号左边的内容（"三角形"）是被定义项，右边的内容（"具有三条边和三个角的、闭合的几何图形"）是定义项。

定义的类型

定义一个表达式的方法有很多种。我们在上一节中已经得知意义包含外延和内涵两个方面，所以我们可以从外延和内涵两个方面来下定义。外延定义是指列举出表达式的外延，即所有属于被定义项的对象。内涵定义是指说明表达式的含义，即对象是按照什么标准被归入被定义项的集合中的。在这里，我们将学习三种外延定义和三种内涵定义，如下所示。

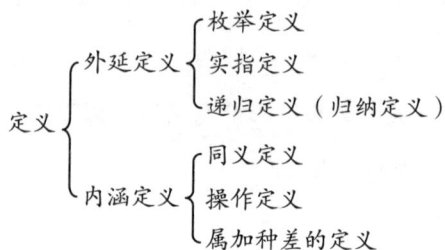

$$
定义\begin{cases}
外延定义\begin{cases}
枚举定义\\
实指定义\\
递归定义（归纳定义）
\end{cases}\\
内涵定义\begin{cases}
同义定义\\
操作定义\\
属加种差的定义
\end{cases}
\end{cases}
$$

▶ 枚举定义

枚举定义是把属于被定义项的对象列举出来的方法。在使用枚举定义时，我们有时是列举出被定义项中的个体对象，见例（38）；有时是列举出被定义项的子类，见例（39）。

例（38）"摩天大楼"$=_{df}$纽约帝国大厦、迪拜哈利法塔、吉隆坡双子塔、香港中银大厦……

例（39）"脊椎动物"$=_{df}$鱼类、两栖类、爬行类、鸟类和哺乳动物

枚举定义的优点是直接指出了某个名称在这个世界中对应的对象。注意，我们给定义符号左边的内容加上了引号，表示这是一个名称；但右边的内容没有加引号，表示这些不是名称，而是实际的对象。

枚举定义是一种非常具体地直接地解释词的意义的方法。然而，枚举定义是有弊端的。被定义项所指称的事物的范围可能非常大，即使不是无穷的，我们也不可能完整详细地都列举出来。如例（38），世界上有非常多摩天大楼，未来还可能有更多的摩天大楼，所以我们根本不可能完全列举出来。再如例（39），虽然脊椎动物的子类数量是有限的，我们可以一一列举出来，但是我们仍然不能列举出每一个子类中的所有物种。我们可能希望从已经列举出来的对象和类中找出相似之处，然后根据这个相似之处便

可以继续发现其他对象了。然而，这么做会引起一个哲学问题，因为有些学者认为，无论先前有多少正确的实例，这种做法都是错误的。维特根斯坦将这个问题称为规则遵循悖论（见"要点荟萃"）。同时，规则遵循悖论不仅会出现在枚举定义中，还会出现在所有受规则限制的定义方法中，如内涵定义。我会在"要点荟萃"中解释原因。

要点荟萃：规则遵循悖论

　　假设老师让学生写出一个"+2"的数列，于是学生写出了：2、4、6、8、…、998，然后他跳到了 1002、1006、1010 等。老师阻止了他并说他写错了。学生问："为什么错了？我以为这就是规则的意思。"那么，学生真的错了吗？你做出判断的依据是什么呢？

　　问题就是这样的。规则应该适用于实例。然而，要使规则成为规则，就必须先存在一些尚未应用该规则的实例。在这种情况下，什么样的行为才算是遵守了规则呢？或者，更确切地说，我们在这里说的规则是什么？当 Y 和 Z 都没有出现时，"做 X"和"做 X 直到 Y""做 X 除了 Z"之间的区别又是什么呢？我们将根据什么来判断哪个行为遵循了哪个规则呢？

　　维特根斯坦的结论是：这就是我们的悖论——没有什么行为方式能够由一条规则来决定，因为每一种行为方式都可以被搞得符合规则。答案是，如果一切事物都能被搞得符合规则，那么一切事物也就都能被搞得与规则相冲突。因而，在这里既没有什么符合，也没有冲突。（维特根斯坦，《哲学研究》）

　　以上所述的问题很重要，因为使用语言（包括对意义的诠释）一般被认为是受规则支配的行为。然而，根据上述维特根斯坦的结论，我们认为受规则支配的行为实际上并不受规则支配，而是我们自己决定采取这样或那样的行为。即使有规则来支配行为，也由我们来决定规则应该以这样或那样的方式来解释。规则本身并不能说什么，也不能指引我们走向任何方向。

▶ 实指定义

枚举定义是一种非常直接地揭示词的意义的方法，但是枚举定义仍然需要预设一定的认知背景。例如，某个人如果根本就没有听说过例（38）中定义符号右边列举出来的那些建筑物，那么就无法理解摩天大楼是什么。类似地，如果一个人根本不知道鱼类、鸟类、两栖类、爬行动物或哺乳动物是什么，那么他即使知道了例（39）中的枚举定义也无法理解"脊椎动物"是什么意思。

实指定义是指通过实际指出某个对象的方法来定义一个词。

例（40） 这是一支笔（同时指着一支笔）。这是一个人（同时指着一个人）。一支笔和一个人（分别指着笔和人）。

例（41） 这就是我所说的美（同时指着画作《蒙娜丽莎》）。

我们从例（40）中可以很容易地看出，实指定义是非常原始的基础的介绍表达式的方法。专名通常都是用这种方法来定义的。例如，父母指着自己的孩子宣布"这是约翰"，从此以后这个孩子便叫"约翰"了。因此，实指定义可以避免枚举定义需要预设一定认知背景的问题。哲学家把用实指来解释专名意义的由来的理论称为"命名的因果理论"。

罗素认为，实指定义的优点在于，它是建立在亲知知识的基础上的。所谓"亲知"，即从根本上讲是直接的和可靠的。诸如"这"和"那"这一类词，在逻辑上是唯一的专名。我们在说这些词的同时会直接地把被定义的对象指出来，所以这些词自身就是一个实指定义。还有一些知识是由描述（摹状）获得的。在这种情况下，人们仅仅通过某个对象满足某些描述来了解该对象。根据罗素的观点，亲知知识是直接的且确定的，而摹状知识可能是错误的。

对具体对象来说，罗素的以上观点毫无疑问是正确的，但若是涉及抽象概念或复杂对象的定义时，实指定义便不再起作用了。例（41）恰好体现了这样的问题。我们通过指着《蒙娜丽莎》这幅画来定义《蒙娜丽莎》是没有问题的，但是就"美"而言，美是一个抽象的概念，也许人们不会一致认同某个特定的对象是美的，也许美广泛地存在于各类事物之中，也许美根本就是无法定义的！

▶ 递归定义

枚举定义和实指定义并不互斥。**递归定义**，也被称为**归纳定义**，克服了定义范围模糊等问题。递归定义不是通过给出对象必须满足的标准和描述来将对象归入某个名称之下的，而是通过可重复操作的程序系统地挑选对象，并形成一个封闭集合，从而保证得到的集合没有遗漏任何对象。递归定义常用于数学和法律术语的定义。我们来看一些例子。

例（42）"正整数"$=_{df}$（a）1是正整数（实际上也是最小的正整数）；（b）如果n是正整数，那么$n+1$也是正整数；（c）除了满足（a）和（b）的数外，没有其他数是正整数。

例（43）"一个人有资格拥有持有物"$=_{df}$（a）一个人依据获取的正义原则获取一个持有物，这个人有资格拥有该持有物；（b）一个人依据转让的正义原则从另外一个有资格拥有该持有物的人那里获取了一个持有物，这个人有资格拥有该持有物；（c）除非通过（a）和（b）的（重复）应用，否则没有人有资格拥有持有物。

例（42）是一个典型的递归定义的例子。该定义首先以（a）列举出一个属于被定义项的对象，这是一种典型的外延定义的方法；接下来，按照（b）把其他对象与第一个对象联系起来，从而将属于同类的所有对象都涵盖进来；最后，（c）以声明没有其他任何对象属于此类的方式给出了闭包的定义，从而（a）和（b）合在一起不仅是属于这一类的对象的充分条件，同时也是必要条件。通过以上三步操作，定义便成功地穷尽了所有的正整数，尽管正整数的数量是无穷的。其实，大多数递归定义都涉及三个步骤，分别是：基础举例（a）、归纳步骤（b）和画出界限的步骤（c）。

例（43）也是类似的步骤。首先，（a）给出了一个基础举例，即一个人依据获取的正义原则便有资格拥有无主物；接下来，（b）进一步给出了归纳步骤——持有物是如何从一个人转移给另一个人的；最后，（c）声明除了重复（a）和（b），没有任何人有资格拥有持有物。例（43）源于罗伯特·诺齐克的《无政府、国家和乌托邦》。细心的人可能已经注意到了，在例（43）的整个定义中，书的作者并没有给出满足（a）和（b）的具体案例，而只是规定了需要满足的标准。因此，作者在他的书中将继续给出更多信息来说明"获取的正义原则"和"转让的正义原则"等术语。

从例（42）的（b）、例（43）的（a）和（b）中，我们可以看到，递归定义中包含涉及内涵的部分。因此，有人可能质疑递归定义为什么是外延定义。这是一个非常尖锐的问题。实际上，例（43）甚至不涉及任何枚举定义或实指定义。不过，因为递归定义的总体目标是完整地挑出属于被定义项的对象的集合，至于这些对象是如何被挑选出来的，如例（43）中提到的种种正义原则，并不是定义的重点。

另外，递归定义看起来很像循环定义。在例（42）中，被定义项（"正整数"）也出现在了定义项中——例（42）中的（a）和（b）。同样地，在例（43）中，被定义项中的"有资格拥有"也在定义项中重复出现。对这个问题，我的回答是，递归定义至少在基础举例这一步中不是循环的。因此，在定义项中提到的被定义项只是在同一概念层面上的复述，并没有给出任何关于世界中的对象的知识。例（42）中的（a）列举了正整数的一个具体例子，例（43）中的（a）列举了一项如何挑选出有资格拥有持有物的人的基本原则，并且这项原则自身并没有使用"有资格拥有"这个概念。作为对比，我们可以看一个循环定义的例子。

例（44） 原因是导致结果的事件。

例（44）从表面上看起来并未涉及循环，但是结果的定义是"由原因导致的事件"。从这个意义上讲，原因和结果其实是相互定义的。

总的来讲，外延定义通过挑选出世界上的对象或事件，从而将语言和现实联系起来。因此，外延定义体现了与世界上事物有关的实质性知识。不过，因为人们尚未完全了解世界上的所有事物，而又有很多定义需要给出无穷多的对象，所以枚举定义和实指定义通常都不是排他的。然而，递归定义是排他的。不过，递归定义通常只应用于特定的研究领域。

外延定义有一个严重的缺点：外延定义不适合定义没有外延的概念，如"独角兽""美人鱼""瓦肯星"（假想出来的行星，实际上并不存在）。对那些支持名称的外在关系理论的语言哲学家来说，"如何解释空名"是一个不受欢迎的难题。总的来说，外延定义并不总能在属于被定义项的对象和不属于被定义项的对象之间划出清晰的界限。

相比之下，内涵定义采取的方法是，不再直接列出对象本身，而是给出对象必须满足的属性或描述，从而说明被定义项的范围。接下来，我将介绍三种内涵定义。其中，最后一种属加种差的定义是最常用的定义方法，所以我们将就这种方法来探讨一下如何给出好的定义。

▶ **同义定义**

同义定义很简单，就是用给出具有相同意义的词（同义词）的方法来下定义。我们通常在字典的条目中可以看到这种定义。

例（45） "极大的" $=_{df}$ "庞大的""大的""巨大的"

例（46） "手足" $=_{df}$ "兄弟"

例（47） "Amigo"（西班牙语）$=_{df}$ "朋友"（汉语）、"friend"（英语）

同义定义简单、高效、有用，但也有严重的局限性。许多词并没有同义词，或者有些词虽然有意义相近的词，但在用一个词代替另一个词时会令人困惑，甚至是错误的。同时，这种方法也仅可用于人们已经理解了定义项的情况，否则用于定义的同义词便会像被定义项一样令人难以理解。例如，对不知道"巨大的"的意义的人来说，用"巨大的"来解释"极大的"根本就无助于理解。

　　同义定义还涉及一个问题，就是如何来定义"同义"本身。两个表达式在什么情况下才能算是意义相同的？一个直观的回答是，我们可以用其中一个表达式来代替另一个表达式，并且没有改变原来的意义。然而，怎样又算是"没有改变原来的意义"呢？是只要不改变包含这个表达式的句子的真值就可以了吗？如果是这样的话，那么因为长庚星和启明星指的是同一个天体——金星，所以每当长庚星在某处发光时，启明星也在那里发光。可从直觉上讲，一个知道"长庚星是长庚星"的人可能并不知道"长庚星是启明星"，虽然这两个句子具有相同的真值，我们却似乎不能说"长庚星"和"启明星"是同义词。那么，问题来了：同义词是只要反映命题的真值即可，还是也要反映命题的认知状态？

　　再举一个例子：假设我们把同义词定义为相互替代之后不改变句子真值的词。空名不指称任何对象，所以从直觉上讲，空名不能使任何句子为真。假设所有包含空名的句子都不为真，那么用一个空名去替代另一个空名也不会改变句子的真值。根据上述提到的同义词可以相互替代的说法，我们可以得出，所有的空名都是同义词。如果是这样的话，那么下一次你在读福尔摩斯的故事时，就可以把"夏洛克·福尔摩斯"换成"华生"甚至"莫里亚蒂"，并且句子的意义相同。这听起来对吗？

▶　**操作定义**

　　操作定义是用一些可观测的属性来定义词的方法。在一些研究的开始阶段，研究人员尚不清楚观测对象的内在属性或导致该属性出现的原因，其实这也正是研究人员所要研究的问题。于是，为了进行研究，研究人员有必要先采用一些标准来确定研究的范围，无论这些标准多么粗浅。操作定义正是发挥了确定研究范围的作用，故而常用于自然科学和社会科学的研究中。

例（48）　"酸"$=_{df}$使蓝色石蕊试纸变红的物质

例（49）　"生活贫困的人"$=_{df}$收入低于所在地区家庭收入中位数一半的人

例（50）　"痛觉"$=_{df}$导致疼痛行为的原因

操作定义必须是"可操作的"。这意味着，定义项必须包含可以通过经验来验证的且易于实践的操作或程序。例如，对于例（49）中给出的贫困的定义，学者们可能存在分歧，有些学者认为贫困不仅体现在客观方面（可以用货币衡量），还体现在主观方面，反映为社会关系和心理状态（包括被社会排斥和在权力地位上处于弱势）；或者贫困不能仅用收入来衡量，还需要用支出来衡量。基于这些分歧，学者们完全可以进行合理的辩论。不过，例（49）只是为了统计和监测特定群体的贫困人口数量，从而为制定福利分配政策提供建议。需要指出的是，操作定义可能不是（也不应该是）被定义项的唯一定义。因此，例（49）中的定义是可以接受的。

同样，我们应该意识到，有时某个操作定义已经预设了对被定义项进行理论化的某种方式。例如，例（50）作为研究痛觉的操作定义是完全没有问题的。心灵哲学中有一种理论认为，痛觉只不过是疼痛的行为。这被称为行为主义，行为主义否定心灵状态的存在。当然，还有其他不同的理论。例如，同一论不否认心灵状态的存在，但认为心灵状态等同于身体状态；功能主义将心灵状态简化为输入（刺激）和输出（反应和行为）之间的因果模式，所以只要观测到相同的输入—输出模式，那么是心灵过程还是身体过程，反而是无关紧要的了。在这里，我需要说明的一点是，操作定义虽然实用且高效，但并不能取代理论探讨，也不应该被理所当然地认为是唯一恰当的定义。若要被理所当然地认为是唯一恰当的定义，需要有高度的理论保障，操作定义显然不具备这个特点。

▶ **属加种差的定义**

最后一种定义可能是使用得最广泛的定义。属加种差的定义方法是，首先确定被定义项所属的更大群体（属），然后通过被定义项的特征或本质属性（种差）将被定义项与群体中的其他对象区别开来。属加种差的定义是可行的，因为大多数对象都具有很多属性，而其中一些属性又可被分解为更多属性。因此，我们可以先通过某些属性来确定属，这样就把被定义项与这个世界上的大多数对象区分开了；接下来通过对属性进行微调，在属中定位到被定义项的基本特征。我们有时也把这种被定义项与其所属的更大群体之间的关系称为种属关系。"属"和"种"都是从生物学中借用的术语，但在这里它们只具有相对意义，用来表示一个类别和一个子类别。以下是一些例子。

例（51） 人是理性的动物。

例（52）"六边形"$=_{df}$有六条边的多边形

在例（51）中，"动物"是属，"人"是种，"理性"是将人与其他动物区别开的种差。例（52）也具有类似的结构："多边形"是属，"六边形"是种，"有六条边"是种差。

属加种差的定义方法只适用于定义具有复杂属性的事物。对一些简单的无法分析的事物，如道德、正义、知识等，我们便无法用属加种差的方法来定义了。对这样的被定义项，我们可以使用枚举定义、操作定义等方法来给它下定义，或者简单地将这样的被定义项处理成理论中的基础术语。

除了以上限制，属加种差的定义还有一个需要注意的问题：我们不应该用一切事物都具有的普遍属性来定义一个属，如存在、实体、对象等，因为这样定义的属是没有用的。事实上，有些人认为存在根本就不是一种属性，因为事物必须先存在，然后才能谈论其具有什么属性。因此，存在是属性的先决条件，而不是属性之一。像康德和弗雷格这样的著名哲学家都认同这种观点。

▶ 评价属加种差的定义的规则

由于属加种差的定义方法应用非常广泛，因此有一些规则可以帮助我们判断哪些属加种差的定义是好定义。当然，这些规则都是经验之谈，但可以作为我们进行批判性推理的工具。

定义应当说明种的本质属性

定义是通过划定清晰且明确的界限来明确意义的，即哪些对象属于被定义项，哪些对象不属于被定义项，并且这个界限越清晰明确越好。因此，我们在用属加种差的方法下定义时，最好选择对象独一无二且必然具有的属性。有些科学家、逻辑学家和哲学家相信每种事物都有其本质属性，尽管不同的人对"本质"的定义可能有所不同。我们用以下例子来说明在定义时不说明本质属性会产生什么问题。

例（53）桌子是一种具有平顶和一条或多条腿的家具，可以为吃饭或工作提供一个水平的表面。

例（54）桌子是一种家具，通常是长方形的，并且是用木头做的。

在例（53）和例（54）的定义中，哪一个更好地抓住了桌子的本质属性？我们很容易就能看出例（54）的问题：很明显，桌子可以有不同的形状，并且可以用不同的材质来制作，并不一定都是长方形的，也并不一定都是用木头做的，所以"长方形的"和"用木头做的"都不是桌子的本质属性。相比之下，例（53）是一个更好的定义，因为例（53）不仅描述了桌子的外观，还介绍了桌子的功能。当然，例（53）也有不完美之处，因为有一些专门为绘画、平面设计或绘制蓝图等设计的桌子的桌面是倾斜的。另外，出于某些特殊需求，桌子的桌面也可能不是平整的——也许要完成的工作需要用到桌面不平整的桌子，或者出于美观和装饰的考虑而设计的桌子。无论如何，例（53）对桌子的一般用途的描述已经足够好了。因此，我们看到，"本质属性"这个概念本身也许非常难定义，而且我们在定义时所说的"本质属性"其实与时间和语境相关。

定义不能太宽泛，也不能太狭窄

这是一条非常有用的规则。当定义项包含的对象比被定义项更多时，这个定义就太宽泛了；当定义项排除了一些本该属于被定义项的对象时，这个定义就太狭窄了。这条规则仅涉及定义的范围问题，可能与属性是否为被定义项的必要或独特属性无关，所以它与上一条规则不同。

例（55）"出租车"$=_{df}$陆地上的车辆

例（56）"人"$=_{df}$能理解相对论的动物

例（57）"人"$=_{df}$无羽毛且有宽指甲的两足动物

例（55）中的定义太宽泛了。很多车辆都是在陆地上行驶的：轿车、公交车、卡车、面包车……出租车只是其中一种。例（56）中的定义太狭窄了。事实上，并没有多少人能理解爱因斯坦的相对论。如果我们接受了例（56）中的定义，那么那些不理解相对论的人就被排除在人的范畴之外了。例（57）是柏拉图给出的定义。这个定义很有趣，因为这个定义既太宽泛了，又太狭窄了。你看出来了吗？说这个定义太宽泛了，是因为存在不属于人类的无羽毛的两足动物。如果这个定义是正确的，那么当我们拔下鸡或鸵鸟的所有羽毛并修剪它们的指甲后，这种生物就被定义为人。这太荒谬了！说这个定义太狭窄了，是因为根据这个定义，像失去一条腿的人或指甲受损的人就不再属于人类了。

不能循环定义

在讨论递归定义时，我们已经简要地谈到了这一点。因为定义是一种帮助人们更好地理解被定义项的认知方法，所以定义不应循环。循环定义不能增加任何知识，相当于用被定义项表述定义项。因此，对那些还不知道被定义项意义的人来说，这个定义对丰富知识或明确意义没有任何作用。

例（58）"经济学"=$_{df}$有关人类社会经济行为的研究

例（59）"幸福"=$_{df}$幸福的状态

例（58）和例（59）都是非常明显的例子。出现在定义项中的"经济"一词也是需要被定义的词。"幸福是幸福的状态"也没有告诉我们任何信息或新的东西。然而，有时循环定义没有这么明显，甚至可能十分隐蔽。这种循环定义虽然没有重复使用相同的词，但是定义项却只能由被定义项来解释。在例（44）中，尽管定义项和被定义项中使用了不同的词，但"原因"和"结果"的确是相互定义的。

定义不能使用有歧义的、晦涩的或比喻性语言

定义是用于明确意义的工具，所以定义项一定要比被定义项容易理解。使用有歧义的、晦涩的或比喻性语言来下定义，反而是弄巧成拙。下面便是一个定义项比被定义项更加晦涩的例子。

例（60）生活是在不充分的前提下得出充分的结论的艺术。

在能够使用肯定形式下定义时，就不应该使用否定形式下定义

一般来说，说被定义项是什么比说被定义项不是什么更有助于明确意义。因此，一般而言，在定义中使用肯定形式要比使用否定形式更有助于明确意义。不过，有些词本质上就是否定的。对于这些词，使用否定形式来下定义也是可以的。

例（61）　三角形不是四边形。

例（62）　"孤儿"=$_{df}$没有父母的孩子

例（63）　"缺席"=$_{df}$缺少某人，某人不在场

例（61）不是一个好定义，因为有很多图形既不是四边形也不是三角形。不过，孤儿本质上就是失去了父母的人，所以我们如果不用否定形式，是不可能定义"孤儿"的。例（63）也是如此。

在这一节中，我们讨论了六种类型的定义：三种属于外延定义，三种属于内涵定义。其中，外延定义包括枚举定义、实指定义和递归定义，内涵定义包括同义定义、操作定义和属加种差的定义。我们还介绍了五条用于评价属加种差的定义的规则，分别如下。

●定义应当说明种的本质属性。

●定义不能太宽泛，也不能太狭窄。

●不能循环定义。

●定义不能使用有歧义的、晦涩的或比喻性语言。

●在能够使用肯定形式下定义时，就不应该使用否定形式下定义。

现在，我们可以用这些规则来做练习了。

练习 2.2 评价定义

根据评价属加种差的定义的规则来评价以下定义，指出其违反了哪些规则并且解释。

1. 油画是用毛刷在画布上绘制的图画。

2. 信仰就是所望之事的实底，是未见之事的确据。

3. 幸福对人们和社会的许多方面来说是一种积极的结果，因为它告诉我们，人们认为他们的生活很顺心。

4. 进化是物质和伴随着运动的消耗的统一；在进化过程中，物质从不确定的和无条理的同质性转变到明确而凝聚的异质性；同时，所保持的运动经历着相同的改造。

5. 爱是大自然诱骗人们繁衍后代的方式。

6. "一个词的意义是通过对其意义的解释来解释的。"即你如果要理解"意义"这个词的用法，就要去找"对意义的解释"。

7. 诗是用富有想象力的语言表达崇高的思想或热烈的情感。

8. 宗教，名词。希望和恐惧的女儿，她向无知解释不可知事物的本质。（安布罗斯·比尔斯，《魔鬼词典》）

9. 科学是通过观察或实验获得的关于物理世界或物质世界的系统知识。

10. 正义就是正义的品质。

2.5 本章小结

这一章是从演绎逻辑的形式特征开始的。演绎论证是否有效，仅仅取决于该论证的形式，而与其内容无关。话虽如此，意义在论证中也起着重要的作用。如果一个论证的意义不明确，我们就有可能误解这个论证，从而无法正确地将这个论证形式化，因此我们在本章的其他部分特别讨论了如何明确意义。

我们区分了几种表达不清楚的语言现象，分别是歧义、含糊、晦涩、不完整表达、异质化表达和使用情感性词语。如果一个表达式具有多种意义，那么这个表达式是有歧义的。如果一个概念没有明确的边界或一个判断有程度之分，那么这个概念或这个判断就是含糊的。如果一个表达式缺少核心意义，那么这个表达式就是晦涩的。不完整表达是指没有特定论域的表达。异质化表达是指一个表达式偏离常规用法且没有明确定义。使用情感性词语可能引发心理或修辞效果，但没有明确论证这些效果为什么是合理的。以上问题都是我们在思考问题时要尽可能避免的。

如果我们只讨论意义不是什么或应该避免什么问题，而不讨论意义具有的积极的一面，这似乎是不恰当的。因此，我们在第 2.3 节讨论了"意义"的多种意义。当然，这一节也包含哲学方面的一些重要讨论。我们必须认识到，我们所说的"意义"通常意味着很多内容。有时，我们指的是"指称"，即明确一个词的意义就是找出这个词所指的对象，或者明确一个陈述的意义就是判断这个陈述是否为真。当然，意义还涉及更多内容。意义有时是指我们把一个词所指称的对象挑选出来的标准，我们把这个标准称为"涵义"或"内涵"。

另外，我们区分了分析陈述和综合陈述。人们通常把分析陈述看作必然的和先验的，把综合陈述看作偶然的和后验的。

最后一节的重点是定义——一种很重要的明确意义的工具。我们在这一节中讨论了几种类型的定义，还特别介绍了一些用于评价属加种差的定义的规则。

在下一章中，我们将继续关注"意义"，进一步讨论错误地使用语言而导致的谬误和其他与非形式谬误有关的问题。

3

非形式谬误

你将在这一章中学习以下内容

▶ 错误地使用语言而导致的谬误

▶ 诉诸类谬误

▶ 关于前提和结论的谬误

▶ 归纳谬误

"那可是上好的甜果酱呀。"王后说。

"反正我今天不想吃。"（爱丽丝说。）

"你就是想吃，今天也吃不上，"王后说，"规则是：明天吃果酱，昨天吃果酱，但是今天不能吃果酱。"

"可总得有'今天吃果酱'的时候呀。"爱丽丝反对说。

"不，那可不行的，"王后说，"是每隔一天吃一次果酱。你知道吧，今天可不是'每隔一天'。"

——刘易斯·卡罗尔，《爱丽丝镜中奇遇记》

我们在第 2.2 节中讨论过一些语言表达不清楚导致的问题。语言混乱不仅会引起他人的误解，还会导致推理上的谬误。**谬误**是指看起来似乎正确，但实际上经不起检验的论证。谬误可以分为形式谬误和非形式谬误。形式谬误是指逻辑上或形式上无效的论证，我们将在第 4 ～ 6 章中详细介绍。而**非形式谬误**主要有两种类型：一种是错误地使用语言而导致的谬误，另一种是前提和结论不相关而导致的谬误。这两种谬误又可以继续细分为多种不同的子类型。

3.1 错误地使用语言而导致的谬误

语义双关谬误

在论证中，如果同一个词或短语被有意或无意地赋予两种或多种意义，就会导致**语义双关谬误**。语义双关谬误实际上是由词或短语的意义模棱两可而导致的。

例（1） 时间就是金钱。时间可以治愈一切创伤。因此，金钱可以治愈一切创伤。

在例（1）中，"时间"一词的意义是模棱两可的，说话者正是利用这种模棱两可性来进行论证的。这个论证表面上看起来是有效的：如果第一句中的"是"表示等同，并且等同的事物之间又是可以相互替代的，那么第二句中的"时间"便可以用"金钱"来替代。于是，我们便得到了例（1）中的结论。然而，例（1）的论证事实上并不是有效的。因为"时间"这个词在两句话中的意义是不同的，我们不能简单地一换了之。

在第一句中，我们在说"时间就是金钱"时，想要表达的意思其实是要抓紧时间，或者说这句话强调的是效率或时机。然而，第二句话隐含的却是完全不同的意思。"时间可以治愈一切创伤"，是在建议人要保持耐心和冷静，让痛苦慢慢地消退，耐心地等待身心恢复。这一句强调的是时间流逝，而不是效率。如果没有时间，那么金钱既不能买来时间，也不能让人免除疗伤的过程。因此，虽然这两句话中都使用了"时间"这个词，但是"时间"在其中的意义是不一样的，所以这两句话中的"时间"是不能简单地相互替代的。如果想要替代，那么必须使用同一个词的同一个意义才行。

如果例（1）中的谬误不够明显，我们可以再看一个例子。

例（2） Esther likes to stroll along banks. A bank is a financial institution. Therefore, Esther likes to stroll along financial institutions.（埃丝特喜欢沿着河岸散步。银行是一个金融机构。因此，埃丝特喜欢沿着金融机构散步。）

例（2）中的论证显然是一个谬误，因为两个"bank"明显不是一个意思。第一个"bank"指河岸，第二个"bank"指人们存钱和取钱的银行。虽然两个句子中都用了"bank"这个词，但这并不代表这个词在两个句子中的意思一样。

以上两个例子虽然都是谬误，但似乎没有造成什么危害性的后果。可是，对一些严肃的论证，比如十分强调概念处理的准确性的哲学讨论，涉及语义双关谬误的论证可能导致严重的错误。

例（3）"持有尊重自然的态度，就是把地球自然生态中的野生动植物视为拥有固有价值……说它（个体生物）是生命目的论中心，就是说它的外部活动和内部功能都是有目的的，随着时间的推移不断地努力使自己活下去……我们不必认为它们具有意识。一棵特定的树是生命目的论中心，并不是指它在有意识地努力使自己存活……"（保罗·泰勒，《尊重自然》）

例（3）的这段话提出了一个观点：因为野生动植物都是"生命目的论中心"，所以它们都有"固有价值"。因此，野生动植物应当受到尊重。我们可以把以上论证简要地表述如下。

野生动植物都是生命目的论中心。

任何生命目的论中心都拥有固有价值，并且应当受到尊重。
_____
所以，野生动植物都有固有价值，并且应当受到尊重。

可是，野生动植物为什么是生命目的论中心呢？作为生命目的论中心又意味着什么呢？根据例（3）的表述，生命目的论中心强调的是"有目的的"。于是，我们可以对生命目的论中心做如下两种解释。

（a）X 的努力活下去的行为符合 X 的利益，即我们可以观察到 X 具有不断地维持自身存在的趋势。这是在客观意义上说的价值。

（b）X 有努力活下去的兴趣，即 X 会有意识地保持自身的存在。这是在主观意义上说的价值。只有有意识的生命才可能这样做，这也是通常意义上理解的"有目的的"。

在例（3）中，作者在第一个意义上说明无意识的植物要与有意识的人和动物一样受到尊重。可是，通常而言，人只有在第二个意义上具有目的时，我们才会给予他尊重。例如，伤害他人是错误的，这是因为受到伤害的人会感到痛苦。一般而言，人都会有意识地追求快乐而避免痛苦。然而，假如受到伤害的是不知道追求快乐或避免痛苦的物体（如机器人），那么对该物体施加伤害的行为是否有错，这就是一个有争议的问题了。因此，第二个意义上的价值可能并不足以证明野生动植物应该受到尊重，至少不能简单地用第二个意义上的价值来证明第一个意义上的价值。因此，作者若要说明野生动植物应该受到尊重，还需要进一步论证。

句法多义谬误

句法多义谬误是指由于句子中某些词的组合用法不严谨或不恰当，导致听话者会从多个角度理解这个句子，从而产生的一种非形式谬误。语义双关谬误是由词或短语的多种意义导致的谬误，本质是语义的谬误；句法多义谬误是由句法上的混乱导致的谬误，即一个句子有多种不同的理解方式，从而产生谬误。

例（4）（参看本章开头节选自刘易斯·卡罗尔的《爱丽丝镜中奇遇记》的内容。）

节选中的"今天"一词是有歧义的。爱丽丝在说"今天"时，就是简单地指说话的这一天。假设我在 2016 年 2 月 5 日说"今天很冷"，那么我在 2016 年 2 月 6 日再说这件事时，应该说"昨天很冷"。因为"今天"属于语境敏感的词，语义规则要求我们在说话或解释时需要根据语境对语境敏感的词做出恰当的调整。除了"今天"，语境敏感的词还包括时间指示词（如现在、然后、明天）、人称指示词（如我、你、他）、地点指示词（如这里、那里）等。

然而，王后似乎并没有遵循同样的规则。她把"今天吃果酱"看作一个固定搭配，就像专名（如果酱品牌"罗伯逊果酱"）或通名（如"树莓果酱")一样。继而，王后又从字面上对比了"今天吃果酱"和"明天吃果酱""昨天吃果酱"的区别。这就是王后得出没有"今天吃果酱"这一结论的原因。我们可以把王后的（隐含的）论证整理为如下形式。

（每隔一天吃一次果酱，所以我们有"每隔一天吃一次果酱"的情况。）

只有每隔一天才能吃一次果酱。

"今天吃果酱"不是"每隔一天吃一次果酱"。

所以，不会有"今天吃果酱"的情况。

例（4）的歧义就是句法上的混乱导致的。"今天吃果酱"有两种解读：一种是爱丽丝所理解的那种通常意义上的解读，另一种是王后所理解的那种类似于专名的解读。

例（5） 吕底亚国王在与波斯王国开战之前求问特尔斐神谕。神谕说："吕底亚国王如果和波斯王国开战，就会毁灭一个强大的王国。"

在听闻神谕后，吕底亚国王认为自己将消灭敌人，所以发动了战争，最终却失败了。难道是神谕错了吗？未必。事实上，神谕可以有两种解读：一种是神谕在回答敌方在战争中会遇到什么事，另一种是神谕在回答发动战争的一方自身的命运。按照第一种解读，吕底亚国王将会毁灭波斯王国；按照第二种解读，吕底亚国王将会毁灭自己的吕底亚王国。因此，无论吕底亚国王是胜还是败，神谕都没有错。

例（5）中的歧义是对神谕的两种不同解读导致的，所以例（5）是句法多义谬误。注意，神谕中提到的"强大"一词在语义上是含糊的，但是歧义并不是由"强大"一词引起的，所以例（5）不属于语义双关谬误。实际上，例（5）中的歧义与"一个强大的王国"中的"一个"有关，因为我们把"一个"解读为哪一个王国都可以。

强调谬误

强调谬误是指通过强调句子中不同的词或语句成分而引起句子意义的改变，从而导致的推理谬误。

例（6）

A：我们不应该说朋友的坏话。那你为什么要说约翰的坏话呢？

B：因为我们不应该说朋友的坏话啊！

（B隐含的意思是："约翰不是我们的朋友"。）

在上述对话中，因为A和B强调的是不同的词，所以A和B得出了不同的论证结果。我们可以把A和B得出相反结论的论证分别按如下形式表示。

A

我们不应该说朋友的坏话。

约翰是我们的朋友。

————————————

所以，我们不应该说约翰的坏话。

B

我们不应该说朋友的坏话。

约翰不是我们的朋友。

————————————

所以，我们应该说约翰的坏话。

（或者，我们说约翰的坏话是没问题的。）

单独看B的论证不构成任何谬误。可是，假如A的意思恰如我们所做的分析一样，那么B的这种强调不同的词的做法，至少歪曲或者误导了A原本的论证。从这个意义上说，例（6）是一个谬误。

滑坡谬误

在**滑坡谬误**中，一个小的让步被认为会导致潜在的灾难性后果。这一类论证的错误在于，说话者利用了表达的模糊性。

例（7）现在人们的穿着打扮真是令人震惊。前几天我看见一位年轻的女士把脚踝露在外面，今天我看见有人穿着迷你裙。事情要是照这样发展下去，我们很快就会看到有人赤身裸体地在路上行走了。

一般来讲，事情都有程度之分，很多问题都是从小处开始发展的。滑坡谬误就是利用这一点来论证，从而得到一个令人害怕的结论。滑坡谬误的错误之处在于，影响事情发展的因素往往不是单一的，常常会有一些其他因素阻止事情进一步恶化，所以很多事情事实上都不会像声称的那样糟糕。因此，论证中所说的灾难性后果只不过是为了说服他人而提出来的，事实上并不一定会出现。

例（7）中所说的情况便是如此。从露出脚踝到赤身裸体，中间还要经过很多阶段，有很多因素都会影响最后的结果。因此，如果认为这件事情一旦开了头，便一定会产生灾难性的后果，那么这就是一种谬误了。

滑坡谬误在日常生活中十分常见。我们在一些机构的官方回复函中也可能看到滑坡论证。

例（8）某机构的一名工作人员在收到群众的请求后，回复说："我们不能答应你的请求，因为如果每个人都提出同样请求的话，那么整个系统会崩溃的。"

例（8）中的论证是谬误的原因有两个：①不是每个人都会提出相同的请求，该机构其实没有证据来证明每个人都会提出相同的请求；②更重要的是，即使每个人都提出了相同的请求，机构需要做的也应该是改变原有的预算、人力分配等来尽可能地满足人们的需求，而不是从一开始便回避问题、拒绝人们的请求。

然而，利用表达的模糊性做出的论证一定都是谬误吗？我们在说一个论证存在形式谬误或非形式谬误时，重点都是要解释清楚该论证为什么是谬误。例如，罗伯特·诺齐克利用模糊性提出了一个反对税收的论证，将税收与强迫劳动和奴隶制相提并论，如例（9）。不过，诺齐克的论证是否属于滑坡谬误，目前还存在争议。

例（9）　如果你的生活完全任由你不讲理的主人安排，他经常残忍地打你，半夜把你叫起来，那么你一定是一个奴隶。如果你的主人比较仁慈，很少打你，却制订了规则来管理你的工作，那么这并不会改变你是一个奴隶的事实。假设你的主人允许你在外面工作，但是必须上交全部收入，那你无疑还是一个奴隶。可是，如果你的主人只让你上交一部分收入，难道你就不是一个奴隶了吗？税收就是强迫你上交一部分劳动成果。因此，税收就是强迫劳动或奴隶制。（改编自罗伯特·诺齐克，《无政府、国家和乌托邦》）

在例（9）的论证中，由于不存在明确的界限来界定"奴隶何时不再是奴隶"，所以奴隶始终是奴隶。这个论证正是利用了"奴隶"这一表达式的模糊性。当然，例（9）中的论证是不是谬误，目前还存在争议，我们不能仅仅根据论证的形式就断定它是谬误。

虚假二难推理谬误

如果一个论证只给出了两个选择，但事实上还存在其他可能性，那么我们便称这个论证中存在**虚假二难推理谬误**。

例（10）　你如果吃得太多，就会被撑死。你如果吃得太少，就会被饿死。因此，无论吃多少，你都会死的。

例（11）　为了变得有钱，我必须继承父母的遗产或者与有钱人结婚。我不能从父母那里得到一分钱，所以我要与有钱人结婚。

从论证形式上看，二难推理是有效的论证。二难推理有多种形式，但其典型特征是：首先，二难推理会给出两个选择（有时也称这两个选择为"二难的犄角"），每一个选择都会导致一个特定的结果；然后，二难推理要评价这些结果。如果二难推理给出的两个选择是唯二可选的选项，那么两个结果中一定有一个成立。以下便是一个正确的二难推理。

例（12）　如果我接受了这份工作，那么这份工作会占用我陪伴家人的时间，所以我的家庭会受到影响。如果我不接受这份工作，那么我的资金便会很紧张，我的家庭也会受到影响。我接受或者不接受这份工作，我的家庭都会受到影响。

例（12）是有效的，并且这确实是很多职业女性遇到的困境。不过，现实生活中有办法应对这样的困境。例如，在不同的选择中，影响的严重程度会有所不同，于是我们可以选择影响较小的选项。也许我们像如下这样重新表述例（12），会感觉好一些。

例（12a）　我如果接受这份工作，那么会赚更多的钱，我的家庭也会因此受益。我如果不接受这份工作，那么会有更多的时间照顾家庭，我的家庭也会因此受益。我接受或者不接受这份工作，我的家庭都会受益。

然而，例（10）和例（11）中的论证却与例（12）中的不一样。例（10）和例（11）的前提都存在错误，即两个"犄角"并没有穷尽所有的选择。

在例（10）中，吃得极多（被撑死）或极少（被饿死）才可能导致死亡。可是，这并不意味着你必须吃得极多或极少。事实上，很多人都是适当饮食的，既不多吃也不少吃，从而保持身体健康。

类似地，在例（11）中，变得有钱并不只有继承和结婚两条途径，所以例（11）的前提只给出了这两个选择显然是错误的。

稻草人谬误

当说话者的论证建立在故意歪曲对手的论证的基础上时，说话者就犯了**稻草人谬误**。这意味着，我们其实只是击败了假想的错误的敌人（一个稻草人），而不是在解决真正的、最初的问题。稻草人谬误可能把人们的注意力引向一个错误的方向，从而取得修辞上的优势。然而，因为稻草人谬误回应的是一个错误的问题，真正的问题并没有得以解决，所以这是一个糟糕的推理。

例（13）

A：我们不应该歧视残疾人。

B：因此，你的意思是我们都应该是残疾人吗？

在例（13）中，A 最初提出的问题在于是否应该歧视残疾人。如果要给出一个真正的回答，B 应该就同一问题发表观点。然而，B 没有这样做，而是故意歪曲了 A 的观点，把原问题变为我们应不应该是残疾人。是否应该歧视残疾人与应不应该是残疾人显然是两个截然不同的问题。无论一个人是不是残疾人，他都不应该区别对待残疾人。因为歧视本身是错误的，残疾人和其他人一样，都享有自由和平等的公民权利。因此，如果其他人都有作为人的自然权利和作为公民的公民权利，那么残疾人也应当受到平等对待。我们没有任何理由剥夺残疾人的权利。B 设置了一个错误的目标，实际上是把一个不相关的命题当成了最初的问题。这显然是错误的。当然，在设置了"稻草人"之后，B 的论证可能获得一些支持，因为 B 所说的内容容易激起歧视残疾人的人的情绪，但这掩盖了非残疾人反对歧视残疾人的可能性。

红鲱鱼谬误

红鲱鱼谬误就是改变论证的主题，把听话者的注意力转移到其他问题上。

例（14）

记者：内阁将如何回应议员们申请私人娱乐津贴的问题呢？

内阁发言人：眼下还有更紧迫的问题，我们应当谈谈削减教育预算的问题。

红鲱鱼谬误和稻草人谬误的不同之处在于，在红鲱鱼谬误中，说话者不会断言或假装断言他所说的问题就是最初的问题，或者根本就不在原来的问题上继续讨论。说话者的目的只是想把听话者的注意力从原来的问题上移开。如果有人问说话者，他甚至可能都不否认自己有这样的意图。

严格来说，红鲱鱼谬误的目的不是要去说一些虚假的话。然而，它会导致讨论偏离原来的问题。甚至，有些人在想要回避某个问题时，会主动采用红鲱鱼谬误这一策略。

合成谬误

合成谬误可分为两种情况：一种是由部分具有的属性错误地推出整体也具有该属性；另一种是由集合中的个体元素具有的属性错误地推出集合也具有该属性。

例（15） 全明星球队中的每一个足球运动员都是好球员。因此，由这些球员组建的球队也一定是好球队。

在合成谬误中，说话者错误地由部分的属性来推知整体的属性。一般来说，我们可以从整体的属性推知部分的属性，也可以从部分的属性推知整体的属性。前者被称为**归纳三段论**，后者被称为**归纳概括**（见"要点荟萃"）。这两种都是公认的归纳方法。然而，有时候这些方法是错误的，因为有些属性对个体而言的含义和对集体而言的不一样。例如，个体和集体在比较中的评价标准或约束条件可能不一样。因此，合成谬误是错误地使用语言而导致的谬误。

要点荟萃：常见的归纳论证的例子

归纳三段论：（从整体到部分）

大多数学生都反对学费上涨。

玛丽是一名学生。

所以，玛丽反对学费上涨。

归纳概括：（从部分到整体）

观察到的所有天鹅都是白色的。

所以，所有天鹅都是白色的。

以例（15）为例，评价一个好球员的标准与评价一支好球队的标准是不一样的。也许每个球员在带球、传球和射门等方面都有很高的造诣，但是他们之间可能缺乏团队意识和配合协作意识，所以他们在一起仍有可能无法组成一支好球队。我们所说的好球员的品质仅仅适用于评价作为个体的球员。换言之，虽然好球员和好球队都用了"好"字来评价，但是好球员和好球队的"好"的标准却不同。因此，从每个人都是好球员来推断他们组成的球队也是好球队，这显然是错误的。

分解谬误

分解谬误可以分为两种情况：一种是由整体具有的属性错误地推出部分也具有该属性；另一种是由集合具有的属性错误地推出集合中的个体也具有该属性。

合成谬误和分解谬误是对应的。二者属于谬误的原因都在于，适用于个体的标准可能并不适用于群体，反之亦然。合成谬误是从个体来论证群体，而分解谬误则是从群体来论证个体。

例（16） 美国是一个富裕的国家。因此，美国没有穷人。

衡量一个国家是否富裕的标准与衡量个人是否富裕的标准有非常大的区别。后者只涉及家庭收入和支出，而前者可能还涉及国内生产总值（GDP）、居民家庭平均收入等用于衡量国家总体收入的指标。在任何情况下，一个富裕的国家都不意味着其国内财富是平均分配的。更何况美国的财富不均问题是众所周知的，尤其在过去的数十年中，美国的贫富差距不断增大。因此，美国一定是有穷人的。例（16）中的论证错误地把整体的属性赋予个体，因此例（16）是错误的。

综上所述，我们在这一节中一共介绍了九种与错误地使用语言有关的谬误，每一种谬误都涉及不同的语言使用问题。

核心概念：错误地使用语言而导致的谬误

　　语义双关谬误：多种意义，语义含混。

　　句法多义谬误：多种意义，句法歧义。

　　强调谬误：强调不同词或语句成分引起句子意义的改变。

　　滑坡谬误：利用表达的模糊性。

　　虚假二难推理谬误：只给出两个选择，事实上还有其他可能性。

　　稻草人谬误：故意歪曲对手的论证。

　　红鲱鱼谬误：转移话题，回避讨论。

　　合成谬误：由于部分与整体适用的标准不同而错误地由部分推知整体。

　　分解谬误：由于整体与部分适用的标准不同而错误地由整体推知部分。

现在，我们一起来做一些练习。

练习 3.1 非形式谬误（1）

从下列句子中找出谬误并且解释。

1. 一旦堕胎合法化，那么不可避免地就会出现儿童色情、虐待儿童、虐待老人等现象。对生命的不尊重会滋生对生活的不尊重。因此，我们必须禁止堕胎。

2. 唯一能证明某种东西是可见的，就是人们实际上看到了它。声音可以被听见的唯一证据是人们听到了它。我们经验的其他来源也是如此。同样，我认为，唯一能证明某样东西是可取的，就是人们真的想要它。（约翰·斯图亚特·密尔，《功利主义》）

3. 如果宇宙的组成部分不是偶然的，那么整个宇宙怎么会被认为是偶然的结果？因此，宇宙的存在不是偶然的。

4. 我们可以选择光荣地死去，也可以选择毫无意义地死去。没有人想白白死去，所以让我们光荣地死去！

5. 大象是一种动物。因此，小象是一种小动物。

6. 一粒谷子无法形成谷堆。如果一粒谷子不能形成谷堆，再加一粒谷子也不能形成谷堆，那么我们每次都只加一粒谷子，就永远都不会出现谷堆。

3.2 与相关性有关的谬误

导致谬误的原因除了错误地使用语言，还可能是论证的前提和结论之间不相关。因为前提和结论无关，所以前提不能为结论提供支持。我们一般把这种谬误称为**不相干谬误**。它的错误在于前提和结论的关系是心理上的，不是逻辑上的。因为"不相干"是指前提和结论在内容上不相干，而非在形式上不相干，所以不相干谬误属于非形式谬误。

不相干谬误其实有很多种类型，本书中只介绍其中三种：其一，**诉诸类谬误**，是指论证诉诸错误类型的理由时产生的谬误；其二，**关于前提和结论的谬误**，如循环论证或不恰当的假设；其三，**归纳谬误**，这是关于归纳论证的谬误。

诉诸类谬误

▶ 诉诸无知

诉诸无知，是指说话者仅仅因为不能证明一个命题为假，从而认为这个命题为真；或者因为不能证明一个命题为真，从而认为这个命题为假。

例（17）

A：上帝存在！

B：为什么？

A：因为如果上帝不存在，那么一定会有人知道这件事。然而，没有人证明上帝不存在，所以上帝存在。

例（17）中声明结论为真的理由是没有人证明结论为假，所以例（17）中的论证是诉诸无知谬误。

例（18）

A：上帝不存在。

B：为什么？

A：因为如果上帝存在，那么一定有人知道这件事。然而，没有人证明上帝存在，所以上帝不存在。

例（18）也是一个诉诸无知谬误，因为例（18）中主张某观点为假的理由是不能证明其为真。

诉诸无知谬误混淆了事实和知识。某个事态是事实（即一个命题为真），这是一个形而上学的问题；我们知道某个事态是事实，这是一个知识论或认识论的问题。我们经常把某个实际上为假的事物认作真的。例如，人们过去认为鲸鱼是鱼，但我们现在知道鲸鱼其实是哺乳动物。同样地，当某些事物为真时，我们也未必就知道它是真的。例如，虽然水是 H_2O，但是在 1750 年科学家发现水的分子结构之前，我们就不知道水是 H_2O。然而，无论我们知不知道，都不能改变事实。设想我们生活在 1750 年之前，我们不能证明水是 H_2O，但这并不意味着水不是 H_2O。

因此，我们在不能证明某事物为真时，就不能推断其为假。同理，我们在不能证明某事物为假时，也不能推断其为真。我们在此时应当保持怀疑，并且中止做判断：也许为真，也许为假。然而，这并不等同于因为我们还不能证明某事物不是这样的，就声称它为真或假。

一般来讲，哲学家都认为，如果我们知道某事物为真，那么该事物为真；相反地，我们如果不知道某事物为真，就无法判断该事物的真假。简单表述如下。

知道 p → p，

但是，不知道 p 并不意味着 p 为真或为假。

证明 p → p，

但是，未证明 p 并不意味着 p 为真或为假。

思考以下例子。

例（19）　没有证据证明伊拉克没有大规模杀伤性武器，所以伊拉克有大规模杀伤性武器。

例（20）　没有证据证明你没有骗我，所以你骗了我。

设想一下你的伴侣对你说例（20）中的话，你会是什么感受？很明显，你会很生气，而且你生气的理由很明显，因为例（20）不是一个好的论证。

然而，例（20）和例（17）与例（19）具有相同的论证形式。因此，如果例（20）是一个不好的论证，那么例（17）和例（19）也都是不好的论证。论证的实际内容有可能影响我们判断该论证的有效性。我们无法直接判断例（17）和例（19）是谬误，仅仅是因为我们不能确定上帝是否存在或伊拉克是否有大规模杀伤性武器。然而，这种不确定仅仅是心理上的，而不是逻辑上的。

我们已经解释了什么是诉诸无知谬误，以及诉诸无知是谬误的原因。现在我们来看一个更复杂的例子，并且判断该例子是否属于诉诸无知谬误。

例（21）新药对小白鼠没有毒副作用，法律禁止在人身上试验新药物。因此，没有证据表明该新药对人有毒副作用。由此我们可以得出结论，该新药对人没有毒副作用。

在例（21）中，我们不能仅仅因为没有证据表明新药对人有毒副作用，就断定新药对人没有毒副作用，否则便会导致诉诸无知谬误。然而，例（21）并没有这么简单。尽管我们没有证据证明该新药对人会产生什么影响，但是有证据证明该新药对小白鼠没有毒副作用。鉴于小白鼠和人在生物学上的相似性，如果将这种新药用于人（反事实），那么它在人身上可能产生和在小白鼠身上相似的效果。这也不是毫无道理的。当然，新药对小白鼠的影响与对人的影响有多少相似性取决于小白鼠和人在生物学上有多少相似性。因为直接在人身上做实验是不道德的，所以来自小白鼠实验的间接证据可能是为数不多的我们可以依赖的证据之一。

注意，以上内容并不意味着我支持动物实验，也不意味着动物实验是获取药物试验知识的唯一来源。事实上，我反对动物实验。我只是想说，如果没有更好的资源，那么考虑间接证据也不是不可以。其实，在有些情况下，新药虽然在动物实验中取得了好的效果，但在人身上并无效果，甚至可能对人造成伤害。一个著名的例子就是沙利度胺。在 20 世纪 50 年代，沙利度胺曾被用作镇静剂，并且被用于治疗孕妇的晨吐。沙利度胺在动物实验中是安全的，但准妈妈们使用沙利度胺却导致了10000多名畸形儿的出生。

类似地，在法庭审判中，我们也应当注意诉诸无知的问题。在英美法系中，被告在被证明有罪之前要做无罪推定。然而有一些法系认为，被告在被证明无罪之前要做有罪推定。对这两种情况，我们可以将法庭审判归于诉诸无知谬误吗？

从表面上看，这两种情况似乎是诉诸无知谬误，但是从常识上考虑，以下形而上学的主张是正确的。

（a）当且仅当一个人没有（有）犯罪行为时，这个人是无罪的（有罪的）。

因此，如果法庭宣判一个人是无罪的，即表明法庭承认这个人没有犯罪行为。然而，当法庭宣判某人无罪时，其实只处理了下面（b）中提到的情况。

（b）当且仅当存在充足的证据证明一个人没有（有）犯罪行为时，这个人被证明是无罪的（有罪的）。

（a）是从形而上学的层面来谈的，（b）是从认识论的层面来谈的。法庭如果通过证明无罪来宣判无罪，那么似乎混淆了形而上学和认识论。不过，我们可以通过以下方式来澄清法庭的论证。

①当且仅当一个人没有（有）犯罪行为时，这个人是无罪的（有罪的）。

②当且仅当存在充足的证据证明一个人没有（有）犯罪行为时，这个人被证明是无罪的（有罪的）。

③如果一个人被证明是无罪的，那么他是无罪的。同时，如果一个人不能被证明是无罪的，那么他是有罪的。

④因此，如果一个人被证明是无罪的，那么他没有犯罪行为。同时，如果一个人不能被证明是无罪的，那么他有犯罪行为。

然而，一个人可能确实犯了罪，但是没有人知道他的罪行，他也没有留下任何证据，所以认识论上的结论并不意味着形而上学的事实，即一个人实际上有没有犯过罪。

不过，法律制度并不认为②意味着①。当法庭宣告被告无罪时，这只意味着被告在法律上被证明无罪，但并不意味着被告没有实施相关行为。这仅仅意味着该行为在法律上不被视为犯罪，或者没有足够的证据表明被告实施了该行为。换言之，法庭一直坚持的都是②，从来没有声明过①③或④。

总之，法庭并不是要通过认识论来得出形而上学的结论，所以法庭的论证不属于诉诸无知谬误。诸如"无罪"或"有罪"这一类法律术语在法庭上是具有特殊意义的，这种特殊意义限制了法庭像获得常识那样得出形而上学的结论。

▶ 诉诸不恰当权威

说话者在论证时诉诸了在当前问题上当之有愧的权威的观点时，就犯了**诉诸不恰当权威**谬误。

诉诸不恰当权威中的关键词是"不恰当"。一般而言，我们可以在论证中使用权威观点。所谓权威，其实就是专家。专家是指在某个学科领域中，经过专业训练，具有必要的经验和专门的知识的人。因此，专家在他所知道的领域中能够做出更明智的判断，从而应该具有更多发言权。然而，当今世界是复杂的，知识越来越多样化和专门化，现在几乎没有人能在各个领域都成为专家。一个人能成为一个领域的专家并不意味着他在另一个领域中也是专家。如果我们在论证时仅用自身或别人在某一领域的权威优势作为论据，而不从事实出发进行分析，那么这个论证也会因此错误而失效。

例（22）我们欺凌弱者，这在道德上是没有任何错的。达尔文不是已经证明了进化就是适者生存吗？那么弱者被欺凌，甚至不能生存，这是弱者自己的问题。

查尔斯·达尔文是著名的生物学家，以提出进化论而闻名。然而，进化论并不具有伦理道德方面的特定含义。当然，有些学者可能从进化论的角度来看待伦理学问题。不过，至少达尔文没有声称自己是伦理学专家，这一点我们是可以确定的。因此，在伦理道德问题上诉诸达尔文的观点，把达尔文看作伦理学权威，这是不恰当的且在逻辑上是不相关的。

我们可以把例（22）重新表述如下。

（a）根据达尔文的观点，进化就是适者生存。

（b）弱者不适合生存。

（c）因此，弱者在进化中无法生存。

（d）弱者应该被欺凌。

从（a）到（b）再到（c）的论证其实是没有什么问题的，诉诸达尔文的观点来解释生物的进化是恰当的，即便"弱者"一词的意义有些模糊不清。然而，从（c）到（d）的论证是有问题的，（c）是一个事实性命题，但（d）是一个规范性命题，即人"应该"欺凌弱者。前者是"是"的问题，后者是"应该"的问题。即使一个人想要做或已经做了某件事，也不意味着这个人应该做这件事（如为了好玩而伤害别人）。类似地，即使一个人不想做某事，同样也不意味着这件事是不应该做的（如向慈善机构捐款或戒瘾）。"是"和"应该"是两个不同领域的问题，所以支持（c）的理由未必可以支持（d）。

我们在广告中经常可以看到诉诸权威的例子。例如，我们经常在牙膏的广告中看到有人穿着医生的白大褂，哪怕这个人可能并不是外科或牙科医生。有些广告也会诉诸不恰当权威。例如，厨师戈登·拉姆齐曾出现在哥顿金酒的商业广告中。拉姆齐的烹饪技艺与哥顿金酒并没有直接的关联——拉姆齐虽然是烹饪领域的专家，但在品酒领域并不是权威。

▶ **诉诸惯例**

诉诸惯例是指论证诉诸了这样的事实，即人们普遍认为的一种观点可以支持结论的真实性。这样的论证中存在谬误，因为人们普遍认可的观点也有可能是错误的。因此，诉诸惯例有可能引发一些心理效应，但不一定与命题的真假有直接的关系。

例（23）　你怎么可以支持奴隶制度呢？所有思想进步的人都认为奴隶制度是错误的。

例（23）是以一个问题的形式表达出来的，但其实是一个隐含的论证。我们可以把这个论证重新表述如下。

（a）所有思想进步的人都认为奴隶制度是错误的。

（c）因此，奴隶制度是错误的。

（a）其实不能直接导致（c）。为了得出结论，我们还需要补充一个前提。这个被省略的前提是——

（b）如果所有思想进步的人都认可 X，那么 X。

然而，（b）很可能为假，所以例（23）中的论证也可能是错误的。不过，例（23）的错误并不在于奴隶制度本身是否错误，而在于我们不能从（a）和（b）中得出结论。实际上，这个论证的结论为真，但是它通过这种诉诸惯例的方式来推理其实是错误的。

例（24）　所有人都说戈登·布朗要辞职，所以他要辞职。

像例（24）这样的论证是很难被人接受的。它不被接受的主要原因是：这一论证中的"所有人"一词几乎不可能指字面意义上的"所有人"，因为世界上有很多人根本不知道戈登·布朗是谁，也不会谈论他的事情。也就是说，"所有人"这个词很可能被限制在一个特定的会话语境中；即使在特定的语境中，"所有人"这个词也很可能只是一种修辞手法，即强调很多人（而不是所有人）。于是，我们可以把例（24）重新表述如下。

（a）很多人都说戈登·布朗要辞职。

（b）因此，戈登·布朗要辞职。

这样表述以后，我们能很明显地看出这个论证是无效的。因为，无论有多少人说戈登·布朗要辞职，它都可能只是一个谣言。我们还需要更多的证据来证明这些人所说的是真的。例如，说这话的人是否可信，他的消息来源是否可靠，戈登·布朗本人是否表现出任何要辞职的意图，等等。一般来讲，证词并不是最可靠的证据。

例（25）　团队中的人，尤其是团队中的年轻人，都倾向于模仿其他人的行为举止。他们穿着相似、行为相似。这些人可能解释说："每个人都这样，所以我觉得这样很好。这就是潮流。"

对人这样的群居动物，跟随潮流也许是人的自然本性。可问题是跟随潮流是否真的很好？例如，有些人会跟随他人吸烟，但吸烟这种行为并不好。因此，一个人的行为是好是坏要依据一些独立的标准判断，而不能仅仅看其他人怎么做。

有人可能说，相似的行为会塑造身份认同感和凝聚力，因而这不一定是坏事。可是，好与坏要视情况而定。有些时候，太强的身份认同感和凝聚力反而会造成偏见或群体思维。**群体思维**是社会心理学和组织行为学研究的一种现象——一个群体更加重视价值观的和谐和一致，而不重视准确的分析和批判性的评估，从而导致该群体做出非理性的或无效的甚至违背原本目标的决策。一个典型的案例就是日本偷袭珍珠港事件。在珍珠港事件中，即使美国已经截获了日本的情报，美国人也不相信日本人敢这样做。群体思维通常伴有强烈的情感，所以有人把群体思维归为诉诸情感（即将介绍的下一种谬误）。

诉诸惯例是广告设计中常见的一种策略。设计师在制作广告的过程中可能参考调查、访谈或统计数据等，以使要宣传的产品看起来更有吸引力。当然，这涉及数据的真实性和可靠性等问题。更重要的是，用诉诸惯例策略制作出来的广告会对受众产生心理效应，比如群体思维，所以我们应该意识到，产品受欢迎并不一定代表产品好。

与此相关的一种谬误是**诉诸公众**。诉诸公众与诉诸惯例类似，只是诉诸惯例更侧重于人们所采取的行动，而诉诸公众可能只依靠公众的意见和评论。由于社交媒体提供了更方便快捷的交流方式，任何人都可以在网络上随意发表评论，并且不需要表明真实身份。网络上的评论往往很短，有时甚至只是一些符号或图标；发表评论的人通常也仅表明自己的立场，而不对自己的立场做任何解释或论证。由于网络上的信息会被过滤，因此人们在网络中往往只会看到与自己的立场相似的意见，而无法获知其他观点。这可能对政治、道德讨论、社会分裂及隔离现象等产生重大影响，甚至可能导致网络霸凌。

诉诸惯例并不能给结论以充足的支持，有时甚至会导致不理性的或错误的决策。因此，我们必须要小心诉诸惯例的论证。

▶ **诉诸情感**

诉诸情感是指说话者通过激发热情或激情的方式来代替严谨的推理，从而使听话者从情感上信服其结论。诉诸情感通常包括**诉诸怜悯、逢迎**和**群体思维谬误**。

例（26）"为了完成这次作业，我的手腕都摔断了，所以我这次作业应该得 A。"一个学生对他的老师说。

例（26）是一个典型的诉诸怜悯的例子。学生并不是基于自己的努力和成果，而是希望借助自己的不幸遭遇来博得老师的同情，从而得到一个好成绩。因此，学生说这些话的目的并不是为了理性的论证，而是为了唤起老师的同情心。

逢迎其实是一种沟通策略，通过赞扬他人的方式，说服他人做我们想要他做的事情。

例（27）"先生您好……您一走进来，我就看出来了，以您的品位一定只会选择最好的产品。我来给您介绍一下我们的产品……"销售员说。

通过赞扬顾客，销售员有可能给顾客留下一个好印象，于是顾客便有可能接受销售员的进一步推销。逢迎作为一种营销策略是没有任何问题的，但只能算一种说服的方法，而不是理性的论证。因此，在论证中使用逢迎便会导致谬误。

我们在讨论诉诸惯例时已经提到过群体思维。群体思维谬误通常也是一种诉诸情感谬误，因为论证者可能利用团体成员的自豪感来代替支持团体决策的理由。例如，对公司等组织的盲目忠诚就是群体思维谬误的体现。

例（28）我们知道，其他球队无论如何都不会比我们的球队强。因为"他们"不是"我们"！

球迷们认为其他球队不够好，仅仅是因为他们相信自己的球队无论如何都是最好的。这种说法显然不是基于客观调查得出的。因此，例（28）不是理性的论证，而是一种推理谬误。

▶ **诉诸强力**

诉诸强力是指说话者直接地或隐晦地以强力代替严谨的推理，从而威胁他人接受自己的结论。这种方式显然不是理性的论证，甚至不是理性的讨论。因此，诉诸强力是一种谬误。只不过，有些时候强力会以十分微妙的形式出现。

例（29）

"我父亲拥有一家公司，这家公司给你们报社带来了20%的广告收入，所以我相信你们一定不会想刊登有关我破坏公共设施的报道。"大卫说。

"我明白你的意思。这篇报道其实没什么新闻价值。"报社编辑说。

一篇报道是否有新闻价值，应该取决于编辑的专业判断，而不是商业上的考虑。然而，在例（29）中，大卫的话的潜台词是，如果报纸报道了他的不良行为，他便会要求父亲停止在这家报社投放广告。这是一种威胁，尽管威胁只是在大卫的话语中暗示出来的，但其论证中仍然存在诉诸强力谬误。实际上，大卫应该做的是论证他的行为没有新闻价值。

▶ **人身攻击谬误**

人身攻击谬误是指说话者并没有反驳对手的观点，而是攻击对手的品格，从而产生的谬误。一个论证的好坏应该取决于论证的内容，而不是由谁提出的。然而，需要注意的是，在确定一个人的证词是否可信时，我们有时候会考虑这个人的诚信，所以我们应该小心谨慎地把人身攻击和质疑说话者的诚信区分开。我会在下面详细地讨论这一点。

人身攻击谬误可以进一步分为三种。

● **辱骂型人身攻击谬误**是直接针对个人发起的论证，试图以诽谤他人的方式来达到成功论证的目的。因为辱骂型人身攻击是在质疑观点的起源，而不是观点的正确性，所以辱骂型人身攻击谬误也被称为"起源谬误"。

● **境况型人身攻击谬误**是委婉地针对个人发起的论证，暗示他人是因其特殊的处境或利益才提出观点的。

● **"你也是"谬误**是一种特殊的人身攻击谬误，即指出对手并非依照自己的观点行事，并且尝试以此为据来反驳对手的观点。事实上，一个人的言行不一致，这并不一定意味着他所说的内容都是假的。

第一种人身攻击是辱骂型人身攻击，其一般形式是，某人具有某种"负面"特征，所以他的主张（信念、意见、理论、建议等）是站不住脚的。

例（30）玛丽关于17世纪约翰内斯·开普勒的天文学的说法肯定都是错

的。你知道吗？玛丽才14岁！

在例（30）中，虽然玛丽年龄很小，但是她对开普勒的天文学的看法有可能是对的。例如，玛丽从小就受到了良好的教育，对天文学方面有很深入的了解，甚至玛丽可能就是天文学方面的天才。因此，一个人的观点是否正确，取决于观点内容的真实性，与这个人的年龄、教育及其他背景无关。或者说，我们不能根据自己的经验来判断某些人是否可信。

根据自己的经验做出的判断不可信的原因主要有以下两个。

其一，我们的认知可能有偏差。我们往往都是根据个人经验、预先建立起来的判断及信念、媒体报道等做出概括的，但是个人经验认知等都是有限的，并且会随着时间而变化，所以我们很容易概括过度或不足。因此，我们虽然都根据自己的认知行事，但是我们的认知未必为真。同时，在认知过程中，我们很容易形成偏见、耻辱、陈规旧律等。因此，事情不一定就是我们所认为的那样，我们不应该将我们的判断凌驾于客观事实和个别案例的证据之上。

其二，即使一个人在通常情况下是不可信的，但在特殊情况下，他仍然可能说出真话。尽管如此，但确实存在一些情况，需要我们考虑一个人的品行，这是合理且合法的。例如，在法庭上，出庭做证的证人是否诚实很重要，律师可以出示证据来证明证人说谎，从而削弱其证词的力量。论证可以是如下形式的。

（a）科林说谎，所以他的证词不可信。

（b）科林过去常常说谎，所以他的证词不可信。

律师要提供的证据最好能够证明证人在正在审理的某个特定案件中撒了谎。律师如果做不到这一点，那么出示证人过去说谎的证据也有助于削弱其证词的力量，即用（b）来暗示（a）。不过，（a）和（b）都是用于反驳证人证词的间接论证。证人所说的内容有可能为真，但他可能并非亲自发现的，因此他的证词仍为假。这就是为什么一般说来，证词不是一个非常可靠的证据来源。然而，由于可能没有其他任何更强有力的证据、法院必须依赖证词，因此法院必须考虑有关证词是否可信的间接论证，以便从所有不可靠的证词中挑选出相对最可靠的，或者排除任何合理的怀疑。这么做是出于谨慎，这里的逻辑推理并不是"因为证人不可靠，所以他的证词是假的"，而是"因为证人不可靠，所以法院对他的证词不予采信"。证词内容的真和假是一回事，而证人值不值得相信则完全是另一回事。

此外，在政治竞选活动中，候选人是否具有良好的品行也是一个合理的考虑。例如，不道德的性行为与一个人的数学推理能力无关，但当推举此人在政府中担任领导职务时，就需要考虑他是否有过这种行为了。这是因为政治领导人需要拥有良好的品行。一个国家的存在是为了帮助人民过上好日子，所以国家领导人不仅需要有管理政府的必要能力，而且需要对美好生活有所追求。然而，一个人如果无法保持品行良好，就不可能真正地对美好生活有所追求。因此，一个好的政治领导人应当具有良好的品行。

第二种人身攻击是境况型人身攻击。正如"境况型"三个字所暗示的，这种攻击不是直接针对提出论证的人的，而是指向该人的背景、处境和利益。这样做并没有证明观点的真伪，而是指向其他方面，如说话者有不可告人的动机。

例（31）　不要相信弗里德曼的经济理论。他是一个百万富翁，所以他理所当然会支持减税。

例（31）不是针对经济理论本身做出批评或评论，而是攻击提出理论的人，所以例（31）中存在人身攻击谬误。同时，例（31）并没有针对弗里德曼的性格或其他个人特征，而是针对了他的身份，所以例（31）不是辱骂型人身攻击，而是境况型人身攻击。显然，例（31）中的论证是一种谬误，因为即使享受减税政策符合弗里德曼的个人利益，也不意味着他是因为这种利益才支持减税的。弗里德曼的经济理论是否站得住脚，要经过学术探讨、实证研究和数据分析等来判定，与弗里德曼其人的身份无关。

最后一种人身攻击是"你也是"。这是一种特殊的人身攻击，说话者指出他的对手并没有依照其观点行事，并且试图以此为据来质疑对手的观点。这也存在谬误，因为即使一个人言行不一致，也不能说明这个人所说的话就是假的。

例（32）

"你不应该说谎。"父亲说。

"你不能责备我说谎，因为你也说过谎！"儿子说。

我们可以把儿子的论证重新表述如下。

（a）父亲说谎。

（b）父亲认为说谎是错的，但父亲没有依照自己说的做。

（c）任何主张 X 但又不按 X 行事的人都不能责备其他人不遵守 X。

（d）所以，父亲不能责备其他人（儿子）说谎。

以上论证在形式上是有效的。可问题在于（c）为什么成立。任何主张 X 但又不按 X 行事的人，至多就是言行不一致，这并不能表明他的主张是假的。这样看来，（c）需要进一步解释。

（a）父亲说谎。

（b）父亲认为说谎是错的，但父亲没有依照自己说的做。

（c'）任何主张 X 但又不按 X 行事的人是言行不一致的。

（d'）如果有人在 X 的问题上言行不一致，那么这个人其实是不相信 X 的。

（e）父亲在说谎问题上是言行不一致的。

（f）因此，父亲其实不相信说谎是错的。

（g）一个人不能因他自己都不相信的事情而责备其他人。

（h）因此，父亲不能责备其他人（儿子）说谎。

如此补充之后，（c'）没有问题了，但问题变成了（d'）为什么为真。一个人主张某个观点，但无法言行一致，这种情况在伦理学中一直都有发生。这也就是我们平常所说的意志薄弱：一个人相信某件事是好的，他也想去做好这件事，但不知何故，他无法抗拒其他事的诱惑，或者他根本就没有决心去做这件事。因此，一个信念仅仅因持有此信念的人没有坚持去做，便认定该信念是错的，这种观点本身就是错的。

"你也是"谬误可能出现在更严肃的对公共问题的讨论上。思考以下例子。

例（33）　我们可以无视杰斐逊说过的有关人人平等的花言巧语。难道你不知道自己就是一个奴隶主吗？

托马斯·杰斐逊是美国的第三任总统，起草了《独立宣言》。例（33）中的论证可以重新表述如下。

（a）杰斐逊主张所有人都是平等的。

（b）杰斐逊本人并没有按照人人平等的准则来行事。

（c）如果有人主张 X 但又不按 X 行事，那么 X 是假的。

（d）因此，杰斐逊关于人人平等的观点是假的。

依照前例看来，（c）显然是有问题的。当一个人不按他所说的去做时，有可能是因为这个人意志薄弱或者有性格缺陷，也可能因为一些严峻的形势使他不能成为自己想要成为的人。然而，这一切都不能表明他所主张的信念是错的。我们也许想找出令这个人言行不一致的原因，或者对这个人的品格做出合理的怀疑，但是无论这个人为什么如此，都不足以表明他所说的是假的。

这一部分内容很长，所以我们先回顾一下已经学过的内容。

核心概念：诉诸类谬误

诉诸无知：论证一个命题为真，仅仅因为没有人能证明该命题为假；或者论证一个命题为假，仅仅因为没有人能证明该命题为真。

诉诸不恰当权威：在论证时诉诸了在当前问题上当之有愧的权威的观点。

诉诸惯例、诉诸公众：论证诉诸了这样的事实，即人们普遍认为的一种观点可以支持结论的真实性。

诉诸情感：说话者通过激发热情或激情的方式来代替严谨的推理，从而使听话者从情感上信服其结论，通常包括诉诸怜悯、逢迎、群体思维谬误。

诉诸强力：直接地或隐晦地以强力代替严谨的推理，从而威胁他人接受自己的结论。

人身攻击谬误包括以下三种。

（1）辱骂型人身攻击谬误，即直接针对个人发起的论证，试图以诽谤他人的方式来达到成功论证的目的，从而产生的谬误。辱骂型人身攻击谬误也称为"起源谬误"。

（2）境况型人身攻击谬误，即委婉地针对个人发起的论证，暗示他人是因其特殊的处境或利益才提出观点的，从而产生的谬误。

（3）"你也是"谬误是一种特殊的人身攻击谬误，即指出对手并非依照自己的观点行事，并且尝试以此为据来反驳对手的观点，从而产生的谬误。

关于前提和结论的谬误

不相干谬误包括诉诸类谬误、关于前提和结论的谬误和归纳谬误。我们现在继续讨论另外两种类型的谬误。

关于前提和结论的谬误，是指前提和结论在论证中的关联不恰当。

▶ **复杂问句谬误**

复杂问句，是指论证中假设了未明确表述的前提。假设的前提是未明确表述的，从而误导听话者去相信那些回答者无法用简单的回答来澄清的事情。因此，有些问题尽管看起来很简单，但实际上涉及一个复杂的转换。因为复杂问句会误导听话者去相信某件事，而没有给回答者一个公平的机会去发现并澄清隐含的前提，所以复杂问句是一种谬误。

例（34） 你现在还打你的妻子吗？

这个问题假设了回答者打过妻子。如果回答者的回答是肯定的，那么他就承认了他打过妻子，并且现在仍然打妻子。如果回答者的回答是否定的，那么他还是承认了他打过妻子，但现在不打了。无论怎么回答，这个问句都将回答者引入了承认他打过妻子的陷阱。例（34）没有明确地说出假设，也就相当于没有给回答者一个公平的机会来澄清。也许回答者从来都没有打过妻子，但是复杂问句掩盖了这种可能性。因此例（34）是一个复杂问句谬误。

然而，有时审讯者试图利用的正是这种谬误：引诱回答者承认一些若是直接询问就会被否认的事情。这种做法可能出于一个好的意图，如揭露一些丑闻，但也可能出于不良动机。

例（35）"首相先生，您能否告诉我们，为什么您一直在难民问题上浪费纳税人的钱？"记者问。

这位记者的问题中隐含了哪些没有明确表述的前提？首相在回答这个问题时会承认什么？在这位记者的问题中，未明确表述的假设有：把钱花在难民问题上是在浪费纳税人的钱；首相以前也这样浪费纳税人的钱。因此，无论首相的答案是什么，首相都会承认这样的假设。至于让首相来回答这种问题是好还是坏，这就取决于记者提问的语境和目的了。

在任何情况下，论证的目的都是为了使观点表达得更加清晰。正是由于论证具有这个目的，因此在推理中使用复杂问句不是一个好的策略，而是一种谬误。

▶ **乞题谬误**

当说话者假设为真的前提恰好是他需证明为真的结论时，说话者就犯了**乞题谬误**。换句话说，乞题谬误中的前提只有在结论为真的情况下才为真。然而一般而言，论证应该是根据前提为真推断出结论为真，所以前提的真要独立于结论的真，并且从逻辑上讲，前提的真应当优先于结论的真。乞题论证便违背了这一条原则，所以乞题论证是谬误。

例（36）

"计算机不能思考。"A说。

"何出此言？"B问道。

"因为计算机如果能思考，就必须先具有思维。但是你知道的，计算机没有思维！"A说。

我们可以用以下方式重新表述 A 的论证。

（a）只有具有思维的东西才能思考。

（b）计算机没有思维。

（c）因此，计算机不能思考。

假设（a）为真且不存在任何争议，但如果我们不假设（c）也为真，那么（b）的真实性就不是显而易见的了。因为我们判断一个事物是否具有思维的最常见的标准就是看它能否思考。例如，勒内·笛卡尔便以动物不能思考或推理为由否认动物具有思维。我虽然不赞同笛卡尔的观点，但想指出的是，如果具有思维的概念和能够思考的概念彼此之间是密不可分，那么说话者在提出（b）的时候其实就已经假定了（c）。然而，论证的结论应该由一个独立于结论的前提来支持，而例（36）中的论证却隐含着用（c）来支持（b）。因此，例（36）是乞题谬误。

其实，我们可以先判断一台计算机是否具有智能，然后再判断这台计算机能否思考或具有思维。因为思考是具有智能的标志，所以有些人认为，一台计算机如果足够智能，那么它能够思考。阿兰·图灵于 1950 年设计了一个测试计算机是否具有智能的方法，如果计算机表现出来的智能行为相当于人的智能行为，或者我们无法区分计算机的智能行为和人的智能行为，那么我们说这台计算机具有智能。我们把图灵设计的这种测试方法称为图灵测试。图灵测试其实基于一种功能主义的观点，功能主义是心灵哲学的一种理论。功能主义认为，心灵（思维）在于其功能而不在于其结构。因此，如果两个对象表现出相同的功能，那么这两个对象便有相同的智能。于是，如果一台计算机表现出了和人完全相同的智能，那么这台计算机就可能具有思维。

▶ **循环论证谬误**

循环论证是指论证的前提不仅支持结论，反过来也受结论的支持。循环论证与乞题非常相似。事实上，任何乞题谬误都可以用循环论证的形式表现出来。不过，乞题谬误在语言上不一定是循环的。因此，乞题谬误更侧重于前提和结论在概念上的联系，循环论证谬误则侧重于形式上或句法上的循环，即我们在论证中可以看到结论出现在前提中。

循环论证显然是一种谬误。这是因为论证要求以前提的真来保证结论的真，但是循环论证反了过来。在循环论证中，结论已经作为前提的一部分出现了，所以结论的真其实早已被假定了。

我们可以再思考一下例（36）。为了看得更清楚，我们可以把例（36）按照如下方式简化。

（a）计算机没有思维。

（b）因此，计算机不能思考。

假设我们进一步追问：为什么计算机没有思维呢？如果得到的回答是"因为计算机不能思考"，那么这个回答便暗含了以下论证。

（c）计算机不能思考。

（d）因此，计算机没有思维。

现在，我们可以清楚地看出，（c）和（d）恰好是把（a）和（b）反过来的结果。（c）是（b），（d）是（a）。换言之，根据论证，（a）的真实性依赖于（b）的真实性，同时（b）的真实性也依赖于（a）的真实性。因此，（a）和（b）就构成了一个循环论证。

计算机没有思维。　⟳　计算机不能思考。

▶ 错置举证责任谬误

错置举证责任是将举证的责任错误地分配给了反对结论的一方。一般应由提出与常识观点不同的一方承担举证责任。此外，主张某事物存在的人承担举证责任，而不是否认某事物存在的人。

例（37）

"你知道吗，如果你在头上擦一些红酒，那么你的白发会再变黑。"安德鲁说。

"不可能，我不相信。"鲍勃说。

"为什么不相信？你怎么知道这么做没有用呢？"安德鲁说。

在例（37）中，安德鲁认为在头上擦红酒可以让一个人的白发变黑，这是一种很新奇的说法，所以安德鲁应该负有解释和拿证据支持他所说的话的责任。可是，安德鲁并没有这样做，反而在面对鲍勃的怀疑时，要求鲍勃给出质疑观点的原因。这就相当于把举证的责任分配给鲍勃，让鲍勃给出质疑观点的原因，而不是由安德鲁来证明自己的观点。因此，安德鲁把举证责任错置在了别人身上。

将错置举证责任与诉诸无知对比是很有趣的。诉诸无知是因没有证据证明某事物存在或不存在就认为某事物不存在或存在，而错置举证责任则根本就不需要任何证据。事实上，错置举证责任的目的就是要转嫁举证责任，它不需要提出观点者提供证据，反而要求反对观点者给出质疑观点的理由。因此，错置举证责任更像是一个规则性的问题，而不像诉诸无知这种关于实质内容的问题。

在论证中，只要规定了一方需要承担举证责任，无论是哪一方承担举证责任，如果这一方没有提供证据，那么他的论证便会显得十分无力。例如，认为存在超感观知觉是一种新颖的观点，所以提出这一观点的一方应该负有举证责任。然而，如果他们不能拿出证据来证明他们的观点，那么他们的观点就不那么令人信服——超感观知觉不太可能存在。然而，如果提出存在超感观知觉的人仅仅因为不能反驳存在超感观知觉的观点而认定超感观知觉是存在的，那么这就犯了诉诸无知谬误。

因为错置举证责任是一个规则性问题，所以人们有时会把错置举证责任看作一个修辞问题或策略问题，并且认为这不是一个很严重的问题。例如，假设有人提出了一个新理论，某个评论者认为这个理论不够好。一般来讲，新理论的提出者应该负有举证证明这个理论的责任。不过，如果理论提出者指出评论者其实并不清楚证明新理论需要什么证据，也不清楚为什么现有的证据不足以证明新理论，那么提出者便有理由将举证责任转嫁到评论者的身上，从而要求评论者证明他们的观点，而不是就实质性问题做出讨论。

▶ **不相干结论谬误**

不相干结论是指前提没有指向结论，前提虽然标榜的是对结论的支持，但实际上支持的却是另一个结论。

例（38） 我们应该减少医院的急救服务，这样就可以避免有人滥用急救服务了。

当有人滥用医院的急救服务时，正确的应对措施应该是设计一种方法来防止有人滥用；或者在不影响需要急救服务的患者的情况下纠正滥用的行为。然而，在例（38）中，说话者没有得出相关的结论，而是建议以减少急救服务的方式来避免滥用。这就像是在说，不对患者进行治疗而选择杀死患者，让其疾病也随之消失。由此可见，例（38）的结论（建议的解决方案）与前提（问题）无关，所以例（38）是一个糟糕的论证。

归纳谬误

最后一类与相关性有关的谬误与归纳论证有关。在有效的演绎论证中，结论完全由前提来支持，即如果前提都为真，并且论证是有效的，那么结论也一定为真。不过，在归纳论证中，前提只能部分地支持结论，即如果前提为真，那么结论有可能为真。

演绎论证举例

苏格拉底是人。

所有人都会死。
_____

所以，苏格拉底会死。

归纳论证举例——归纳概括

> 所有参与调研的消费者都对该产品很满意。
> _____
> 因此，所有消费者都对该产品很满意。

归纳论证举例——归纳三段论

> 大多数大学生都反对减少高等教育预算。
> 塞巴斯蒂安是大学生。
> _____
> 因此，塞巴斯蒂安反对减少高等教育预算。

注意，虽然所有归纳论证都是无效的，但是我们仍然可以把归纳论证分为强论证或弱论证——如果前提为真，那么结论很有可能为真，或者很可能不为真。在上述例子中，参与调研的消费者的数量越多、多样性越丰富，结论为真的概率也就越高。类似地，反对减少预算的大学生的数量越多，塞巴斯蒂安越具有大学生的典型特征，那么他越有可能反对减少预算。

归纳论证的谬误源于弱论证，即结论很可能无法从前提中得出。归纳谬误与合成谬误和分解谬误不同，合成谬误和分解谬误是用于描述部分和整体的词在语义上存在模糊性而引起的，归纳谬误则仅仅侧重于前提和结论之间联系的强度。

▶ **轻率概括谬误**

轻率概括，是指从单个事件中轻率地得出一个无法证明的宽泛概括。

例（39） 精神病患者都有暴力倾向。我们在新闻中看到过很多精神病患者制造的暴力事件，对吧？

概括是指从个别到一般的论证。如果有相当数量的个例，并且这些个例是所有事例的典型代表（覆盖了大量且多样的事例），那么概括是合理的。

思考例（39），与没有暴力倾向的精神病患者相比，媒体报道的有暴力倾向的精神病患者实际上的占比非常小。然而，人们往往会忽略那些没有暴力倾向的精神病患者，而媒体又总是关注和报道具有暴力倾向的精神病患者。因此，例（39）中的概括是轻率的、不可靠的。

人们更倾向于记住或回忆起的信息都是近期经常见到的信息或媒体不断报道的信息。我们把这种现象称为**可得性偏差**。

例（40）"马丁，你看我儿子，他从小到大都在吃炸鱼和薯条。然而他刚刚做完胆固醇水平检测，他的胆固醇水平低于平均水平。还有谁能比一个快餐店老板的儿子更能说明问题呢？"快餐店老板说。

例（40）也是一个轻率概括的例子。因为快餐店老板用了一个例子便概括出吃炸鱼和薯条不会引起胆固醇水平升高。然而，实际上还有其他很多定期光顾他的店铺的人，而他的儿子仅仅是个例。因此，例（40）中的论证可能对人的心理或在修辞方面有影响，但在逻辑上是不可靠的。

▶ **特例谬误**

特例谬误，是指将一个普遍性规则应用到一个该规则并不适用的特例上，从而产生的一种非形式谬误。因此，特例和轻率概括恰好相反：轻率概括是从个别到一般的错误论证，特例是从一般到个别的错误论证。

例（41）人们应该信守承诺，对吧？我把刀借给了大卫，所以他应该信守承诺，把刀还给我。这样，我就可以用刀刺伤我的邻居了。

例（42）许多有钱人都住在美国。比尔·盖茨也住在美国。因此，比尔·盖茨很有钱。

上述例子中作为前提的一般性陈述都是正确的，但很明显结论都是有问题的。上述例子都属于对一般性陈述的不恰当应用，即在上述例子中，一般性陈述和个别事件之间如果有什么联系的话，也只是偶然联系在一起，而没有任何必然的或内在的关联。

在例（41）中，信守承诺在道德上是正确的，但用刀伤人是不正确的。类似地，虽然很多有钱人都住在美国，但这并不意味着一个人仅因其生活在美国就会很有钱。比尔·盖茨很有钱，但这不是因为他生活在一个富裕的国家。因此，例（42）中仍然存在谬误。

▶ **虚假因果谬误**

虚假因果谬误是指将并非导致事件发生的真正原因看作导致事件发生的原因，从而产生的谬误。

例（43）亨利在进入赌场前如果看到一只黑猫，就会赌输。因此，亨利认为看到黑猫是他赌输的原因。

在例（43）中，亨利认为看到黑猫是他赌输的原因。然而，黑猫和赌博的结果之间不可能存在任何内在的关联。黑猫的出现是随机的、偶然的。假设亨利每次在看到黑猫后就赌输了，针对这种情况，我们最好去做一个相关性统计。然而，即使做了统计，得出的结论也仍然有可能是轻率概括，因为我们还要考虑亨利进入赌场的次数和他看到黑猫并且赌输的次数等。此外，我们还需要注意，因果关系不仅仅是统计学上的相关性。构成因果关系的两个事件（原因和结果）之间应该有一些必要的联系，而不仅仅是两个经常相伴出现的事实。我们可以用大卫·休谟的一个例子来说明——白天和黑夜总是相伴在一起的，但白天不是导致黑夜出现的原因，黑夜也不是导致白天出现的原因。

我们可以将例（43）和赌徒谬误做比较。**赌徒谬误**是指说话者错误地假定了过去事件的结果将会影响未来事件的结果，但实际上事件之间是彼此独立的，从而产生的谬误。

例（44）这枚硬币已经连续五次掷出正面朝上了，所以再掷一次一定是背面朝上。

假设人们掷的硬币是普通的、质地均匀的，那么掷出正面朝上和背面朝上的概率应该是差不多的，每次掷硬币都是一个独立事件。这也表示，上一次掷硬币的结果不会对下一次掷硬币的结果产生任何影响。人们希望下一次的结果受到上一次结果的影响，这不过是一厢情愿罢了。

我们在这两节中学习了很多种谬误。现在我们先来总结一下，再做一些练习。

核心概念：关于前提和结论的谬误

复杂问句：论证中假设了未明确表述的前提。

乞题：假设为真的前提恰好是要证明为真的结论。

循环论证：前提不仅支持结论，反过来也被结论所支持。

错置举证责任：将举证的责任错误地分配给了反对结论的一方。

不相干结论：前提没有指向结论，前提虽然标榜的是对结论的支持，但实际上支持的是另一个结论。

核心概念：归纳谬误

轻率概括：从单个事件中轻率地得出一个无法证明的宽泛概括。

特例：将一个普遍性规则应用到一个该规则并不适用的特例上。

虚假因果：将并非导致事件发生的真正原因看作导致事件发生的原因。

从下列句子中找出谬误，并且解释。

1. 亚里士多德确认，除了火以外的所有元素，包括空气，都是有重量的。那么，在有了亚里士多德给出的明确说法之后，你还会怀疑空气有重量吗？

2. 因为我们不知道非洲的探险家是否到过美洲，便因此忽视"美洲是非洲人发现的"这种可能性，这是不负责任的和傲慢的。如果我们不知道某件事情，是否就能表明这件事情从未发生过呢？

3. 逻辑学家声称，论证研究是每个人教育中不可缺少的一部分。因为这个观点有助于逻辑学家就业，所以逻辑学家赞同这个观点不足为奇。但我们不要被那些不能代表大多数学生、家长或老师的想法所影响。

4. 你竟然敢批评我的文章逻辑？你每次写论文或参加考试时都会犯错。

5. 法拉奇写信给她说："因为你是个坏女人，所以你是个坏记者。"

6. A：鬼是存在的。B：胡说！ A：你凭什么说我胡说？难道你能证明鬼不存在吗？

7. 律师随时都可以查阅法律书籍。医生也经常从医学文献中查找病例。每个人都应该享有类似的参考自由。因此，应该允许学生在考试中参考教材。

8. 每件事情都是有原因的，因为每件事情都是另一件事情的结果。

3.3 本章小结

哲学家和逻辑学家讨论的谬误有很多种，其中涉及形式谬误和非形式谬误。讨论谬误的目的是识别我们在推理中经常遇到的陷阱。在进入本书的形式逻辑部分之前，我们在这一章中先介绍了一些非形式谬误。这有助于培养我们的批判性思维——论证不仅仅是有效的和无效的，有时候在我们检查论证的抽象形式之前，论证的问题就已经出现了。

我们在这一章中一共介绍了 25 种非形式谬误。我们将这些谬误分为两大类：错误地使用语言导致的谬误；与相关性有关的谬误。后者又可以进一步分为三类：诉诸类谬误、关于前提和结论的谬误、归纳谬误。我们把这些谬误的定义总结如下。

名称和类型	定义	举例
错误地使用语言而导致的谬误		
语义双关谬误	在论证中，同一个词或短语被有意或无意地赋予两种或多种意义。	时间就是金钱。时间可以治愈一切创伤。因此，金钱可以治愈一切创伤。
句法多义谬误	句子中某些词的组合用法不严谨或不恰当，导致听话者会从多个方面理解这个句子。	神谕说："吕底亚国王如果和波斯帝国开战，就会毁灭一个强大的王国。"
强调谬误	通过强调句子中不同的词或语句成分而引起句子意义的改变。	A：我们不应该说朋友的坏话。那你为什么要说约翰的坏话呢？ B：因为我们不应该说朋友的坏话啊！
滑坡谬误	一个小的让步被认为会导致潜在的灾难性后果。	现在人们的穿着打扮真是令人震惊。前几天我看见一位年轻的女士把脚踝露在外面，今天我看见有人穿着迷你裙。事情要是照这样发展下去，我们很快就会看到有人赤身裸体地在路上行走了。
	对比滑坡论证和连锁悖论：二者都利用了词的模糊性。	某机构的一名工作人员在收到群众的请求后，回复说："我们不能答应你的请求，因为如果每个人都提出同样请求的话，那么整个系统会崩溃的。"
虚假二难推理谬误	一个论证只给出了两个选择，但事实上还存在其他可能性。	你如果吃得太多，就会被撑死。你如果吃得太少，就会被饿死。因此，无论吃多少，你都会死的。
稻草人谬误	论证建立在故意歪曲对手的论证的基础上。	A：我们不应该歧视残疾人。 B：因此，你的意思是我们都应该是残疾人吗？

名称和类型	定义	举例
红鲱鱼谬误	改变论证的主题,把听话者的注意力转移到其他问题上。	记者:内阁将如何回应议员们申请私人娱乐津贴的问题呢? 内阁发言人:眼下还有更紧迫的问题,我们应当谈谈削减教育预算的问题。
合成谬误	一种是由部分具有的属性错误地推出整体也具有该属性;另一种是由集合中的个体元素具有的属性错误地推出集合也具有该属性。	全明星球队中的每一个足球运动员都是好球员。因此,由这些球员组建的球队也一定是好球队。
分解谬误	一种是由整体具有的属性错误地推出部分也具有该属性;另一种是由集合具有的属性错误地推出集合中的个体也具有该属性。	美国是一个富裕的国家。因此,美国没有穷人。
诉诸类谬误		
诉诸无知谬误	仅仅因为不能证明一个命题为假,从而认为这个命题为真;或者因为不能证明一个命题为真,从而认为这个命题为假。	A:上帝存在! B:为什么? A:因为如果上帝不存在,那么一定会有人知道这件事。然而,没有人证明上帝不存在,所以上帝存在。
诉诸不恰当权威谬误	说话者在论证时诉诸了在当前问题上当之有愧的权威的观点。	我们欺凌弱者,这在道德上是没有任何错的。达尔文不是已经证明了进化就是适者生存吗?那么弱者被欺凌,甚至不能生存,这是弱者自己的问题。
诉诸惯例谬误	论证诉诸了这样的事实,即人们普遍认为的一种观点可以支持结论的真实性。	你怎么可以支持奴隶制度呢?所有思想进步的人都认为奴隶制度是错误的。
诉诸情感谬误	说话者通过激发热情或激情的方式来代替严谨的推理,从而使听话者从情感上信服其结论。	"为了完成这次作业,我的手腕都摔断了,所以我这次作业应该得A。"一个学生对他的老师说。

名称和类型	定义	举例
诉诸强力谬误	说话者直接地或隐晦地以强力代替严谨的推理，从而威胁他人接受自己的结论。	"我父亲拥有一家公司，这家公司给你们报社带来了 20% 的广告收入，所以我相信你们一定不会想刊登有关我破坏公共设施的报道。"大卫说。 "我明白你的意思。这篇报道其实没什么新闻价值。"报社编辑说。
辱骂型人身攻击谬误	是直接针对个人发起的论证，试图以诽谤他人的方式来达到成功论证的目的。	玛丽关于 17 世纪约翰内斯·开普勒的天文学的说法肯定都是错的。你知道吗？玛丽才 14 岁！
境况型人身攻击谬误	委婉地针对个人发起的论证，暗示他人是因其特殊的处境或利益才提出观点的。	不要相信弗里德曼的经济理论。他是一个百万富翁，所以他理所当然会支持减税。
"你也是"谬误	一种特殊的人身攻击，即指出对手并非依照自己的观点行事，并且尝试以此为据来反驳对手的观点。	"你不应该说谎。"父亲说。 "你不能责备我说谎，因为你也说过谎！"儿子说。

关于前提和结论的谬误

名称和类型	定义	举例
复杂问句谬误	论证中假设了未明确表述的前提。假设的前提是未明确表述的，从而误导听话者去相信那些回答者无法用简单的回答来澄清的事情。	你现在还打你的妻子吗？
乞题谬误	说话者假设为真的前提恰好是他需证明为真的结论。	"计算机不能思考。"A 说。 "何出此言？"B 问道。 "因为计算机如果能思考，就必须先具有思维。但是你知道的，计算机没有思维！"A 说。
循环论证谬误	论证的前提不仅支持结论，反过来也受结论的支持。	A：计算机没有思维，所以计算机不能思考。 B：为什么计算机没有思维？ A：因为计算机不能思考。

名称和类型	定义	举例
错置举证责任谬误	将举证的责任错误地分配给了反对结论的一方。一般应由提出与常识观点不同的一方承担举证责任。	"你知道吗，如果你在头上擦一些红酒，那么你的白发会再变黑。"安德鲁说。"不可能，我不相信。"鲍勃说。"为什么不相信？你怎么知道这么做没有用呢？"安德鲁说。
不相干结论谬误	前提没有指向结论，前提虽然标榜的是对结论的支持，但实际上支持的却是另一个结论。	我们应该减少医院的急救服务，这样就可以避免有人滥用急救服务了。
归纳谬误		
轻率概括谬误	从单个事件中轻率地得出一个无法证明的宽泛概括。	精神病患者都有暴力倾向。我们在新闻中看到过很多精神病患者制造的暴力事件，对吧？
特例谬误	将一个普遍性规则应用到一个该规则并不适用的特例上。	许多有钱人都住在美国。比尔·盖茨也住在美国。因此，比尔·盖茨很有钱。
虚假因果谬误	将并非导致事件发生的真正原因看作导致事件发生的原因。	亨利在进入赌场前如果看到一只黑猫，就会赌输。因此，亨利认为看到黑猫是他赌输的原因。

　　我们关于非形式谬误的讨论到此为止。以上关于非形式谬误的讨论是与批判性思维和推理有关的。在接下来的章节中，我们将介绍形式逻辑，并且讨论三个逻辑系统：词项逻辑、命题逻辑和谓词逻辑。我们首先讨论的是词项逻辑。

4

词项逻辑

你将在这一章中学习以下内容

▶ 直言命题形式——AEIO

▶ 将自然语言翻译成直言命题

▶ 直接推理和传统对当方阵

▶ 存在预设

▶ 用文恩图检验论证的有效性

▶ 规则法

4.1 直言命题形式——AEIO

词项逻辑是现存最古老的逻辑系统之一，其历史可以追溯到 2000 多年前的古希腊、亚里士多德生活的时代。词项逻辑在现代社会仍然有广泛的应用。一种逻辑系统传承了如此之久，不难想象它一定会在历史演变的过程中呈现不同的表述形式，还有各种不同的理解方式。为了使你更好地认识词项逻辑，本章将介绍两种理解方式：一种是传统的理解方式，另一种是现代文恩图的理解方式。基于对存在预设的讨论，文恩图的理解方式改变了传统的理解方式，文恩图的理解方式已经成为理解词项逻辑的标准方式。

为了更好地理解词项逻辑是如何发挥作用的，我先介绍一下逻辑系统的一般特征。

任何逻辑系统都由如下三个要素组成。

- **语义**：系统中使用的符号集和每个符号分别代表什么。
- **句法**：哪种类型的符号组合是良构的[①]。
- **推理规则**：运用合式公式构造有效推理的方式。

理解以上三个要素对理解一个逻辑系统至关重要。在这一章中，我们

[①] 良构是指符合句子的构成规则或句法规则，我们通常也把良构的句子称为合式公式。——译者注

将从逻辑系统的语义和句法出发，在此基础上说明如何判断论证的有效性。有些论证可以通过直接应用规则的方法（如词项逻辑中的规则法和命题逻辑中的自然演绎法）来检验有效性。事实上，现代大多数检验论证有效性的方法并没有明确地把逻辑真理作为规则，而是只建立了一套指导检验论证的程序。我们学会了这些方法的构成规则（如文恩图或真值表），也就学会了在不需要任何实质性知识的条件下检验所有可能的论证的方法。

不同的逻辑系统有不同的语义、句法和推理规则。我们可以将这些要素与自然语言中的进行比较。语义相当于自然语言中的词汇。句法类似于语法。推理规则是在逻辑系统中证明论证有效性的工具或方法。在一个好的逻辑系统中，语义应尽可能地符合自然语言的特征，以便更易于在直观上应用该逻辑系统来分析自然语言中的推理。然而，这种情况并非总能实现，因为逻辑语言毕竟是一种人工语言，而自然语言通常比专门构建的人工语言更加复杂和混乱。此外，逻辑学家更关注逻辑系统在形式方面的属性，如融贯性、一致性和完全性，而不是其适用性。

词项逻辑分析的是语言中句子的内部结构。它的独特之处在于把直言命题看作"主－谓"结构的句子。每个主项和谓项都分别代表了一个对象的集合，动词则充当连接两个集合的桥梁（系词）。因此，直言命题本质上断言了两个对象集之间的关系。举例来说，一个简单的英语句子具有如下基本结构。

主语 + 动词 + 谓语 [①]

（例如：snow + is + white）

在词项逻辑中，直言命题的逻辑结构如下面所示。注意，直言命题的逻辑结构与英语中简单句的结构有惊人的相似性。

---

① 英语的句子结构通常是主语＋实义动词＋宾语，或主语＋系动词＋表语。原书中此处把英语的句子结构写为主语＋动词＋谓语，大概是综合了两种结构的不严谨说法，主要是为了突出英语句子由动词连接主语和宾语（表语）而构成的特点。——译者注

主项 + 系词 + 谓项

（一个对象集 + 系词 + 另一个对象集）

在词项逻辑中，系词具有质和量两个特征。

质指的是肯定或否定，意思是一个对象集是否与另一个对象集相交。我们在构造直言命题时通过选择联项来指示质："是"指示肯定；"不是"指示否定。

量是指直言命题断言的主项中对象集的范围。我们在句子前面增加一个量项来反映对象集的范围。"所有"或"没有"指示全称，"有些"指示特称。因此，直言命题的逻辑结构可以完整地表达如下。

量项 + 主项 + 联项 + 谓项

量项可能是全称量项，也可能是特称量项，分别用"所有""没有"（指示全称）和"有些"（指示特称）等词来指示。联项可以断言肯定，也可以断言否定，用"是"（肯定的）和"不是"（否定的）等词来指示。

质与量只有四种组合，因此一共有四种直言命题类型。词项逻辑认为只有这四种类型的直言命题是良构的。我们分别用四个元音字母来表示这四种类型的直言命题，即 A- 命题、E- 命题、I- 命题和 O- 命题。

	肯定的	否定的
全称	A（所有 S 都是 P）	E（没有 S 是 P）
特称	I（有些 S 是 P）	O（有些 S 不是 P）

（其中，S 通常代表主项，P 通常代表谓项。）

四种直言命题对应的例子如下。

A- 命题：所有商人都是男人。

E- 命题：没有商人是男人。

I- 命题：有些商人是男人。

O- 命题：有些商人不是男人。

词项逻辑只区分并处理这四种类型的命题。其他任何类型的命题都超出了词项逻辑的范围。因此，如果自然语言中的某个句子比这四种命题更复杂，那么我们首先要做的就是将这个句子翻译成这四种标准形式之一，然后才能应用词项逻辑来分析由该句子组成的论证。

总的来说，词项逻辑具有以下语义和句法。

语义

使用的词如下所示。

- 对象集（用大写字母表示）：S、P、M，或 A、B、C……
- 联项：是、不是
- 量项：所有、没有、有些

句法

词项逻辑只认可四种类型的命题是良构的。

- A- 命题：所有 S 都是 P
- E- 命题：没有 S 是 P
- I- 命题：有些 S 是 P
- O- 命题：有些 S 不是 P

将自然语言翻译成直言命题

逻辑语言越像自然语言，适用性就越强。我们在将词项逻辑的语义和句法与自然语言比较时，会发现自然语言往往更加多样化，但这并不妨碍我们用词项逻辑来分析自然语言。我们只需将自然语言的句子翻译成 A、E、I、O 这四种命题形式之一，便可以使用词项逻辑来分析这些句子。在翻译的过程中，有些翻译是相当自然和直观的。然而，有些翻译可能看起来有点儿牵强。

▶ **形容词**

形容词是用来修饰对象的，但词项逻辑只处理对象集之间的关系。因此，我们可以很直观地将"X"（形容词）翻译成具有 X 的对象（名词）。

例（1）
所有的橘子都是甜的。
所有的橘子都是甜的东西。

▶ **动词**

有些句子不使用动词"是"。不过，我们仍然可以很明显地看出主项和谓项之间是肯定或否定的关系。我们提炼主项和谓项在逻辑上相关的元素，并且将它们改写为直言命题的标准形式。

例（2）
有些狮子跑得很快。
有些狮子是跑得很快的动物。

▶ **替换量项**

下面几对量项直观地表达了相同的量化关系。

● 每一个 = 所有

● 一个也没有 = 没有

● 大多数、少数、几个、大部分、小部分 = 有些

例如，"每一天都无聊"与"所有日子都无聊"表达的意思是一样的。

▶ **缺失量项**

在日常语言中，有些句子通常没有明确的量项。在这种情况下，我们需要结合语境来理解句子真正想表达的内容，添加适当的量项。

例（3）

雪花是白色的。

雪花是白色的东西。

所有雪花都是白色的东西。

在例（3）中，我们不仅要把形容词"白色的"翻译成"白色的东西"，还要解释句子的量。在此语境下，我们可以合理地假设这个句子是关于所有雪花的，而不是特定的一片雪花。因此，这里适合添加一个全称量项。又因为该句子使用"是"而不是"不是"，所以这是一个肯定句，我们应当将这个句子表述为 A- 命题。

就逻辑的目的而言，数的一致或时态的一致等句法规则并不重要。事实上，像汉语这样的语言本身就不关心这些形式。在逻辑中，重要的是要表明命题的质和量。

▶ **"只有"**

在翻译时，我们需要保证句子所传达的逻辑关系是准确的。思考下面的例子。例（4）应该翻译成例（4a）还是例（4b）？

例（4） 只有男人才是花花公子。

例（4a） 所有男人都是花花公子。

例（4b） 所有花花公子都是男人。

例（4）并不是说所有男人都是花花公子。相反，例（4）表达的是花花公子仅限于男性。也就是说，我们只能在男性中找到花花公子。因此，在例（4）中，被量化的对象集实际上是花花公子，而不是男性。如果例（4）为真，那么其所描述的情况是例（4b）而不是例（4a）。因此，对例（4）的正确翻译是例（4b）。

这个例子可以代表一般情况。"只有"这个词指示的全称量化对象是谓项，而不是主项。因此，我们可以有如下理解。

只有 S 是 P = 所有 P 都是 S

▶ **设定范围**

有些句子没有明确地提出对象，但是词项逻辑考察的是对象集之间的关系，所以我们需要通过设定适当的范围来人为地为句子设定相应的集合。比如，例（5）可以被翻译成例（5a）或者例（5b）。

例（5） 每次看这部电影，我都会哭。

例（5a） 我看这部电影的所有时间都是我哭的时间。

例（5b） 我看这部电影的所有场合都是我哭的场合。

例（5）中虽然提到了"我"，但真正的主项并不是"我"，而是"我所经历的事件"。为了将这些经历归结为一个事物的集合，我们应该设定一些范围。在这种情况下，添加"时间"或"场合"，甚至"事件"等词都是合适的。同样地，我们也可以用"无论谁""无论什么""无论何时""无论何地"等词来构造句子，分别表示"所有人""所有事""所有时间""所有地点"等。

▶ **单称词项**

单称词项所指的是一个特定对象，如专名。在逻辑学中，单称词项有一个有趣的现象，即它既能表示全称，又能表示特称。下面我将对此做具体解释。

我们在翻译带有单称词项的命题时，一般有两个步骤。参考例（6）。

例（6）　苏格拉底是明智的。

我们可以很容易地将谓项"是明智的"翻译为"是一个明智的人"。然而，我们如何理解主项"苏格拉底"呢？我们都知道世界闻名的苏格拉底只有一个。如果苏格拉底是对象集中的一个元素，那么该集合就只包含一个元素，即苏格拉底自身。此时，例（6）可以表述为例（6a）。

例（6a）　恰好存在一个对象是苏格拉底，并且对所有是苏格拉底的对象，该对象都是明智的人。

我们称只包含一个元素的集合为单元素集。然而，单元素集的量项是什么呢？因为集合中的任何一个元素（如果有的话）都具有某些属性，所以例（6）是一个全称命题。又因为集合中只有一个元素，所以例（6）表述的是特定的对象，故而例（6）又是一个特称命题。为了正确地把握这种二重关系，我们需要将例（6a）翻译成两个直言命题：一个全称命题和一个特称命题，如例（6b）。

例（6b）　所有是苏格拉底的对象都是明智的人（A-命题），有些是苏格拉底的对象是明智的人（I-命题）。

采用这种翻译方法将影响我们绘制包含单称词项的命题的文恩图，以及检验相关论证的有效性。在后面的章节中，我们再对此做进一步讨论。

除上文提到的方法外，还有一种分析单称词项的方法：我们把单称词项当作特殊情况来处理，力求保持单称词项的原义。也就是说，我们不把单称词项翻译成标准的四种命题形式之一。在文恩图中，我们不把单称词项视为任何对象集，而只用一个小写字母来表示一个对象。这样处理，可以让我们更加容易使用文恩图来检验论证的有效性。我们在讲到用文恩图检验论证的有效性时再详细地说明这种方法。

▶ **否定和双重否定**

有时一个句子可能表达否定的意义，但是其句法结构并不完全是 E- 命题或 O- 命题的形式。另外，肯定也可以用双重否定来表达。无论哪一种情况，我们都应该结合语境来理解命题的含义，并且判断相关命题的质和量。

例（7）

所有学生都不是愚蠢的。

没有一个学生是愚蠢的。

例（8）

没有一个顾客不是满意的。

所有顾客都是满意的。

"所有学生都不是愚蠢的"不是标准的直言命题。然而，"所有"这个词暗示了这是一个全称命题，"不是"这个词表示了一个否定的判断。因此，该命题实际上是一个 E- 命题，即"没有一个学生是愚蠢的"。同样地，例（8）中的"没有一个"也暗示了全称。同时使用"没有"和"不是"是一个双重否定，实际上起到了肯定的效果，而不是否定的效果。因此，例（8）所表达的命题是全称肯定的，它是一个 A- 命题。在通常情况下，我们可以总结出以下翻译规则。

所有 S 都不是 P= 没有 S 是 P

没有 S 不是 P= 所有 S 都是 P

有时否定词会被用在句子的前面，用来否定整个句子，而不是否定句子的一部分。为了处理这种情况，我们需要考虑改变句子的质和量。

例（9） 并不是每个人都是明智的。

例（9a） 有些人不是明智的。

"每个人都是明智的"是全称肯定命题，即 A- 命题。在什么条件下这个命题为假呢？显然，至少有一个不明智的人！因此，找到一个特例就可以反驳这个全称命题。于是，我们只需要给出一个与该命题的属性相反的命题即可，所以例（9）应翻译为"有些人不是明智的"，这是一个特称否定命题。因此，A- 命题的否定就是 O- 命题。

这其实是一个普遍的规律。在否定整个命题时，我们既要改变命题的质，也要改变命题的量。因为 A- 命题是全称肯定命题，所以我们要将其改为特称否定命题，即 O- 命题。相反地，O- 命题的否定是 A- 命题。同样地，E- 命题（全称否定命题）的否定是 I- 命题（特称肯定命题），反之亦然。事实上，我们把 A- 命题和 O- 命题之间的关系与 E- 命题和 I- 命题之间的关系称为矛盾关系（我将在第 4.2 节解释这个术语）。

例（10）　并非意外是不可能发生的。

例（10a）　有些意外是可能发生的。

"意外是不可能发生的"可以理解为"没有意外是可能发生的"。因此，例（10）是 E- 命题的否定。只要发生一次意外就可以反驳"没有意外是可能发生的"。因此，E- 命题的否定是 I- 命题，例（10）的翻译是例（10a）。

综上所述，我们可以总结出一个翻译规则："……是假的"，即 A ↔ O，E ↔ I。

我们可以这样处理双重否定——只需要对一个命题否定两次或两次找出矛盾关系即可。

例（11）

并不是所有商人都不是真诚的。（并非没有一个商人是真诚的。）

有些商人是真诚的。

"所有商人都不是真诚的"应该翻译成"没有一个商人是真诚的"。这是因为"所有"一词表明该命题是一个全称命题。然而，"不是"一词表示该命题的属性是否定的。因此，该命题即使使用"所有"这个词，在形式上好像是 A- 命题，但它其实是 E- 命题（全称否定命题）。对 E- 命题进行否定就是找到它的矛盾命题，即 I- 命题。因此，例（11）的最终翻译是"有些商人是真诚的"。

我们对否定整个句子的讨论其实已经开辟了一个新的领域，即具有相同的主项和谓项的命题之间的直接推理关系。这实际上已经超出了翻译的范围，涉及命题之间的逻辑关系了——我们将在第 4.2 节进一步探讨这个问题。

现在，我们来总结一下做翻译时的一些经验规则，并且试着做一些练习。在这个过程中，重要的是要始终结合语境来解释命题的意义，并且注意命题的质和量。

核心概念：翻译——直言命题

形容词：翻译成相应的对象的集合。

动词：翻译成相应的对象的集合。

量项替换：

每一个、任何一个 = 所有

一个也没有 = 没有

大多数、少数、几个、大部分、小部分 = 有些

量项缺失：根据上下文添加适当的量项。

"只有"：只有 S 是 P = 所有 P 都是 S

设定范围（如无论何时、无论何地、无论什么、无论是谁）：添加如时间、场合、事件、物体、人等对象的集合。

单称词项：有两种处理方式——翻译为两个命题（一个全称命题和一个特称命题）；在文恩图中，用一个小写字母表示一个对象，而不是用一个圈表示对象的集合。

否定：

所有 A 都不是 B = 没有 A 是 B

没有 A 不是 B = 所有 A 都是 B

"……是假的"：A- 命题 ↔O- 命题，E- 命题 ↔I- 命题

4.2 直接推理和传统对当方阵

词项逻辑是关于命题的质和量的。我们可以用同一主项和谓项之间的不同关系来预知不同的命题。我们把这样的命题集合称为相应命题。从直观上讲，相应命题的真值是相关的。例如，如果"所有橘子都是甜的"为真，那么直觉上"有些橘子是甜的"也为真。如果"所有橘子都是甜的"为假，那么直觉上"有些橘子不是甜的"为真。我们把这种关系称为直接推理。亚里士多德学派的逻辑学家发展出一套详细的体系来系统地阐述这种关系。我们把这个体系称为传统对当方阵。

传统对当方阵中有下述几种逻辑关系。

矛盾关系

矛盾关系是真值完全相反的命题之间的关系。当两个命题的质和量都相反时，这两个命题就是矛盾关系。如果一个命题为真，那么该命题的矛盾命题一定为假；反之亦然。也就是说，具有矛盾关系的命题不能具有相同的真值。A- 命题的矛盾命题是 O- 命题，E- 命题的矛盾命题是 I- 命题；反之亦然。我们仍以橘子为例。

例（12A） 所有橘子都是甜的。

例（12E） 没有一个橘子是甜的。

例（12I） 有些橘子是甜的。

例（12O） 有些橘子不是甜的。

如果所有橘子都是甜的，即例（12A）为真，那么有些橘子不是甜的的说法就为假，即例（12O）为假。因为例（12A）意味着普遍性，所以不存在橘子不甜这种例外情况。如果例（12A）为假，即不是所有橘子都是甜的，这就暗含了有些橘子不是甜的，即例（12O）为真。

类似地，如果例（12E）为真，即没有一个橘子是甜的，那么也就不可能找出甜的橘子，所以例（12I）为假。如果例（12E）为假，即并非所有橘子都不是甜的，那么这暗含着有些橘子是甜的，即例（12I）为真。我们可以很容易地得出相应命题的真值情况，即如果例（12O）为真（假），那么例（12A）为假（真）；如果例（12I）为真（假），那么例（12E）为假（真）。

反对关系和下反对关系

反对关系是不能都为真但可以都为假的两个命题之间的关系。下反对关系是可以都为真但不能都为假的两个命题之间的关系。在词项逻辑中，这两种关系是由质不同导致的，而不是量不同。全称命题 A 和 E 不能同时为真，但可以同时为假，二者是反对关系。特称命题 I 和 O 可以都为真，但不可能都为假，二者是下反对关系。

我们很容易便能看出这两种关系是怎么得出的。A- 命题和 E- 命题都详尽地描述了主项中涉及的所有对象，但 A- 命题肯定主项具有某种属性，而 E- 命题则否定主项具有某种属性。一个个体不能同时具有和不具有某种属性。因此，由这些个体构成的完整的集合也不可能同时具有和不具有某种属性。因此，A- 命题和 E- 命题不能同时为真，但可以同时为假（当不具有普遍性时）。

当涉及特定对象时，某些个体可能具有某种属性，而另一些个体则没有。因此，I- 命题和 O- 命题可以同时为真。然而，一个个体不能同时具有和不具有某种属性。如果 I- 命题为假，那就意味着其对应的 E- 命题为真；如果 O- 命题为假，则 A- 命题为真。当 I- 命题和 O- 命题都是假命题时，这意味着 E- 命题和 A- 命题都是真命题。因为 A- 命题和 E- 命题是反对关系，所以二者不可能同时为真。这就意味着 I- 命题和 O- 命题不能同时为假。通过上述橘子的例子，我们可以很容易地证明这一点。

差等关系

最后一种关系是差等关系。我们称命题 P 和命题 Q 是差等关系，即每当 P 为真时，Q 也为真，反之则不然。也就是说，并非每当 Q 为真时，P 也为真。A- 命题和 I- 命题之间、E- 命题和 O- 命题之间的关系就是差等关系。差等关系的形成来自量的不同，而非质的不同。因为普遍性包含特殊性，部分构成整体，所以如果整体被肯定（否定），那么它的部分也必然被肯定（否定）。因此，直观地说，如果 A- 命题为真，那么相应的 I- 命题也为真；如果 E- 命题为真，那么相应的 O- 命题也为真。然而请注意，这种关系只适用于从全称命题到特称命题。与其他三种关系不同，这种关系的逆向不成立。因为如果部分被肯定（否定），并不能保证整体也被肯定（否定）。对象集是由个体组成的，在这些个体中，有些个体具有某种属性，而另一些则不具有，我们并不能从个体的属性推知整体的属性。

我们现在已经确定了对当方阵涉及的所有内容：首先，把四种类型的命题分别放置在方阵的四个角；然后，根据命题间相对的特征，绘制出命题之间所有可能的关系。于是，我们得到了传统对当方阵，如下所示。

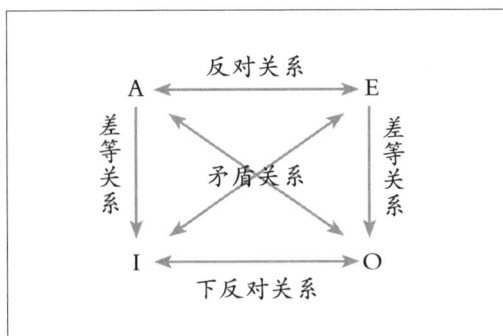

直接推理的其他类型

除了上述提到的直接推理（矛盾关系、反对关系、下反对关系、差等关系），亚里士多德学派的逻辑学家还提出了其他传统的直接推理类型，包括换位法、换质法和换质位法。我们可能在日常生活中看到过一些相关的句子形式，但并不常见。更重要的是，我们在接下来讨论过存在预设和文恩图表示后，此处提到的许多关系（直接推理）就可以被淘汰了。我们将在第 4.3 节中探讨这些问题。不过，正是出于这样的原因，我们在这里将不再详细介绍其他类型的直接推理，只是把它们列举出来，以供你参考。有兴趣的话，你可以参看其他逻辑学书籍，如欧文·柯匹和卡尔·科恩的《逻辑学导论》。

换位法通过交换命题的主项和谓项来形成新的命题。逻辑学家研究了每个直言命题的换位运算，得出了一个有效的换位表，如下所示。

A：所有 S 都是 P	I：有些 P 是 S（有限制）
E：没有 S 是 P	E：没有 P 是 S
I：有些 S 是 P	I：有些 P 是 S
O：有些 S 不是 P	（换位法无效）

例（13）"所有鲸鱼都是哺乳动物"意味着"有些哺乳动物是鲸鱼"。

然而，对 A- 命题进行换位时，只有在现实中确实存在鲸鱼的情况下才有效。如果主项不指示任何存在的对象，那么断言任何谓项指示的对象都是主项指示的对象似乎是荒谬的（后者不存在）。

例（14）"所有霍比特人都是腿上有毛的生物"并不意味着"有些腿上有毛的生物是霍比特人"。

我们在长着腿毛的生物中找不到任何霍比特人，因为现实中根本就没有霍比特人！尽管对 A- 命题进行换位只有在有限制的情况下才有效，但对 E- 命题和 I- 命题的换位的有效性却是直观的和普遍的。然而，换位法对 O- 命题是无效的，因为 O- 命题不能穷尽谓项 P 的集合中的所有对象（专业说法是 O- 命题中 P 是不周延的。我们将在第 4.6 节中详细说明周延性的概念）。因此，我们不能简单地根据满足"某些 S 不是 P"的元素具有某种属性就推断出 P 中的元素具有或者不具有某种属性。

换质法通过改变直言命题的质，并且用谓项的补项替换原谓项（将 P 变为非 P）的方式来形成新的命题。

例（15）"所有居民都是选民"意味着"没有一个居民是非选民"。

这是一个换质法的例子。"所有居民都是选民"是肯定判断。在换质法中，它被改为否定，所以用 E- 命题代替。此外，P 也变成了非 P。这是一个有效推理，因为如果所有居民都能投票，那就意味着没有一个居民不能投票，也就是说没有一个居民是非选民。

换质法的操作如下表所示。

A: 所有 S 都是 P	E: 没有 S 是非 P
E: 没有 S 是 P	A: 所有 S 是非 P
I: 有些 S 是 P	O: 有些 S 不是非 P
O: 有些 S 不是 P	I: 有些 S 是非 P

最后，**换质位法**是换位法和换质法的组合运算。它对一个命题先换质、再换位，然后再换质，最后所得的命题的形式是在主项位置上有非 P，在谓项位置上有非 S。

例（16）"所有的科学家都是严肃的人"意味着"所有不严肃的人都是非科学家"。

直观地说，例（16）似乎是有效的（确实是有效的！），因为如果所有科学家都是严肃的，那么这意味着我们将无法在不严肃的人中找到任何科学家。因此，所有不严肃的人肯定都是非科学家。

当然，我们可能质疑是否所有的科学家都是严肃的，但这并不妨碍论证的有效性，因为有效性仅仅是指在前提为真时结论的真假（如果你不确定有效性的概念，请复习第 1 章）。

换质位法的操作如下表所示。

A：所有 S 都是 P	A：所有非 P 都是非 S
E：没有 S 是 P	O：有些非 P 不是非 S（有限制）
I：有些 S 是 P	（换质位法无效）
O：有些 S 不是 P	O：有些非 P 不是非 S

E- 命题和 I- 命题的换质位源于 A- 命题和 O- 命题的换位，即先要将原 E- 命题和 I- 命题进行换质。根据有效的换位表和换质表，我们可以逐步推导出换质位的证明过程。然而，从目前的角度来看，这似乎没有必要。

4.3 存在预设

虽然传统的对当关系和推理看起来已经很完善了，但从现代的观点来看，传统对当方阵和直接推理必须在存在预设下才能成立。事实上，现代逻辑学家已经放弃了矛盾关系和换质法以外的所有的直接推理类型。现代逻辑学家的考虑如下。

如果一个命题断言某些对象是存在的，那么我们便称这个命题有**存在预设**。例如，"我的杯子里装满了水"这个命题便断言某些对象或情况是存在的，即我的杯子、水，以及水在我的杯子中。因此，这个命题有存在预设。然而，"不存在美人鱼"则没有存在预设，这是因为这个命题否定了某种对象的存在，即否定了美人鱼的存在。具体到词项逻辑来讲，存在预设所涉及的问题其实就是每一种直言命题是否有存在预设。特称命题（I- 命题和 O- 命题）很明显都是有存在预设的，存疑的是全称命题是否也有存在预设。

直观来看，例（17）和例（18）好像是自相矛盾的，所以特称命题是有存在预设的。

例（17） 有些苹果是酸的，但世界上其实并没有苹果。

例（18） 有些火车不是蒸汽动力的，但世界上其实并没有火车。

如果世界上并不存在苹果，那么我们断言"有些苹果是酸的"就显得很荒谬了。类似地，如果世界上不存在火车，那么我们断言有些火车不是蒸汽动力的就无意义。因此，我们在断言某些对象是这样或那样的同时，从逻辑上讲也断言了这些对象是存在的。

然而，全称命题是否有存在预设就没那么显而易见。例（19）～例（22）便不像例（17）和例（18）那样荒谬。

例（19） 所有侵略者都会被提起公诉，但其实并没有侵略者。

例（20） 没有任何落入黑洞的物体能再逃离，无论是否有物体曾落入黑洞。

例（21） 如果瓦肯星是引起水星轨道运动的行星，并且任何引起水星轨道运动的行星在晚上10点都会出现在L区域，那么瓦肯星在晚上10点将会出现在L区域。

例（22）（据说）（古希腊神话中的双翼神马）珀伽索斯会飞，但事实上珀伽索斯是不存在的。

以上例子都涉及**空名**的使用。空名不仅仅出现在小说里，很多比较正式的文本，如法律和科学相关的文本中也会出现空名。在例（19）中，侵略者通常不是空名，但在实际上没有侵略者的情况下，它可以是空名。甚至在没有侵略者的情况下，"所有侵略者都会被提起公诉"这句话依然有意义，而且具有法律效力。法律文书中通常会包含一些没有现存实例的条文。然而，如果法律条文中描述的事件真的发生了，那么便会随之产生特定的法律后果。

例（20）和例（21）表明空名可以作为理论术语来使用。科学家常常通过假设某些未知实体的存在来解释现象。黑洞就是一种用于解释恒星死亡的假设。类似地，为了解释水星的轨道运动，人们假想了瓦肯星。科学家需要用非常复杂的方法才能证明这些假设的实体存在或不存在。据我们所知，目前有大量科学证据都支持黑洞存在，但是很多证据都不支持瓦肯星存在。不过，尽管目前还没有确证例（20）和例（21）的主项是否存在，但这两个句子都是有意义的。例（20）和例（21）都是全称命题。例（20）是 E- 命题。例（21）中的"任何引起水星轨道运动的行星在晚上 10 点都会出现在 L 区域"可以表示为一个 A- 命题。因此，全称命题似乎并不需要断言其涉及的对象是否存在。

例（22）来自小说或者神话。无论一个名称是不是空名，我们都可以说一些关于这个名称的事情，甚至可以从直觉上根据该名称的属性给出一些为真的断言，如"珀伽索斯会飞"。

从以上例子中，我们可以得出以下结论：

● 特称命题（I- 命题和 O- 命题）有存在预设；

● 全称命题（A- 命题和 E- 命题）没有存在预设。

在特称命题中，存在预设所预设的内容是主项所代表的对象是存在的。而全称命题中则没有这个预设的内容。于是，这就像是给所有的全称命题都附加了一个条件：如果存在 S，那么所有 S 都是 P；如果存在 S，那么没有 S 是 P。可是，词项逻辑是不能处理条件句（如果 - 那么）的。因此，我们应该从反面把"所有 S 都是 P"理解为"否定了那些不是 P 的 S"，而不能从正面直接理解为"断言了存在 S 并且所有 S 都是 P"。换句话说，S 有可能是不存在的，但如果存在 S，那么 S 一定是 P。因此，A- 命题相当于断言你不可能在 P 的集合之外找到一个 S。类似地，我们也不能把"没有 S 是 P"理解为"存在 S 并且所有 S 都不是 P"，而应该理解为"不可能得到一个是 P 的 S"。

以上这些理解在文恩图中都有所体现。我们将在下一节中介绍文恩图。现在，我们来探讨一下存在预设会如何颠覆传统对当方阵和直接推理吧！

对传统对当方阵的影响

如果全称命题没有存在预设，那么反对关系、下反对关系和差等关系都将不存在。

我们说过，如果两个命题不能同时为真，那么这两个命题是反对关系。然而，在新的解释下，A-命题和E-命题可以同时为真。"所有S都是P"意味着不可能有一个不是P的S。"没有S是P"意味着不可能有一个是P的S。因此，当不存在S时，既不存在不是P的S，也不存在是P的S，所以两种不存在是同时成立的，两个命题也同时为真。

如果两个命题不能同时为假，那么这两个命题是下反对关系。然而，当不存在S时，I-命题和O-命题是可以同时为假的。这是因为，如果不存在S，那么也就不存在是P的S和不是P的S了；其实根本就什么都不存在，所以I-命题和O-命题便不再是下反对关系了。

差等关系是一种蕴涵关系。根据对当方阵，如果A-命题为真，那么与之对应的I-命题也为真。类似地，如果E-命题为真，那么它对应的O-命题也为真。然而，仅当A-命题和E-命题都预设了主项所代表的对象存在时，差等关系才能成立。因为I-命题和O-命题都是有存在预设的，所以当I-命题和O-命题为真时，主项S一定是存在的。于是，相对应的A-命题和E-命题中的主项S也必须是存在的，否则便是无中生有。可是，在我们新的理解中，A-命题和E-命题是没有存在预设的，同时我们也不可能无中生有，因此差等关系是不存在的。

对直接推理的影响

在词项逻辑的直接推理中，换质法一直是有效的，但按新的存在预设的理解，换位法和换质位法就不再是有效的了。

"所有 S 都是 P" 不再能推导出 "有些 P 是 S" 了。这是因为全称命题不能断言 S 的存在；如果不存在 S，那么也就不存在某些是 S 的 P。"没有 S 是 P" 同样不能推导出 "有些非 P 是非 S"。这是因为换质位法涉及将 "所有 S 都是非 P" 换位为 "有些非 P 是 S"。我们刚刚说明了，这种换位是无效的。同时，在 4.2 节中，我们已经知道 O- 命题的换位法和 I- 命题的换质位法都是无效的。这样一来，整个直接推理的规则便被删减得没什么用处了。因此，我们索性忘掉那些复杂的规则和表格，只专注于文恩图法。

总而言之，在新的理解下，仅存的有效的直接推理就只有矛盾关系和换质法了。

4.4 文恩图

我们现在用于表示直言命题的标准方法是文恩图法。文恩图是以英国数学家约翰·文恩的名字命名的一种示意图。文恩图法可以准确地反映直言命题中存在预设的现代解释。同时，我们也可以用文恩图法来证明词项逻辑中论证的有效性。

词项逻辑考察的是对象集合之间的关系。文恩图正是源于这一想法。其中，每一个对象集合都用一个闭合的圆来表示，圆之间可以重叠。我们在摆放这些圆时要能够展现出圆两两重叠的所有可能性。于是，我们便可以依靠涉及的集合的数量把整个逻辑空间详尽地划分为不同的区域。

需要进一步解释的是，在逻辑学中，我们把逻辑系统适用的范围称为论域。当论域中只有一个对象集 S 时，论域就被分成了两个区域：对象或者属于 S（在 S 的里面），或者不属于 S（在 S 的外面）。我们用方框代表假定的论域，在代表 S 的圆边标记 S，将圆外的区域标记为 $\overline{S}$。

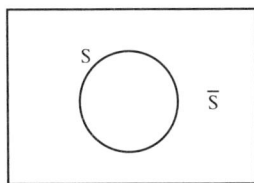

当有两个对象集 S 和 P 时，一个对象可能属于这四种组合区域之一，即它可能属于 S 但不属于 P，或者属于 S 又属于 P，或者属于 P 但不属于 S，或者既不属于 S 又不属于 P。于是，论域被分成了四个区域。

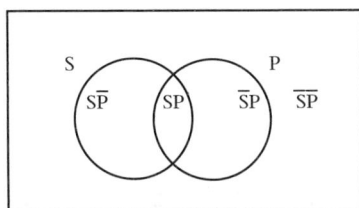

对象集越多，圆两两重叠的可能的组合也越多。其实，我们可以计算出可能的组合一共有 2^n 个，其中 n 是论域中集合的数量。因此，当有 3 个对象集 A、B 和 C 时，一共有 8 种可能的组合，即论域被分成了 8 个区域。如下页所示。

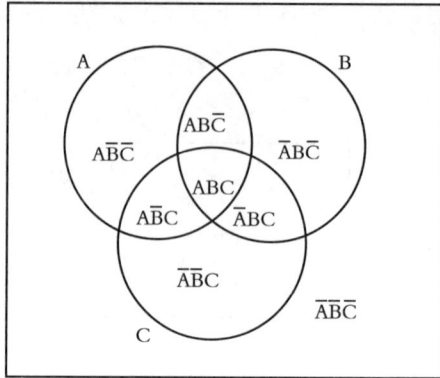

A　B

$AB\bar{C}$

$A\bar{B}\bar{C}$　$\bar{A}B\bar{C}$

ABC

$A\bar{B}C$　$\bar{A}BC$

$\bar{A}\bar{B}C$

$\bar{A}\bar{B}\bar{C}$

C

我们可以使用文恩图来表示四种直言命题。因为每种直言命题都涉及两个对象集 S 和 P，所以我们需要画一个被分成四个区域的示意图。我们在画文恩图时还需要使用一些标记符号。不同的书中可能用到的符号不同，本书采用的符号说明如下。

- 阴影区域表示该区域内没有对象。
- 画"√"表示该区域内有对象，其中"有"表示至少有一个。
- 画"？"表示该区域内可能有对象，但是不确定。
- 小写字母，如"a""b""c"等，表示该区域内存在特定的个体。

根据现代的理解，全称命题没有存在预设。因此，在全称命题中，我们不使用"√"，而是用阴影把不可能存在对象的区域标记出来。A- 命题断言了不可能存在不是 P 的 S，而 E- 命题断言了不可能存在是 P 的 S。于是，这两个命题分别表示如下。

A- 命题：所有 S 都是 P

= 没有对象是 S 但不是 P

= 将代表 $S\bar{P}$ 的区域标记为阴影

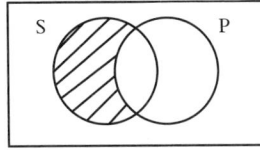

E- 命题: 没有 S 是 P

= 没有对象既是 S 又是 P

= 将代表 SP 的区域标记为阴影

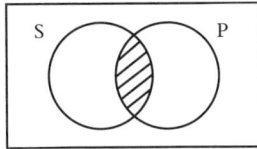

特称命题有存在预设。因此，我们用"√"表示相应的区域内有对象存在。

I- 命题: 有些 S 是 P

= 某对象既是 S 又是 P（SP 区域）

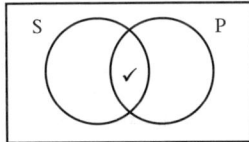

O- 命题: 有些 S 不是 P

= 某对象是 S 但不是 P（S$\overline{P}$ 区域）

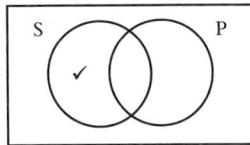

现在我们可以从文恩图中看出 A- 命题和 O- 命题以及 E- 命题和 I- 命题为什么是矛盾关系了。这两对命题标记的是同一个区域，但是断言了完全相反的情况。A- 命题断言在 $S\overline{P}$ 区域中的对象不存在，O- 命题断言在 $S\overline{P}$ 区域中的对象存在；而 E- 命题断言在 SP 区域中的对象不存在，I- 命题断言在 SP 区域中的对象存在。

有的换位法是成立的。E- 命题的文恩图（简称 E- 图）既可以解读为"没有 S 是 P"，又可以解读为"没有 P 是 S"。I- 命题的文恩图（简称 I- 图）可以解读为"有些 S 是 P"，也可以解读为"有些 P 是 S"。然而，A- 命题和 O- 命题的换位法却不成立。因为可能根本就没有 S，所以 A- 命题的文恩图（简称 A- 图）不能表示"所有 P 都是 S"或"有些 P 是 S"。A- 命题仅仅是从 P 中排除了 S，但其本身并没有断言有 S 存在。O- 命题的换位法也是无效的。因为 P 中没有"√"，所以我们不可能从 O- 命题的文恩图（简称 O- 图）中推知 P 的任何属性。

文恩图表明，换质法总是有效的。A- 图说明"没有 S 是非 P"。E- 图说明"所有 S 都是非 P"。因为 E- 图表明了 S 不可能是 P，所以如果存在 S，那么 S 一定落在非 P 的区域内。类似地，I- 图可以解读为"有些 S 不是非 P"，O- 图可以解读为"有些 S 是非 P"。

只有 A- 命题和 O- 命题的换质位法是有效的，我们也可以用文恩图来说明这一点。在 A- 图中，因为没有是 S 的非 P，所以 A- 图说明了"所有非 P 都是非 S"。在 O- 图中，因为有非 P 是 S 这种情况，所以 O- 图说明了"有些非 P 不是非 S"。不过，E- 命题和 I- 命题的换质位法是无效的，其无效的原因与 A- 命题和 O- 命题的换位法无效的原因一样。

文恩图是一个很方便的工具，它既直观又形象，还可以完全展现出直言命题的所有可能情况。同时，文恩图可以指出各种直言命题的存在预设，也涵盖了有效的直接推理的所有结果。于是，对任意一种有效的直接推理，我们便没有必要再在心里一步一步地推导了，也不用再去记忆传统对当方阵和其他任何规则、表格了。

现在，我们来做些练习进一步熟悉文恩图吧。

练习 4.2 用文恩图表示直言命题

以下文恩图表示了哪些直言命题？

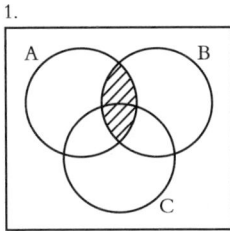

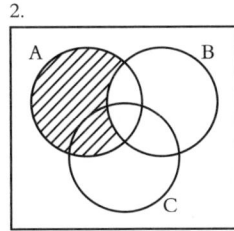

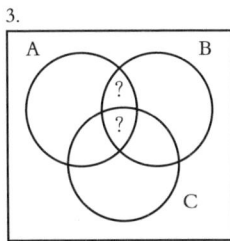

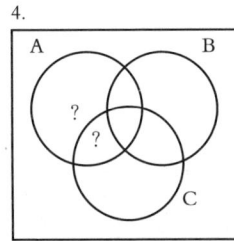

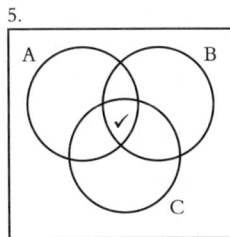

4.5 用文恩图检验论证的有效性

直言三段论及其标准形式

直言三段论是词项逻辑中一类典型的论证。三段论是恰好包含两个前提和一个结论的论证。如果三段论中只包含直言命题，那么我们称这样的三段论为直言三段论。我们现在通常使用文恩图来检验直言三段论的有效性。

因为每一个直言命题都涉及两个对象集，同时一个论证应该把其所有涉及的部分都关联起来，所以直言三段论只能处理有三个对象集的情况。直言三段论在日常生活中很常见。以下便是一个例子。

例（23）

所有园丁都是热爱大自然的人。

有些热爱大自然的人是环保主义者。

因此，有些园丁是环保主义者。

习惯上，我们把结论的主项称为该论证的**小项**（S），结论的谓项称为该论证的**大项**（P），只在前提中出现的词项称为**中项**（M）。同时，我们把包含小项的前提称为**小前提**，包含大项的前提称为**大前提**。

一个直言三段论是标准形式的，当且仅当该三段论满足以下条件。

● 每一个命题（包括前提和结论）都是直言命题；

● 三段论恰好只涉及三个词项；

● 我们可以把三个词项分为小项、大项和中项；

● 论证可以按如下页形式整理。

$$\text{大前提}$$

$$\text{小前提}$$

$$\overline{\text{结论}}$$

例如，例（23）的大项是"环保主义者"，小项是"园丁"，中项是"热爱大自然的人"。例（23）呈现的形式如下。

$$\text{所有 S 都是 M（小前提）}$$

$$\underline{\text{有些 M 是 P（大前提）}}$$

$$\therefore \text{有些 S 是 P（结论）}$$

我们不难看出，这个形式不标准。因此，我们应当调整一下，把例（23）修改为如下所示的标准形式。

$$\text{有些 M 是 P（大前提）}$$

$$\underline{\text{所有 S 都是 M（小前提）}}$$

$$\therefore \text{有些 S 是 P（结论）}$$

亚里士多德学派的逻辑学家在标准形式的基础上继续划分直言三段论的论证形式。他们提出了两个新概念：式和格。三段论的**式**是按照大前提、小前提和结论的顺序呈现的直言命题（A、E、I、O）的类型。例如，例（23）中三段论的式是 IAI。**格**是指中项在前提中的位置，一共有四种，分别表示如下。

M-P	P-M	M-P	P-M
S-M	S-M	M-S	M-S
∴ S-P	∴ S-P	∴ S-P	∴ S-P
第一格	第二格	第三格	第四格

例（23）具有第一格的形式。因此，例（23）的论证形式可以完整地表述为 IAI-1。

通过式和格，我们可以知道直言三段论所有可能的论证形式。因为直言三段论有 $4^3=64$ 个式，并且每个式都有 4 个格，所以直言三段论一共有 256 种可能的论证形式。我们如果足够耐心和勤奋，就能逐一检验所有论证形式的有效性。实际上，有效的论证形式并不是很多。（我将在这一章的最后揭晓一共有多少种有效的论证形式，你可以先猜一猜！）

准确识别出直言三段论的标准形式是很重要的，否则我们便无法使用传统的规则法（将在第 4.6 节中介绍）检验其有效性。然而，如果我们使用文恩图来检验有效性，那么标准形式便没有那么重要了。使用文恩图仅仅需要辨识出结论和前提，以及结论和前提分别对应的标准直言命题形式（A、E、I 或 O）。其余的，如识别词项、式和格等，都不再重要了。

用文恩图检验有效性

用文恩图检验直言三段论的有效性的基本思路是，在一个图中表示出所有前提（三个对象集），然后直接从图上判断结论是否包含在前提中，即该图是否呈现了结论。这种检验有效性的方法是可行的，因为该方法满足了有效性的定义。在图中表示出前提意味着假定了所有前提都为真。若结论包含在前提中，则意味着结论也为真。因为文恩图完全涵盖了所有的可能性，表示出前提的图中包含结论便意味着如果前提为真，那么结论也为真。这正表明论证是有效的。

核心概念：画文恩图的步骤

1. 把论证改写成标准形式，并用符号 A、B、C 或者 S、P、M 来表示所涉及的对象集。前文已经提到，文恩图中采用何种符号是无关紧要的，重要的是所使用的符号要保持一致，并且无须区分大前提和小前提。

2. 画出前提的文恩图。注意，画图的顺序很重要：先画出全称命题（A-命题或 E-命题）的文恩图，再画出特称命题（I-命题或 O-命题）的文恩图。这样做是因为全称命题涉及阴影区域，先画全称命题的文恩图可以使得剩下的区域更明确。我们将在后面的例子中具体说明这样做的优点。

3. 根据与结论相关的区域判断结论是否为真。

4. 如果从图上可判断结论包含在前提中，则该论证是有效的；反之，则无效。

5. 特别注意"？"。该符号表示不确定其所在区域中是否有对象。如果结论要求该区域有对象，那么该区域中仅仅有"？"是不足以证明该论证有效的。

我们从一些简单的例子开始，然后再处理一些复杂的例子。

例（24）

所有男人都是卑鄙的人。

所有英俊的人都是男人。

因此，所有英俊的人都是卑鄙的人。

这个论证已经是标准形式了，即前提在上而结论在下，并且每个命题都是标准的直言命题。我们只需要用符号将它表示出来即可。请记住，在符号表示中，每个符号代表什么并不重要，只要所使用的符号一致即可。不过，在接下来的讲解中，我们还是会区分大项和小项，以便介绍后续的规则法。

令 S= 英俊的人，P= 卑鄙的人，M= 男人。该论证可以用符号表示为如下形式。

所有 M 都是 P

所有 S 都是 M

∴ 所有 S 是 P

　　首先，画出前提的文恩图。因为论证中有三个词项，所以我们画一个包含了三个对象集的图。三个对象集有 $2^3=8$ 种可能的组合区域。因为所有前提都是全称命题，所以先画哪个前提的文恩图并不重要。我们先画出"所有 M 都是 P"的文恩图，如下所示。

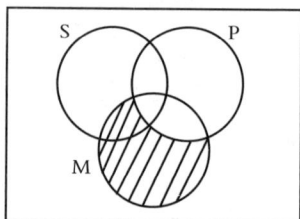

例（24）的第一个前提

　　接下来，我们在图中添加上第二个前提"所有 S 都是 M"。

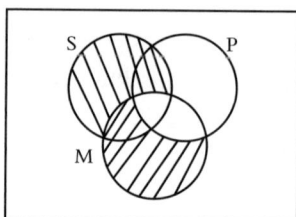

例（24）的两个前提

　　如果结论"所有 S 都是 P"为真，那么代表 $S\overline{P}\overline{M}$ 和 $S\overline{P}M$ 的区域中应当没有对象。也就是说，下图应当成立。

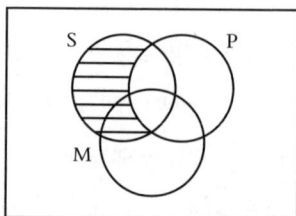

例（24）的结论

对比一下两个前提的文恩图和结论的文恩图。在两个前提的图中，根据第二个前提，S$\overline{\text{PM}}$的区域是阴影；根据第一个前提，S$\overline{\text{PM}}$区域也是阴影。这正是结论所要求的。因此，例（24）中的论证是有效的。

在例（24）中，我们逐一说明了画文恩图的每一步的目的。不过，我们在熟悉了这种方法以后，只需要画出包含前提的文恩图便可以判断论证的有效性了，而不必再画出结论的文恩图。在课堂上，我会要求学生用不同颜色的墨水分别标记出每个前提所涉及的区域。这可以清晰地指引学生找到判断论证的有效性的区域。

例（25）

只要有闪电，就会打雷。

只要打雷，就会下雨。

因此，只要有闪电，就会下雨。

这个例子看起来和例（24）不一样。然而，我们把这个例子重新表述为标准形式后，就可以看到这个例子实际上和例（24）具有相同的逻辑形式。因为例（24）是有效的，所以例（25）也是有效的。

例（25）可以表示为如下形式。我们先把所有命题都转变为直言命题。

所有有闪电的时候都是打雷的时候。

所有打雷的时候都是下雨的时候。
___

因此，所有有闪电的时候都是下雨的时候。

其中"有闪电的时候"是小项，"下雨的时候"是大项。第二个前提其实是大前提，第一个前提其实是小前提。我们应当把大前提放在第一位。因此，我们需要调整一下前提顺序。

所有打雷的时候都是下雨的时候。

所有有闪电的时候都是打雷的时候。
___

因此，所有有闪电的时候都是下雨的时候。

令 S= 有闪电的时候，P= 下雨的时候，M= 打雷的时候。

$$所有\ M\ 都是\ P$$

$$所有\ S\ 都是\ M$$

$$\therefore 所有\ S\ 都是\ P$$

现在我们可以清晰地看出例（25）与例（24）具有相同的结构。我们可以用文恩图来证明例（25）的有效性。

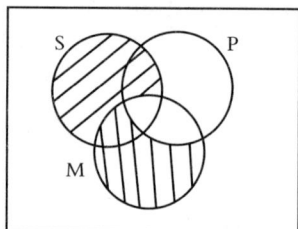

例（25）的两个前提

结论要求 S$\overline{\text{P}}$M 区域和 S$\overline{\text{PM}}$ 区域都没有任何对象。前提恰好满足这些要求。因此，结论包含在前提中，并且论证是有效的。例（25）的图与例（24）的文恩图是完全相同的。这也是逻辑的形式特征的一个例证（参看第 2.1 节）。

例（26）

有些黑猫能捉到老鼠。

任何能捉到老鼠的猫都是好猫。

因此，有些黑猫是好猫。

我们将例（26）中的论证表述为标准形式。

$$有些黑猫是能捉到老鼠的猫。$$

$$所有能捉到老鼠的猫都是好猫。$$

$$因此，有些黑猫是好猫。$$

因为小项是"黑猫"，大项是"好猫"，所以第一个前提是小前提，第二个前提是大前提。我们重新调整一下前提顺序，并且用符号表示出来。

所有能捉到老鼠的猫都是好猫。

有些黑猫是能捉到老鼠的猫。

因此，有些黑猫是好猫。

令 S= 黑猫，P= 好猫，M= 能捉到老鼠的猫。

所有 M 都是 P

有些 S 是 M

∴有些 S 是 P

这个例子反映了画文恩图时要先画出全称命题的文恩图这一条规则的重要性。无论哪一个前提是全称命题，我们都要先画出这个前提的文恩图。

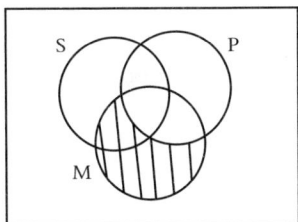

例（26）的全称前提

现在，我们再画出特称命题的文恩图。"有些 S 是 M"需要 S$\overline{P}$M 区域或 SPM 区域中有对象。然而，画全称命题的文恩图时 S$\overline{P}$M 区域已经被画上了阴影。为了使特称前提为真，SPM 区域就必须有对象。因为这是确定的情况，所以我们可以在 SPM 区域中确定地画一个"√"，而不用画"？"。

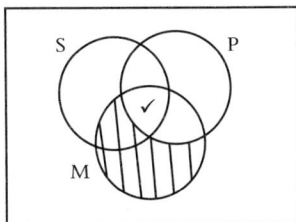

例（26）的两个前提

结论是"有些 S 是 P"。若要使结论为真，S$\overline{\text{P}}$M 区域或 SPM 区域一定要有对象。现在，前提已经使得 SPM 区域中有对象了。这就给出了使结论为真所需要的条件。因此，结论包含在前提中，并且论证是有效的。

如果我们不遵守先画出全称命题的文恩图的规则，而是先画特称命题的文恩图，那么 SPM 区域和 S$\overline{\text{P}}$M 区域就都符合要求。因此，我们并不能确定哪个区域中有对象，就只能在这两个区域标记"？"了，如下所示。

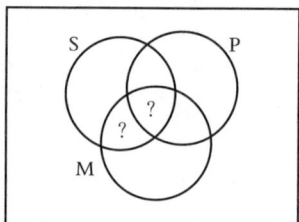

例（26）的特称前提

我们在继续画全称命题的文恩图时，只看到了"？"。这个"？"会掩盖在 SPM 区域中实际上存在某个对象的事实。

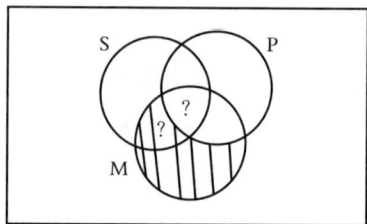

例（26）全称前提处于问号上（错误）

有时，我们即使先画全称命题的文恩图，再画特称命题的文恩图，也不能确定哪个区域中有对象。因此，我们并非总能画上"√"。例（27）就是这样一个例子。

例（27）

有些大学生不是科学家。

没有科学家是文盲。

因此，有些大学生是文盲。

小项是"大学生"，大项是"文盲"，所以第二个前提是大前提，第一个前提是小前提。我们把这个论证改写成标准形式，并且用符号表示出来。

没有科学家是文盲。

有些大学生不是科学家。
_____

因此，有些大学生是文盲。

令 S= 大学生，P= 文盲，M= 科学家。

没有 M 是 P

有些 S 不是 M
_____

∴ 有些 S 是 P

我们先画出全称前提的文恩图。"没有 M 是 P"意味着没有任何对象既是 M 又是 P。因此，我们应该把 M 和 P 相交的区域画上阴影。

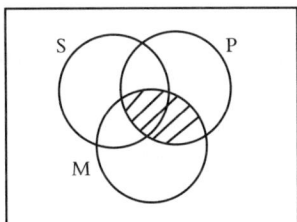

例（27）的全称前提

接下来，我们要画出特称前提的文恩图。"有些 S 不是 M"意味着 $S P \overline{M}$ 区域或 $S \overline{P} \overline{M}$ 区域中都可能有对象。因为尚未排除任何区域，所以这意味着其中一个或两个区域都可以有对象。从逻辑上讲，"有些"只意味着"至少有一个"。当只有一个对象时，我们便不能确定该对象是落在 $S P \overline{M}$ 区域中还是 $S \overline{P} \overline{M}$ 区域中。因此，我们无法确定哪个区域有对象。于是，我们不能在任何区域中画"√"，只能在两个可能的区域中画"？"。

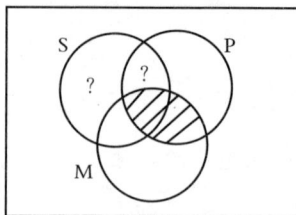

例（27）的两个前提

现在，我们来判断论证的有效性。如果要得到"有些 S 是 P"的结论，那么在 S 和 P 重叠的区域（即 SP$\overline{\text{M}}$ 区域或 SPM 区域）中应当有某些对象。SPM 区域是阴影，SP$\overline{\text{M}}$ 区域有一个问号，这表明 SP$\overline{\text{M}}$ 区域中可能有对象。然而，这只是一种可能性，前提中没有任何条件保证一定如此。因此，前提不能确保 SP$\overline{\text{M}}$ 区域一定有对象存在，即给出的前提并不能保证结论成立。要使论证有效，就需要确保在前提为真时结论一定为真。例（27）无法保证这一点，所以该论证是无效的。

事实上，由于问号代表不确定，所以一般而言，文恩图中带有问号的三段论很少是有效的。

直言三段论的文恩图中还可能有两个以上的问号。下面便是一个例子。

例（28）

有些钻石不是宝石。

有些碳酸盐是钻石。

因此，有些碳酸盐不是宝石。

例（28）的小项是"碳酸盐"，大项是"宝石"。该论证具有标准形式，我们用符号将其表示如下。

令 S= 碳酸盐，P= 宝石，M= 钻石。

有些 M 不是 P

有些 S 是 M

∴ 有些 S 不是 P

首先，画出第一个前提"有些 M 不是 P"的文恩图。我们从第一个前提中可以得知有对象存在于 $S\overline{P}M$ 区域或 $\overline{S}\overline{P}M$ 区域，但不确定具体存在于哪个区域。因此，我们在这两个区域都打上问号。

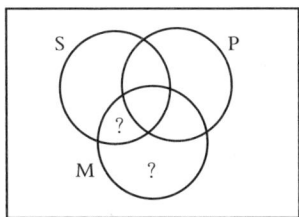

例（28）的第一个前提

其次，画出第二个前提"有些 S 是 M"的文恩图。第二个前提要求 SPM 区域或 $S\overline{P}M$ 区域中有对象存在，但同样没有指明是哪个区域。因此，这两个区域也都应该画上问号。因为我们已经根据第一个前提给 $S\overline{P}M$ 区域画上了问号，所以就没有必要再次标记了。我们只需在 SPM 区域中添加一个问号即可。

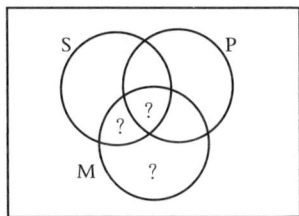

例（28）的两个前提

最后，我们看结论"有些 S 不是 P"。结论要求 $S\overline{P}\overline{M}$ 区域或 $S\overline{P}M$ 区域中有对象。现在，$S\overline{P}M$ 区域有一个问号，所以此处可能有对象。然而，我们并不能确定该区域一定有对象，所以前提不能保证结论为真，该论证是无效的。

到目前为止，我们已经学完了关于文恩图的所有基础知识。你现在应该已经掌握了这个方法。那么，你可以自行练习以下题目。在此之后，我们将讨论一些更复杂的例子。

更多例子

我们在第 4.1 节中提到了一些将自然语言翻译成直言命题的技巧。现在，我们用这些技巧来检验一些更复杂的论证。

▶ **修辞表达**

例（29） 所有男人都是人，有些人是法国人，所以有些男人必定是法国人。

我们可以由结论指示词"所以"判断出，该论证的结论是"有些男人必定是法国人"，前提是"所有男人都是人"和"有些人是法国人"。因为该论证的结论中说的是"必定是法国人",而不是简单的"是"或"不是",所以该论证的结论不是直言命题。从语言学的角度看,"必定"强调的是该断言的确定性。然而,从逻辑上讲,这样的断言与断言"有些人是法国人"一样。语气的差异对内容来说无关紧要。因此,我们忽略修辞,将结论表述为 I- 命题。

所有男人都是人。

有些人是法国人。

―――――――――――――

所以,有些男人是法国人。

令 S= 男人,P= 法国人,M= 人。

所有 S 都是 M

有些 M 是 P

―――――――――――

∴ 有些 S 是 P

"有些 M 是 P"是大前提,应该将其放在第一个前提的位置上。"所有 S 都是 M"是小前提,应该将其放在第二个前提的位置上。不过,大前提和小前提的位置顺序在文恩图中并不重要。重要的是,我们在绘制文恩图时,要先画全称前提的文恩图,再画特称前提的文恩图。因此,我们首先画出"所有 S 都是 M"的文恩图。从"有些 M 是 P"中可以得知,SPM 区域或 S̄PM 区域中存在对象。由于在全称前提的文恩图中,这两个区域没有任何一个画上阴影,因此两个区域中都可能有对象。我们画上问号来表示不确定。

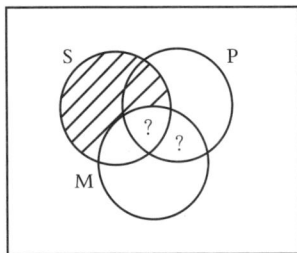

例(29)

结论"有些 S 是 P"要求 $SP\overline{M}$ 区域或 SPM 区域中有对象。由于 $SP\overline{M}$ 区域因全称前提而画上了阴影，因此该区域中没有对象。由于 SPM 区域只有一个问号，因此该区域是否有对象仍然是不确定的，所以即使前提为真，也不能保证结论为真，即结论不包含在前提中，该论证是无效的。

▶ "只有"

例（30） 所有物理学家都是聪明的。这是因为所有物理学家都是科学家，并且只有科学家是聪明的。

我们先要确定结论和前提。该论证的结论是第一个句子。注意，结论不一定放在最后，也可以放在论证的前面或中间。前提指示词是"因为"，表明接下来的句子是前提。我们重新调整一下顺序，表示如下。

> 所有物理学家都是科学家。
>
> 只有科学家是聪明的。
> _____
> 因此，所有物理学家都是聪明的。

问题在于，我们如何理解第二个前提中包含的"只有"一词呢？"只有科学家是聪明的"是指"所有科学家都是聪明的人"，还是"所有聪明的人都是科学家"呢？在第 4.1 节中，我们讨论了"只有 S 是 P"等值于"所有 P 都是 S"。"只有 S 是 P"并没有断言所有 S 都是 P，它只是说 S 是 P 的必要条件。这意味着，如果一个对象是 P，那它也必须是 S。因此，"只有科学家是聪明的"意味着"所有聪明的人都是科学家"，而不是"所有科学家都是聪明的人"。现在我们将论证表述为标准形式，并且用符号表示如下。

> 所有物理学家都是科学家。
>
> 所有聪明的人都是科学家。
> _____
> 因此，所有物理学家都是聪明的人。

令 S= 物理学家，P= 聪明的人，M= 科学家。

所有 S 都是 M

所有 P 都是 M

∴ 所有 S 都是 P

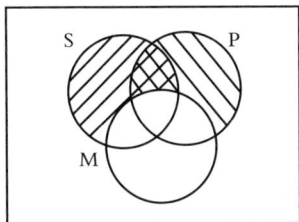

例（30）

结论"所有 S 都是 P"要求 S$\overline{\text{P}}$M 区域和 S$\overline{\text{PM}}$区域都是阴影。现在，根据前提，S$\overline{\text{P}}$M 区域并没有被画上阴影。因此，结论不包含在前提中，该论证是无效的。

注意，如果我们错误地将前提"只有科学家是聪明的"解释为"所有科学家都是聪明的人"，那么这将是一个完全不同的论证。该论证的形式和文恩图将如下所示。

所有 S 都是 M

所有 M 都是 P

∴ 所有 S 都是 P

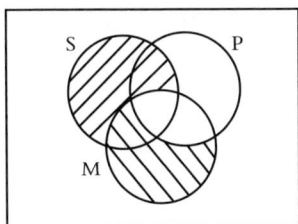

例（30）错误的翻译

在错误的翻译中，S$\overline{\text{PM}}$区域和 S$\overline{\text{P}}$M 区域都被画上了阴影。因此，结论包含在前提中，该论证竟然变成有效的了！

由此可见，我们在翻译命题时必须非常小心。如果我们翻译错了，整个证明都将是错误的。从某种意义上说，我们给出的证明根本就不是最初论证的证明。

▶ **单称词项**

例（31） 没有逻辑学家是完全理智的。汤姆是逻辑学家。汤姆不是完全理智的。

如第 4.1 节所述，单称词项既可以表示全称也可以表示特称，即单称词项确实意味着某些对象属于某个集合，且属于该集合的任何对象都具有该集合的属性。因此，我们可以用两种不同的方式来处理单称词项。

比较简单的方法是用单称词项来表示特定的对象。因为该对象是确定的，所以我们不用"√"或"？"来表示，而用小写字母 a、b、c 来表示，这种表示方式表明这是一个确定的对象。如此，我们将例（31）写成如下形式。

没有逻辑学家是完全理智的人。

汤姆是逻辑学家。

因此，汤姆不是完全理智的人。

令 t= 汤姆，P= 完全理智的人，M= 逻辑学家。

没有 M 是 P

t 是 M

∴ t 不是 P

在这个论证中只有两个对象集：P 和 M。注意，t 不能代表一个对象集，而是代表一个特定的对象"汤姆"。因此，文恩图只需要画两个圆。

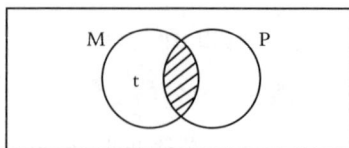

例（31）中表示特定对象的单称词项

先画全称命题的文恩图。该命题是"没有 M 是 P",所以我们给 M 和 P 相交的区域画上阴影。根据第二个前提,特定对象 t 属于 M。因为 MP 区域是有阴影的,所以 t 不可能在 MP 区域中。因此,t 只能位于 M$\overline{\text{P}}$ 区域中,为了表明这一点,我们在该区域标上字母 t。

结论要求 t 在 M$\overline{\text{P}}$ 或 $\overline{\text{M}}\overline{\text{P}}$ 区域中。从文恩图可知,t 在 M$\overline{\text{P}}$ 区域中,即结论包含在前提中,该论证是有效的。

另一种方法是将单称词项看作单元素集,即只包含一个元素的集合。每个包含单称词项的命题都可分解为两个直言命题:一个全称命题和一个特称命题。因此,上述论证变成了如下形式。

令 S= 汤姆,P= 完全理智的人,M= 逻辑学家。

$$没有 M 是 P$$

$$所有 S 都是 M 并且有些 S 是 M$$

$$\therefore 没有 S 是 P 并且有些 S 不是 P$$

为了检验该论证的有效性,我们需要把包含单称词项的前提的两个部分的文恩图都画出来,并检验结论的每个部分是否都包含在前提中。

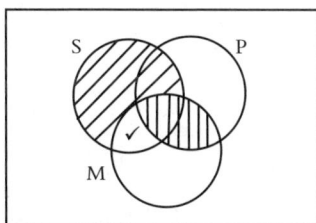

例(31)中作为集合的单称词项

我们先画"没有 M 是 P"的文恩图,即给 M 和 P 相交的区域画上阴影;再画"所有 S 都是 M"的文恩图,即给 S$\overline{\text{P}}\overline{\text{M}}$ 区域和 SP$\overline{\text{M}}$ 区域画上阴影。从"有些 S 是 M"中,我们可以知道 S$\overline{\text{P}}$M 区域或 SPM 区域中有对象。因为根据第一个前提我们已经给 SPM 区域画上了阴影,所以只有 S$\overline{\text{P}}$M 区域中可能存在对象了。我们对这一点是可以确定的,因此可以在该区域画上"√",而不是"?"。

接下来，我们要确定该论证的有效性。结论要求任何对象不可能同时既是 S 又是 P。因为 $S\overline{P}\overline{M}$ 和 SPM 区域都画上了阴影，所以我们可以通过前提得出该结论。同时，结论还要求"存在不是 P 的 S"，所以 $S\overline{P}\overline{M}$ 区域或 $S\overline{P}M$ 区域要有对象。现在 $S\overline{P}M$ 区域确实有对象（因该区域有一个 √），所以结论的第二部分也可以满足。因此，结论包含在前提中，该论证是有效的。

这两种对单称词项的处理方式都是合理的。我们可以采用其中任何一种。注意，我们如果将单称词项看作单元素集，那么必须确保考虑到命题包含的所有情况。

▶ **设定范围**

我们可以非常简单地设定范围，如下所示。

例（32） 有火就有烟。地下室没有烟。因此，地下室没有火。

我们可以增加"地点"或"位置"这一类的范围设定。因此，该论证可以翻译如下。

所有有火灾的地方都是有烟的地方。

没有一处地下室中的地方是有烟的地方。

因此，没有一处地下室中的地方是有火灾的地方。

令 S= 地下室中的地方，P= 有火灾的地方，M= 有烟的地方。

所有 P 都是 M

没有 S 是 M

∴ 没有 S 是 P

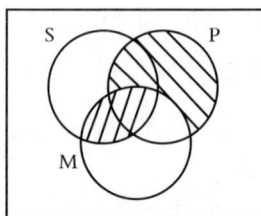

例（32）

结论要求 SP$\overline{\text{M}}$ 区域和 SPM 区域都要画上阴影。根据前提，这两个区域确实都被画上了阴影。因此，结论包含在前提中，该论证是有效的。

▶ **否定**

我们来看一个更复杂的例子，该例子同时涉及设定范围和否定。

例（33） 每当我陷入困境时，我都会祈祷。因为我总是陷入困境，所以我没有一日不祈祷。

结论"我没有一日不祈祷"是一个具有双重否定的全称命题。其意义是"没有一日是我不祈祷的日子"，所以其形式是"没有 S 不是 P"。我们在第 4.1 节中讨论过，双重否定等于肯定，所以这个命题又等于"我每日都祈祷"（A- 命题）。

例（33）的前提是"每当我陷入困境时，我都会祈祷"和"我总是陷入困境"。词项"每当"和"日"都需要适当地添加与时间相关的范围设定。我们可以尝试添加范围设定"时候"或"日子"。不过，无论添加哪个范围设定，我们都需要保持一致，并且使用相同的词来翻译三段论中的其他命题。以下任何一种翻译方式都可以。

> 所有我陷入困境的时候都是我祈祷的时候。
> 所有时候都是我陷入困境的时候。
> ─────────────────────────
> 因此，所有时候都是我祈祷的时候。

或：

> 所有我陷入困境的日子都是我祈祷的日子。
> 所有日子都是我陷入困境的日子。
> ─────────────────────────
> 因此，所有日子都是我祈祷的日子。

令 S= 日子，P = 我祈祷的日子，M = 我陷入困境的日子。

$$所有\ M\ 都是\ P$$

$$所有\ S\ 都是\ M$$

$$\therefore 所有\ S\ 都是\ P$$

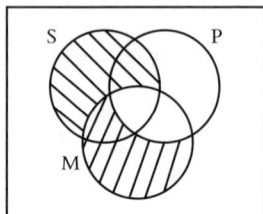

例（33）

结论要求 $S\overline{P}\overline{M}$ 区域和 $S\overline{P}M$ 区域中没有对象。根据前提，我们已经给这两个区域画上了阴影，所以结论包含在前提中，该论证是有效的。

▶ **识别三个词项**

直言三段论恰好可以处理三个词项。这表明，直言三段论无法处理任何超过三个词项的论证。如果遇到超过三个词项的论证，我们需要人为地调整词项使其减少到三个词项，来满足直言三段论的要求。我们最后再给出一个例子，当然这个例子也涉及诸如否定等问题。

例（34） 并非所有的失业者都是明智的饮酒者，只有债务人是酗酒者。因此，并非没有一个失业者是负债的人。

我们先要确定结论和前提，如下所示。

并非所有的失业者都是明智的饮酒者。

只有债务人是酗酒者。

因此，并非没有一个失业者是负债的人。

该论证的小项是"失业者"，大项是"负债的人"。因此，第一个前提是小前提，第二个是大前提。我们重新排列前提的顺序，如下所示。

> 只有债务人是酗酒者。
>
> 并非所有的失业者都是明智的饮酒者。
> _____
> 因此，并非没有一个失业者是负债的人。

我们继续将命题调整为直言三段论的标准形式。大前提涉及"只有"。因为"只有 A 是 B"等值于"所有 B 都是 A"，所以大前提变成了"所有酗酒者都是债务人"。小前提以"并非所有 S 都是 P"的形式呈现出一个否定的 A- 命题。因为 A- 命题的矛盾命题是 O- 命题，所以我们可以将这个前提修改为"有些失业者不是明智的饮酒者"。结论也涉及否定。因为 E- 命题的矛盾命题是 I- 命题，所以结论可以修改为"有些失业者是负债的人"。于是，整个论证的形式为 AOI 式，表述如下。

> 所有酗酒者都是债务人。
>
> 有些失业者不是明智的饮酒者。
> _____
> 因此，有些失业者是负债的人。

然而，我们调整后的论证仍然涉及五个词项："失业者""明智的饮酒者""债务人""酗酒者"和"负债的人"。为了将词项减少到三个，我们要寻找同义词或反义词。"债务人"和"负债的人"是同义词，因此可以将它们视为同一个词项。"明智的饮酒者"和"酗酒者"可以看作反义词，尽管这两个词不是完全相反的，但至少酗酒者不是明智的饮酒者，因此我们在论证中将"明智的饮酒者"和"酗酒者"看作互为补项。

于是，论证可表述如下。

> 所有酗酒者都是债务人。
>
> 有些失业者是酗酒者。
> _____
> 因此，有些失业者是债务人。

如上所示，我们把例（34）调整成了一个标准的直言三段论，其形式是 AOI-1。接下来，我们便可以用符号把这个论证表示出来，并且检验其有效性了。

令 S＝失业者，P＝债务人，M＝酗酒者。

$$所有 M 都是 P$$

$$有些 S 是 M$$

$$\therefore 有些 S 是 P$$

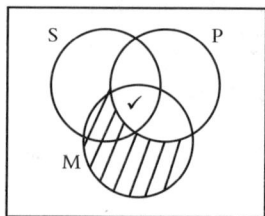

例（34）

这是一个有效的论证。

最后一个例子是最复杂的，因为它的每个命题都需要重新表述。不过，我们可以看到，只要论证被"整理"为标准形式后，剩下的步骤——用符号表示和检验有效性——就都很容易了。

简单地做个总结，用文恩图检验论证有效性的方法是直观的，同时也是合理的，因为文恩图可以穷尽直言三段论的所有可能性。根据论证有效的条件，如果根据前提所画的文恩图表明结论已经包含在前提中，那么如果前提为真，结论一定为真。文恩图对存在预设也给出了正确的解释。运用文恩图检验论证有效性时，我们不需要记忆关于论证内容的实质性规则，只需要理解基本的概念即可，比如图表的有效性和构造规则。另外，我们不需要确定论证的大项、小项和中项，或严格地按照顺序排列前提。

练习 4.4 更多检验论证有效性的练习

识别出以下论证中的前提和结论，并且把论证改写成三段论的标准形式，然后用文恩图检验这些三段论的有效性。你可以自己设定要使用的符号，但请注意翻译的问题！以下论证可能很复杂。

1. 因为没有弱者是真正的自由主义者，所有的劳工领袖都是真正的自由主义者，所以没有弱者是劳工领袖。

2. 所有半人马都是哺乳动物，因为有些哺乳动物不是马，并且没有马是半人马。

3. 所有犯罪行为都是邪恶的行为。所有对谋杀的包庇都是犯罪行为。因此，所有对谋杀的包庇都是邪恶的行为。

4. 有些改革者是狂热分子。因为所有改革者都是理想主义者，所以有些理想主义者是狂热分子。

5. 人皆有一死。苏格拉底是人。因此，苏格拉底会死。

6. 她告诉我，她对学生的态度很简单。事实上，这与她对一般人的态度没有什么不同。也就是说，她一辈子只跟淑女和绅士说话。因为那些学生都不是淑女或绅士，所以她从来没有和学生们说过话，从来没有，而且永远也不会有。

7. 破坏力较小的核武器不危险的说法是不正确的，因为破坏力较小的核武器更容易引发核战争，而且任何核战争都是危险的。

8. 有挑战就会有机会。因为我们要感谢机会，所以我们也要感谢挑战。

4.6 规则法

文恩图法是目前最常用的检验三段论有效性的方法之一。当然，还有检验三段论有效性的其他方法。例如，在发明文恩图法之前常见的检验三段论有效性的方法是规则法。我们已经针对现代的解释对规则法做出了修改，从而使规则法成为一种十分快捷的方法。我们现在只需要根据几条规则就能检验三段论的有效性。然而，规则法要求三段论的形式必须是标准形式，而且我们需要记住规则，同时还需要引入一个新的概念——周延性。此外，规则法的合理性没有那么明显。因此，我建议大家在日常推理时，优先使用文恩图法，把规则法作为备选。

周延性

在学习规则法之前，我们先要理解**周延性**这一概念。如果包含某个词项的命题完全地断言了该词项所指称的类中的每一个对象，那么这个词项是周延的。四种直言命题中哪些词项是周延的呢？我们用上标 D 来标注直言命题中周延的词项，也可以采用圆圈或者下划线的方式进行标注。

A- 命题：所有 S^D 都是 P

E- 命题：没有 S^D 是 P^D

I- 命题：有些 S 是 P

O- 命题：有些 S 不是 P^D

A- 命题的主项是周延的，因为 A- 命题表明每一个 S 都是 P。然而，A-命题的谓项是不周延的。举例来说，命题"所有哺乳动物都是脊椎动物"表明每一只哺乳动物都拥有脊椎动物的特性，但是并没有针对所有的脊椎动物说明它们都具有什么特性。脊椎动物可以是哺乳动物也可以不是哺乳动物，可以是高的或矮的、庞大的或瘦小的。该命题没有指出或描述脊椎动物的共同属性。

E- 命题的主项和谓项都是周延的。因为 E- 命题断言了 S 中的每一个对象的属性，即它们都不具有 P 中对象的属性。该命题也断言了 P 中的每一个对象都不具有 S 中对象的属性。举例来说，命题"没有肥皂是酸性的"如果为真，意味着我们不能在酸性物质中找到肥皂，同样也不能在肥皂中找到酸性物质。如此一来，我们便对所有肥皂和酸性物质都做出了断言。

I- 命题的主项和谓项都是不周延的。例如，命题"有些鲜花是红色的"并没有针对鲜花或红色的事物说明其具有的属性。事实上，有些鲜花可能不是红色的，并且有些红色的事物也可能不是鲜花。因此，该命题没有断言 S 或 P 中的所有对象。

最后，O- 命题的谓项是周延的，但主项不周延。我们也许要花一点儿时间来说明这是为什么。毕竟 O- 命题是特称命题，只断言了 S 中的一些对象的属性，而不是全部。例如，命题"有些橘子不是甜的"实际上告诉了我们有些橘子是甜的，有些橘子不是甜的。然而，让人惊讶的是，该命题却表明了 P 中所有对象的属性，即有某种属性是 P 中的每一个对象都不具有的。例如，为了断定"有些橘子不是甜的"，我们需要遍历所有甜味事物才能发现有些特定的橘子不在甜味事物中。因此，这个命题断言了所有甜味事物。

规则法

现在，我来说明直言三段论的规则。一个直言三段论是有效的，当且仅当它满足如下所有的规则。

规则 1：前提中否定命题的数量必须与结论中否定命题的数量相同。

规则 2：中项必须至少周延一次。

规则 3：在结论中周延的项在前提中也必须周延。

规则 4：两个全称前提不能得出特称结论。

对规则 1，我们还需要做一点儿补充说明：首先要明确的是三段论只能有一个结论，所以规则 1 实际上包含了前提中有零个否定前提和一个否定前提两种情况，而不可能有两个否定前提。任何有两个否定前提的三段论都是无效的。也就是说，当结论是肯定命题时，两个前提必须都是肯定命题；当结论是否定命题时，为了使论证有效，前提中只能有一个否定命题，而不能有零个或两个。

接下来，我对这些规则做一些直观的解释。解释的目的不是要对这些规则进行严格的证明，只是为了让你更好地理解它们。

回到直言三段论的概念，直言三段论是一个通过中项把小项和大项关联起来的论证，中项在两个对象集之间起到桥梁的作用。肯定命题表示两个对象集之间有关联，否定命题表示两个对象集之间没有关联。于是，只有在"桥梁"真正地起到关联作用时，论证才是有效的。也就是说，在有效的论证中，结论并不只因其本身为真而为真，而是因作为桥梁的中项起到了关联作用才为真。中项的这种桥梁作用保证了结论并非偶然得出的，论证有效所需的就是这种确定的保证。

当两个前提都是否定命题时，小项和大项都与中项没有关联。在这种情况下，中项便不能在小项和大项之间起到桥梁作用。因此，包含两个否定前提的论证是无效的。

当结论是肯定命题时，小项和大项之间有某种关联。然而，三段论若是有效的，则必须要由中项来建立关联才行。因此，小项和大项都必须要与中项有关联。因此，为了使中项起到桥梁的作用，两个前提必须都是肯定命题。

最后一种情况是结论为否定命题时。当结论是否定命题时，小项和大项中必须有一个与中项有关联，而另一个与中项没有关联。因为论证有效是由"桥梁"来保障的，所以关联是必要的。一方面，如果小项和大项都与中项没有关联，那么小项和大项之间即使有关联也不是由中项建立起来的，即这种关联不是论证的结果，而可能只是一种偶然情况。论证追寻的是确定性而非偶然性，偶然的关联则意味着论证无效。另一方面，如果两个前提都是肯定命题，那么结论就不可能是否定的，就像在上一种情况中提到的那样。因为没有什么原因能将中项与小项或大项断开关联，所以结论不可能是否定的。总而言之，含有否定结论的有效论证只有一个否定前提。

规则 2 是关于中项的作用的。如上所述，中项就像一座桥梁。如果桥梁不能连接它所涉及的全部对象，那么这座桥梁就无法起到关联作用。例如，S 中的对象与 M 中的一些对象有关联，但 P 中的对象却与 M 中的另一些对象有关联，结果就是无法建立一种完全包括 S 中的对象和 P 中的对象的关联。这时的 M 就像是一座有缺陷的桥梁。因此，为了避免发生这种情况，S 或 P 至少要有一个对象集能与桥梁（M）建立完整的关联。M 的周延性就是用来确保这一点的。换句话说，规则 2 确保了中项必须完全涵盖 S 和 P 中的至少一个中的全部对象，这样才能保证 S 和 P 不是毫无关联的桥梁的两端。

规则 3 的目的是确保论证的结论完全来自前提。如果结论断言了某个集合中的全部对象，那么前提之间的关联必须涉及这个集合中的全部对象。因此，在结论中周延的项，在前提中也必须是周延的。至于这个项是小项还是大项，则无关紧要。

根据现代的解释，全称命题没有存在预设，但特称命题有存在预设。然而，上述 3 条规则不能排除从全称命题中推导出特称命题的情况。例如，如果一个论证的结论是 I- 命题，那么该论证的小项和大项在结论中都是不周延的。于是，这个论证不必要求小项和大项在前提中是周延的，只需要两个前提都是肯定的，并且中项至少周延一次即可。因此，从原则上讲，如果只需要满足前 3 条规则，那么标准形式的 AAI-1、AAI-3 和 AAI-4 都是有效的。同理，有些 AEO 式和 EAO 式的论证也是有效的。这样，我们便可能犯了无中生有的错误。制定规则 4 的目的就是为了避免这一情况。[①]

规则法的应用

用规则法检验直言三段论的有效性时，请遵照如下步骤。

---

① 三段论中的存在预设和第 4.3 节中介绍的存在预设略有区别。事实上，如果只是为了保证三段论的有效性，那么并不一定要预设两个前提的主项都存在。有些有效的三段论只需要预设其中一个前提的主项存在即可。例如，AAI-1 只需要预设小前提的主项存在，AAI-4 只需要预设大前提的主项存在，AAI-3 需要预设两个前提的主项都存在。AEO 式和 EAO 式的有效三段论也是类似的。有效三段论具体需要预设哪个项的存在，可以从文恩图中得出，读者可以自行验证。——译者注

- 首先，把三段论改写成严格的标准形式。这包括区分小项、大项和中项，识别大前提和小前提，并且以正确的顺序排列前提和结论。

- 然后，识别出周延的项，并且采用下划线、画圈或者添加上标 D 的方式标注出来。

- 最后，检查论证是否违反了任意一条规则。如果违反了，那么该论证无效；如果没有违反，那么该论证有效。

举例

为了简洁，下面的例子都已经整理成了标准形式。

例（35）

有些纯种狗是昂贵的狗。

没有可领养的狗是纯种狗。

因此，有些可领养的狗是昂贵的狗。

令 S = 可领养的狗，P= 昂贵的狗，M= 纯种狗。

有些 M 是 P

没有 S^D 是 M^D

∴ 有些 S 是 P

这是三段论中的 IEI-1 形式。该论证违反了规则 1。因为结论是肯定命题，根据规则 1，前提中不能有否定命题。然而，小前提是否定命题，所以该论证是无效的。该论证没有违反规则 2，因为中项"纯种狗"在小前提中周延了。该论证没有违反规则 3，因为结论中没有词项是周延的，所以大项和小项在前提中是否周延便无关紧要了。最后，该论证也没有违反规则 4，因为前提中有一个特称命题。

例（36）

有些键盘手不是打击乐器手。

所有钢琴家都是键盘手。
_____

因此，有些钢琴家不是打击乐器手。

令 S= 钢琴家，P= 打击乐器手，M= 键盘手。

有些 M 不是 P^D

所有 S^D 都是 M
_____

∴有些 S 不是 P^D

这是三段论中的 OAO-1 形式。该论证没有违反规则 1，因为结论是否定命题，并且前提中只有一个否定命题。然而，中项"键盘手"在大前提和小前提中都不周延，因此该论证违反了规则 2。该论证没有违反规则 3——小项"钢琴家"在结论中是不周延的，所以在前提中是否周延都无关紧要；大项"打击乐器手"在结论中是周延的，同时在大前提中也是周延的，这毫无问题。该论证也没有违反规则 4，因为尽管结论是特称命题，但大前提也是特称命题。

例（37）

没有开发商是土地所有者。

所有开发商都是债务人。
_____

因此，没有债务人是土地所有者。

令 S= 债务人，P= 土地所有者，M= 开发商。

没有 M^D 是 P^D

所有 M^D 都是 S
_____

∴没有 S^D 是 P^D

这是三段论中的 EAE-3 形式。该论证没有违反规则 1——结论是否定命题，并且前提中恰好只有一个否定命题。该论证也没有违反规则 2，因为中项"开发商"在前提中周延了至少一次。然而，该论证违反了规则 3，尽管大项的周延性没有问题，但小项"债务人"在结论中是周延的，在前提中却是不周延的。该论证不涉及规则 4，因为结论不是特称命题。

例（38）

> 所有脚上长毛的人都是喜欢炎热的夏天的人。
>
> 所有霍比特人都是脚上长毛的人。
> _____
> 因此，有些霍比特人是喜欢炎热的夏天的人。

令 S= 霍比特人，P= 喜欢炎热的夏天的人，M= 脚上长毛的人。

$$所有\ M^D\ 都是\ P$$
$$所有\ S^D\ 都是\ M$$
$$\therefore\ 有些\ S\ 是\ P$$

这是三段论中的 AAI-1 形式。该论证没有违反规则 1，因为前提和结论都不是否定命题。该论证没有违反规则 2，因为中项"脚上长毛的人"在大前提中周延了。该论证也没有违反规则 3，因为结论中不存在周延的项，因此大项和小项在前提中是否周延无关紧要。然而，该论证违反了规则 4，因为结论是特称命题，而两个前提都是全称命题。很显然，该论证错误的原因在于事实上根本不存在霍比特人，因此我们无法推断霍比特人具有这样的或那样的属性。

一个三段论有可能违反多条规则，但只要违反了规则，无论多少条，这个三段论就是无效的。我们在介绍直言三段论的标准形式时曾提到，在 256 种可能的三段论形式中，有效的三段论形式并不多。我现在可以告诉你，仅有 15 个三段论形式是有效的。我将所有有效的三段论形式列在下面的"要点荟萃"中。用文恩图的方法检验所有 256 种形式是很麻烦的。然而，在有了三段论规则后，我们就可以简单并且快速地排除那些无效的形式了。你如果有兴趣，可以自己试着做一做。这么做是快乐并且有益的，如此一来，你便可以快速穷尽所有可能的有效的三段论了。

要点荟萃：仅有的 15 种有效的直言三段论的形式

AAA-1	EAE-1	IAI-3	OAO-3
AEE-2	EAE-2	IAI-4	
AEE-4	EIO-1		
AII-1	EIO-2		
AII-3	EIO-3		
AOO-2	EIO-4		

练习 4.5 用规则法检验论证的有效性

把下列论证改写为标准形式，并且识别出周延的词项，然后用规则法检验这些论证的有效性。对无效的论证，请说明其违反了哪些规则。

1. 所有 A 都是 B。所有 A 都是 C。因此，所有 B 都是 C。

2. 有些 A 不是 C。有些 C 不是 B。因此，有些 A 不是 B。

3. 没有 B 是 C。所有 A 都是 B。因此，有些 C 不是 A。

4. 所有 B 都是 C。没有 A 是 C。因此，没有 B 是 A。

5. 有些 A 是 C。所有 B 都是 C。因此，有些 A 是 B。

6. 所有 A 都是 C。所有 B 都是 C。因此，有些 A 是 B。

7. 所有 C 都是 B。有些 A 是 C。因此，没有 A 是 B。

8. 所有 C 都是 A。所有 B 都是 A。因此，有些 C 不是 B。

4.7 本章小结

我们来总结一下本章所学的内容。

词项逻辑的要点

- 直言命题有四种类型：A、E、I、O。

- 文恩图展示了对象集之间的所有可能性。

- 熟悉每一种直言命题类型的文恩图画法。

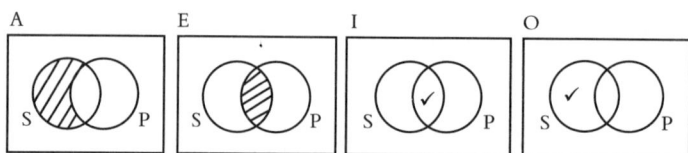

- 理解不同标记的含义：阴影、√、？、小写字母、哪个论域代表对象的何种属性。

- 知道如何运用文恩图检验直言三段论的有效性。

- 识别结论和前提。

- 将句子翻译成标准的直言命题。

- 识别小项、大项和中项。

- 按照顺序整理命题：大前提、小前提、结论。

- 画出前提的文恩图：如果有全称前提，就先画全称前提的文恩图，再画特称前提的文恩图。

- 通过观察结论是否明确地包含在前提中来检验三段论的有效性。

翻译的注意事项

- "只有"：只有 A 是 B= 所有 B 都是 A。

- 否定：所有 A 都不是 B= 没有 A 是 B；没有 A 不是 B= 所有 A 都是 B。

- 否定：并非所有 A 都是 B= 有些 A 不是 B；没有 A 是 B 是假的 = 有些 A 是 B。

- 逻辑学意义上不重要的信息：如"必定是"="是"。

- 单称词项：用小写字母表示，在文恩图中的作用相当于"√"。

- 设定范围：在翻译的过程中可酌情添加合适的范围设定。

文恩图法

- 在方框中画出三个圈，将整个假定的论域划分成 8 个区域。

- 先画出全称前提的文恩图，再画出特称前提的文恩图。

- 注意"√"和"？"。

- 检验论证的有效性——如果结论确实包含在前提中，那么该论证是有效的；否则，是无效的。

规则法

一个三段论是有效的，当且仅当该论证没有违反以下任意一条规则。

规则 1：前提中否定命题的数量必须与结论中否定命题的数量相同。

规则 2：中项必须至少周延一次。

规则 3：在结论中周延的项在前提中也必须周延。

规则 4：两个全称前提不可能得出特称结论。

5

命题逻辑

你将在这一章中学习以下内容

▶ 寻求完整

▶ 真值表和 5 个逻辑联结词

▶ 真值表计算

▶ 日常语言的翻译

▶ 检验论证的有效性

▶ 简短真值表

▶ 自然演绎法

"呵呵，我非常清楚你在想什么，"叮当兄说，"但那不是真的。"

"正好相反，"叮当弟接着说，"如果那是真的，它就可能是真的；如果那曾经是真的，它就曾经是真的；但是，既然现在它不是真的，那么现在它就是假的。这是一个很简单的逻辑问题。"

——刘易斯·卡罗尔，《爱丽丝镜中奇遇记》

5.1 寻求完整

在本章中，我们将介绍一个新的逻辑系统——**命题逻辑**。

我们有时把命题逻辑称为语句演算、命题演算或真值函项逻辑。相较于词项逻辑分析命题的内部结构（主–谓关系），命题逻辑研究的基本单位是命题。命题逻辑并不关注对象集合之间的关系，而是关注命题之间的逻辑关系。因此在本章开篇引用的小说中，刘易斯·卡罗尔戏剧性地称逻辑无非就是否定句、合取句和条件句。

命题是指其内容能够断定为真或者假的陈述。**原子命题**是指能够表达一个完整思想的基本单位。在命题逻辑中，我们通常用斜体小写字母代表原子命题。例如，"雪是白色的""苏格拉底是有智慧的"，等等。原子命题联结起来便构成了**复合命题**。例如，复合命题"雪是白色的并且天是蓝色的"是由原子命题"雪是白色的"和原子命题"天是蓝色的"构成的；类似地，复合命题"如果苏格拉底是有智慧的，那么他应该从监狱中逃走"是由原子命题"苏格拉底是有智慧的"和原子命题"苏格拉底应该从监狱中逃走"构成的。

命题逻辑通常处理如下论证。

例（1）

如果一切进展顺利，那么我很快会加入你们。

一切进展顺利。

因此，我很快会加入你们。

例（2）

要么你接受它，要么你去解决这个问题。

你不接受它。

因此，你去解决这个问题。

命题和句子是不同的。命题是逻辑学中的一个概念，表示的是抽象的实体，其内容可为真或假。然而，句子是语言学中的一个概念。我们曾在第2.3节中讨论过二者的区别，在此仅做简要的复述。

● 不同的句子可以表达相同的命题，如"雪是白色的"和"snow is white"。

● 相同的句子可以表达不同的命题，如指示词、指示代词以及语境敏感型表达式——"I am hungry""it is hot"[①] 等。

● 句子可以是不完整的，如"火！"，但是命题必须能表达完整的、或真或假的思想。

命题逻辑把命题作为研究的基本单位。命题要么为真，要么为假。我们称真或假是一个命题的**真值**。经典逻辑（包括本书中介绍的三个逻辑系统）采用的都是二值原则，即命题只有真和假两种真值。还有一些逻辑系统会采用其他的真值，如直觉主义逻辑中有真值"不确定"的命题，自由逻辑接受"无真值"的情况，模糊逻辑认可不同程度的真值。我们把这些逻辑系统称为**多值逻辑**。

---

① "I am hungry"可以表达"我饿了"，也可以表达"我是渴望的"。"it is hot"可以表达"天气很热"，也可以表达"它（非天气）很热"。——译者注

虽然不同的命题可以表达不同的思想，但是逻辑（无论是否采用二值原则）只研究命题的真值。或者更准确地讲，逻辑只研究命题的各种可能的**真值指派**。真值指派是指为原子命题赋予真值，以及根据构成复合命题的原子命题（支命题）的真值赋予该复合命题一个真值。与推理有关的真值问题都是关于保真性的。某论证是有效的，即在前提为真的情况下，该论证的结论一定为真。命题逻辑便是在考察一个命题（结论）的真值是怎样随着其他命题（前提）的真或假而变化的。

要点荟萃：为什么只关注真值？

这是因为弗雷格的指称思想——现在关于真值的理论最初就是从其中延伸出来的。

我们在第 2.3 节中已经介绍了弗雷格对于涵义和指称的区分。弗雷格提出，名称的指称是其所指涉的对象，命题的指称是其真值。据此观点，所有真命题都具有相同的指称——真。我们认为不同的命题表达了不同的真理，这只是因为不同的命题表达了不同的思想。然而，思想是命题的涵义。因此，诸如"2+5=7""地球绕着太阳转"等命题，虽然表达了不同的思想，但具有相同的真值。这个观点听起来可能有点儿奇怪，但我们可以将抽象的命题简化为少数几个可以运算的值。从此，逻辑摆脱了复杂的高度多样化的意义，成为一种纯粹形式化的事物。

为了展现命题所有可能的真值指派，我们可以画一个**真值表**。真值表是把命题所有可能的真值指派完整地列举出来的表格。其中，完整是有重要意义的，因为只有穷尽了所有可能性才能保证推理的确定性。如果遗漏了某种前提为真而结论为假的可能，我们便有可能对论证的有效性做出误判。而我们都不希望做出这种错误的判断。

5.2 5个逻辑联结词和命题逻辑的语义与句法

因为原子命题要么为真，要么为假，所以任何原子命题 p 的真值表都可以表示如下。

p
T
F

当有多个原子命题时，我们可以预料会有多种不同的真值指派。例如，如果有两个命题，那么可以穷尽所有真值指派的真值表如下所示。

p	q
T	T
T	F
F	T
F	F

上表中每一行都代表一种可能的真值指派。因此，上述真值表表明，对两个命题 p 和 q，可能的真值指派有：p 为真且 q 为真，或者 p 为真且 q 为假，或者 p 为假且 q 为真，或者 p 和 q 都为假。

事实上，命题可能的真值指派的数量是可以用公式 2^n 来计算的，其中 n 是命题涉及的原子命题的个数。因此，当只涉及 1 个原子命题时（$n=1$），一共有 $2^1=2$ 种可能的真值指派；当涉及 2 个原子命题时（$n=2$），一共有 $2^2=4$ 种可能的真值指派；当涉及 3 个原子命题时（$n=3$），一共有 8 种可能的真值指派；当涉及 4 个原子命题时（$n=4$），一共有 16 种可能的真值指派……

我们在前文已经提到，命题逻辑关注的是命题之间的逻辑关系。我们把这种逻辑关系称为真值函项关系。在逻辑学（和数学）中，**函项**[①] 是指从

---

① 数学中通常称为"函数"，这是因为数学的对象常常是数，而逻辑学的对象往往是词项和命题，因而逻辑学中一般称为"函项"。——译者注

某一对象映射到另一对象上的运算。例如，我们对正整数集运用函项（函数）"×2"，将会得到如下集合。

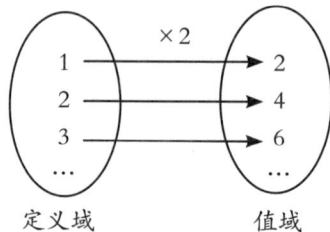

真值函项是对象按照其真值进行映射的函项。换言之，值域中的对象是由定义域中对象的真值及其函项来确定的。因此，真值函项关系表现为复合命题的真值完全由其支命题的真值来确定。

需要说明的是，命题之间的关系不都是真值函项关系。我们可以思考以下两个日常生活中的例子。

例（3）今天是晴天并且很暖和。

例（4）玛丽因为吸烟而患有癌症。

"今天是晴天并且很暖和"是用词项"并且"将两个原子命题"今天是晴天"和"今天很暖和"联结起来而构成的复合命题。我们把这样构成的复合命题称为合取（式）。仅当今天的天气是晴天并且很暖和时，"今天是晴天并且很暖和"为真。如果今天的天气不暖和，或者今天不是晴天，或者今天既不是晴天也不暖和，那么例（3）都不为真。因此，例（3）中复合命题的真值完全由其支命题的真值确定。因而，合取关系是真值函项关系。

作为对照，我们再看例（4）中的因果关系。玛丽虽然患有癌症而且吸烟，但有可能不是因为吸烟才患上癌症的。诱发癌症的原因有很多，如放射性物质辐射或遗传等。科学家目前无法彻底讲清楚癌症的发病机制。即使从统计数据上看，许多吸烟者都患有癌症，但也有一些吸烟者从未患过癌症。由此可见，例（4）中复合命题的真值不是完全由其支命题确定的。因此，因果关系不是真值函项关系。

逻辑学家给出了 5 种常见的真值函项关系，并分别用 5 个不同的符号来代表相应的逻辑联结词。不过，由于习惯不同，不同的人可能使用不同的符号集，但只要符号集的用法是一致的，对逻辑来说就没有什么影响。因为真值函项关系中的每个对真值指派所做的运算都是由真值表定义的，与用哪个符号无关。

在下文中，我们将先分别画出各真值函项关系对应的真值表，再从日常语言中找出可以指示这些关系的词或词组。

要点荟萃：有多少种基本真值函项关系？

这个问题讨论的是，命题逻辑中有多少种真值函项关系是必要的和基本的。本书中将介绍 5 个联结词。其中，等值可以用实质蕴涵的合取来表达，而实质蕴涵可以用否定和析取来表达。因此，有人认为，这些联结词中至少有一部分在逻辑系统中是不必要的。

逻辑学家甚至人为地创造了一种被称为谢费尔竖线的关系，用符号"|"或"↑"表示。谢费尔竖线代表了合取的否定。否定、析取、合取、蕴涵和等值都可以用谢费尔竖线来表达（见"要点荟萃：5 个真值函项联结词"）。因此，一个二值逻辑系统可以只有一个必要的符号！类似地，皮尔士箭头也是一个真值函项完全联结词。我们通常用"⊥"或"↓"表示皮尔士箭头。因此，5 个常见的联结词也都可以用皮尔士箭头表达。

谢费尔竖线和皮尔士箭头都是人为创造的，因而看起来非常简洁。然而，简洁对我们讨论日常推理来说似乎并不重要。有多少种基本真值函项关系，其答案也许只是出于实用主义的考虑，即我们之所以采用这几个联结词，不是因为这些联结词相对于其他逻辑关系是不可简化的，而是因为这些联结词在日常语言中更常用。

否定（¬，~）

否定（式）是对原命题的矛盾表述。如果原命题为真，那么它的矛盾命题就为假；如果原命题为假，那么它的矛盾命题就为真。因为命题只可能为真或为假，所以两种情况便可以穷尽矛盾命题的所有可能性。因此，否定的真值表如下所示。

p	$¬\ p$
T	F
F	T

简单来说，否定的规则可以总结如下。

一个命题和该命题的**否定**不能同时为真或同时为假。

日常语言中通常使用"不""并非""事实并非如此""这是错的"等词（词组）来指示否定。例如，例（5）的否定是例（5'），并且有多种不同的表达方式。

例（5）雪是白色的。

例（5'）

雪不是白色的。

雪是白色的，但事实并非如此。

雪是白色的，但这是错的。

并非雪是白色的。

否定看起来可能并不像是一种关系，尤其是在句子中仅仅多了一个"不"字时。然而，否定确实是一种关系。因为"不"字的作用是给出一个与原命题相矛盾的命题。因此，增加的词（词组）是在句子层面进行的运算，即从一个命题得出这个命题的矛盾命题。其实，我们可以从"事实并非如此"这一类表述中更清楚地看出否定是一种关系。

合取（&，∧，·）

合取（式）是一种将两个支命题结合在一起的关系。其中，每一个支命题都被称为合取支。合取为真，当且仅当它的合取支都为真。因为合取总是要结合两个合取支，所以一个合取一定会涉及两个支命题。因此，合取的真值表必须要有 $2^2=4$ 行可能的真值指派。合取的真值表如下所示。

p	q	$p \& q$
T	T	T
T	F	F
F	T	F
F	F	F

合取的规则可以总结如下。

一个**合取**为真，当且仅当它的两个支命题（合取支）都为真。

在自然语言中，合取的常见指示词有"和""也""既……又……""而且"和"并且"等。有趣的是，"但是""然而""虽然""尽管"等词也都指示合取。含有这些词的句子虽然大多会涉及对比，但其所含命题的真值却是仅当所有支命题都为真时才为真。因此，在逻辑中，语言表达的语气和习惯用法并不重要。以下都是合取的例子。

例（6） 大卫和帕特里克都在努力工作。

例（7） 为了完成这门课程，你既需要完成所有的作业，又需要通过考试。

例（8） 时间终将逝去，但是我们的爱永无止境。

例（9） 即使每个人都很弱小，团结在一起也会变得强大。

在例（6）中，"和"字表面上仅连接了两个名字，但实际连接的却是两个命题，即"大卫在努力工作"和"帕特里克在努力工作"。因此，"和"对句子起合取作用。例（7）、例（8）和例（9）也都是仅当所有支命题都为真时才为真。因此，无论例（7）、例（8）和例（9）中使用的连接词是什么，这三个例子都是合取。

析取（∨）

析取（式）为真的条件是，有一个支命题为真。析取的支命题被称为析取支。在日常语言中通常用"或""要么……要么……"等词指示析取。以下便是一个析取的例子。

例（10）　欢迎教职工或学生参加联欢会。

虽然"或"似乎只用在了主语中，但实际上例（10）是由两个简单句构成的。因此，例（10）等值于例（10'）。

例（10'）　欢迎教职工参加联欢会或欢迎学生参加联欢会。

如果例（10）为真，则参加联欢会的人必须是学生或者教职工。不过，一个人只需要符合两个条件中的任何一个便可以参加联欢会。这就是说，只要有一个析取支为真便足以使整个命题为真了。

如果两个析取支都为真，那么析取为真吗？这个问题的答案在直觉上是肯定的，事实上也是肯定的。如果一个人既是教职工又是学生（比如，一名教职工在他工作的学校修读了非全日制课程，或者一名学生在学校内做了兼职工作），那么他当然可以参加联欢会。事实上，他有双重资格参加联欢会。这个例子说明为什么一般而言在两个析取支都为真时析取也为真。于是，析取的真值表如下所示。

p	q	$p \vee q$
T	T	T
T	F	T
F	T	T
F	F	F

析取的规则可以总结如下。

一个**析取**为假，当且仅当它的两个支命题（析取支）都为假。

然而，你可能有疑问，"或"在日常语言中的用法有时并不像以上说的那样，而是表明恰好有一种情况为真，即当两个析取支都为真时，人们并不认为整个析取也为真。因此，上述所示的析取真值表的第 1 行是错误的。我们来看以下例子。

例（11） 发表或走人！

例（12） 生存或死亡，这是一个问题。

例（13） 把钱交出来，或被我杀掉。

在上述三个例子中，我们可以看到逻辑语言和日常语言是有区别的。"或"在日常语言中会产生歧义：有时指示一种可以相容的"或"关系，如例（10）；有时指示一种不可以相容的"或"关系，如例（11）～例（13）。相容的"或"关系在日常语言中被广泛使用，并且在逻辑上也更简单。因此，在逻辑学中提到析取时默认指的是相容的"或"。不相容的"或"其实可以用相容的"或"来定义——不相容的"或"等于相容的"或"加上两个析取支不可能都为真。我们用符号 ⊕ 代表不相容的"或"，⊕ 可以用如下方式定义。

$p \oplus q =_{df} (p \lor q)\ \&\ \lnot(p\ \&\ q)$

其中，$\lnot(p\ \&\ q)$ 表示"p 和 q 不可能都为真"。括号表示应当先做 p 和 q 的合取运算，再对 p 合取 q 的结果做否定运算。这个定义确保了可以从 $p \lor q$ 的关系中排除 p 和 q 都为真的情况。不相容的"或"的真值表及其计算过程如下所示。

p	q	$p \lor q$	$p\ \&\ q$	$\lnot$	$(p\ \&\ q)$	$(p \lor q)$	$\&$ $\lnot$	$(p\ \&\ q)$
T	T	T	T	F	T	T	F	F
T	F	T	F	T	F	T	T	T
F	T	T	F	T	F	T	T	T
F	F	F	F	T	F	F	F	T

或者简化为如下形式。

p	q	$p \oplus q$
T	T	F
T	F	T
F	T	T
F	F	F

这正是我们想要的结果。你如果暂时没有理解上述真值表是怎么得出来的也不必担心，我们很快便会讨论如何用原子命题的真值来计算复合命题的真值了。

上述对"或"的讨论表明，逻辑符号的意义比自然语言的更加精确，因为自然语言常常会产生歧义。也正因如此，我们做不到把逻辑关系和自然语言精确地对应起来。我们把自然语言翻译成逻辑符号，主要是为了反映我们所需要的逻辑关系。

实质蕴涵（→，⊃）

我们通常把实质蕴涵（简称蕴涵）理解成一个条件句，它的指示词是"如果……那么……"。我们称跟随"如果"的子句为前件，称另一个子句或跟随"那么"的子句为后件。注意，在日常语言的表述中，"如果"不一定放在句子开头，"那么"一词有时会省略不说。因此，前件和后件的确定并不受句子结构的限制。即使"如果"引导的子句在整个句子的最后，该子句仍然是前件。

例（14） 如果下雨，那么地面会湿。

例（14'） 地面会湿，如果下雨的话。

例（15） 如果地面湿了，那么下雨了。

上述命题都是实质蕴涵的例子。虽然例（14）和例（14'）中"如果"的位置不同，但二者是等值的。如果我们用 p 代表"下雨"、用 q 代表"地面湿"，那么这两个句子的逻辑结构都是 $p \to q$，读作 p 蕴涵 q。然而，例（15）的逻辑结构是完全不同的，它的前件是"地面湿"，后件是"下雨"。因此，例（15）的逻辑结构是 $q \to p$，读作 q 蕴涵 p。$p \to q$ 和 $q \to p$ 是不同的，因为二者的真值表不同（见"要点荟萃"）。也就是说，即使 p 和 q 有相同的真值，$p \to q$ 和 $q \to p$ 的真值也可能是不同的。在直觉上，例（14）为真，但例（15）为假。因为虽然地面是湿的，但可能并没有下雨。例如，有人不小心把水洒在了地面上，或者有人刚好在那里洗车，所以即使没有下雨，地面也可能是湿的。

若 $p*q$ 等值于 $q*p$，其中 * 代表任何真值函项联结词，那么我们称 * 是对称关系。一个关系若不是对称的，则被称为非对称关系。有一些真值函项关系是对称的，如 $p \& q$ 等值于 $q \& p$，$p \lor q$ 等值于 $q \lor p$。然而，实质蕴涵关系不是对称关系。因此，我们用单向箭头来表示这种具有方向性的关系。

实质蕴涵（$p \rightarrow q$）的真值表如下所示。

p	q	$p \rightarrow q$
T	T	T
T	F	F
F	T	T
F	F	T

实质蕴涵的规则是只有一种情况使其为假——

一个**实质蕴涵**为假，当且仅当其前件为真，但后件为假。

$p \rightarrow q$ 的真值表的前两行是很容易理解的。当下雨且地面湿时，"如果下雨，那么地面会湿"的关系明显是成立的。当下雨但地面没湿时，"如果下雨，那么地面会湿"的关系明显是不成立的。可是，真值表的后两行就有些令人费解了。逻辑学家认为，当前件为假时，任何事情都是可能发生的，所以无论后件是什么，蕴涵（式）都为真。因此，当 p 为假时，无论 q 为真还是为假，$p \rightarrow q$ 都为真。这种说法虽然有些令人困惑，但其实是可以讲得通的。我来具体解释一下，请思考以下两个例子。

例（16）　如果 2>3，那么 $2^2>3^2$。

例（17）　如果你乖乖听话，那么我会给你糖吃。

例（16）是一个反事实条件句 [①]：实际上 2>3 为假，并且 $2^2>3^2$（4>9）也为假。然而，如果 2>3 为真，那么 $2^2>3^2$ 也可以为真。这是因为，一般来讲，正整数做平方运算会得到一个更大的正整数，所以给定一个正整数大于另一个正整数，对两个正整数分别做平方运算之后只会使两数之差变

---

① 反事实条件句，是指前件因与事实相悖而为假的条件句。——译者注

要点荟萃： $p \rightarrow q$ 和 $q \rightarrow p$

$p \rightarrow q$ 的真值表如下所示。

p	q	$p \rightarrow q$
T	T	T
T	F	F
F	T	T
F	F	T

$q \rightarrow p$ 的真值表如下所示。

p	q	$q \rightarrow p$
T	T	T
T	F	T
F	T	F
F	F	T

上述两个真值表中有两组真值指派是不同的，即两个表的第 2 行和第 3 行。这意味着什么呢？我们不妨以第 2 行为例。当 p 为真且 q 为假时，$p \rightarrow q$ 为假，而 $q \rightarrow p$ 为真。在 $p \rightarrow q$ 中，第 2 行表示某个真命题（p）蕴涵某个假命题（q），根据实质蕴涵的规则，$p \rightarrow q$ 为假。然而，在 $q \rightarrow p$ 中，第 2 行表示某个假命题（q）蕴涵某个真命题（p），根据实质蕴涵的规则，任何具有假前件的实质蕴涵都为真。因此，我们最终得到了不同的真值。两个真值表的第 3 行也是类似的情况。如果两个命题的真值表中有任何真值指派是不同的，那么这两个命题就是不同的。因此，$p \rightarrow q$ 和 $q \rightarrow p$ 是不同的。

得更大。[①] 因此，例（16）中的关系是成立的。

[①] 正整数中只有 1 的平方与自身相等，其他正整数的平方都大于自身。设 a 和 b 是两个正整数且 a>b，则 a^2-b^2 显然大于 a-b，因为 $a^2-b^2=(a+b)(a-b) \geqslant 2(a-b)>a-b$。——译者注

例（17）是一个承诺。假设例（17）是汤姆的妈妈说给汤姆听的。有一种情况是，汤姆很听话并且妈妈给了汤姆一块糖，那么妈妈履行了承诺，并且条件句"如果汤姆乖乖听话，那么妈妈会给他糖吃"为真。相反，如果汤姆很听话但妈妈没有给他糖吃，那么妈妈违背了承诺，并且条件句"如果汤姆乖乖听话，那么妈妈会给他糖吃"为假。然而，当汤姆不听话时，妈妈即使不给汤姆糖吃也没有违背承诺。虽然承诺的前件没能得到满足，但承诺是始终如一的。最后，如果汤姆不听话但妈妈还是给了他一块糖，那么妈妈仍然没有违背承诺。因为妈妈从来没有说过乖乖听话是有糖吃的唯一条件，还可以出于其他原因给汤姆糖吃。换句话说，承诺的效力仅仅是保证在前件实现的条件下，妈妈要做什么；若是前件没有实现，那么妈妈做任何事情都不会违背承诺。逻辑学家正是出于这种考虑才会规定：当前件为假时，实质蕴涵总为真。

逻辑学家的规定确实容易令人困惑。因为我们通常考虑的蕴涵都是事物之间的蕴涵，而不是真值函项之间的蕴涵。事物之间的蕴涵关系比真值函项的更加丰富。例如，我们常常把前件看作对后件的解释，或者把蕴涵看作因果关系，所以我们很难理解要怎样用一件实际上没有发生的事情去解释另一件事情。同样，我们也很难设想在一个因果关系中居然没有原因，毕竟原因必须要在结果之前出现。这么看来，我们对实质蕴涵的困惑其实源于真值函项之间的关系不同于事物之间的关系。

核心概念：原因和解释

原因和解释有关系，但不完全相同。因果解释是一种解释类型，但解释不一定都有因果关系。

例如，我们会把目的论的解释看作一种解释，但它并非总在说明原因。目的论是关于意图或作用的，或者主体的目标是什么。例如，我可能为了毕业而学习。其中，毕业是我的行为的意图或目标，同时也是驱使我做出这些行为的原因。因此，对人类这种自主的主体而言，目标可以是行为的动机或原因。

然而，我们说"心脏的功能是输送血液"时，并没有解释心脏为什么可以输送血液。如果我们对心脏说"输送血液，否则你便不能实现你的目的"，心脏是不会开始输送血液的！反而，完整的肌肉收缩、放松及协调的机制才是心脏可以输送血液的原因。另一个例子是：长颈鹿不会因为想要伸长脖子就能长出更长的脖子，只不过脖子更长的长颈鹿在生存中占据优势，因而活得时间更久，于是这些长颈鹿的后代便有了更长的脖子。因此，进化论是通过因果机制来解释的，而不是通过目的论来解释的。

为了消除蕴涵给我们带来的困惑，我们需要注意的问题是，实质蕴涵不是解释也不是因果关系。实质蕴涵虽然可以表示时间顺序或一般性解释，但并不必然表示这些内容。条件句不一定非要表达什么实质性的内容或解释什么实际发生的事情。当前件是假命题时，条件句仅有无意义的真。我们来思考以下几个例子。

例（18）　如果我们不节约能源，那么所有化石燃料将在 100 年内被耗尽。

例（19）　如果墙上有许多小洞，那么墙内有白蚁。

例（20）　如果你通过了考试，那么我请你吃饭。

我们可以说下雨是地面湿的原因，却不能说不节约能源是在 100 年内耗尽所有化石燃料的原因，至少不能说是全部原因。其他因素或条件对后件的成立也是必要的。例如，化石燃料的供给有限、缺少其他替代能源、能源的加速消耗等。前件也许是导致后件的一个因素，但只有前件是不够的，所以即使例（18）为真，我们也不能说前件是后件的因果解释。

在例（19）中，墙上有许多小洞根本就不是墙内有白蚁的原因。恰恰相反，墙上的小洞是墙内有白蚁的结果，这些小洞暗示了白蚁的存在。因此，例（19）的后件是前件的原因，而不能反过来。

例（20）根本就不是因果关系。例（20）是一个邀请，我可以出于某种原因选择接受或不接受这个邀请。如果我选择按我说的去做，那也是出于自由意志，而不代表我在胡乱行事。我做出的选择都是有理由的，但理由和原因是不一样的。因此，例（20）表明，实质蕴涵可能并不表示任何因果关系。

一般来讲，因果关系是一个丰富的概念，比真值函项关系要复杂得多。大量条件句在可归结为因果关系之前便需要确保自身成立。至少在常识上，原因一定发生在结果之前。原因对结果而言是必要的，即如果没有原因，就不会出现结果。

相对地，实质蕴涵仅仅表明前件的存在足以使后件也存在。在逻辑学中，前件是后件的**充分条件**。p 蕴涵 q 为真，意味着当 p 存在时，q 一定存在；或者，当 p 存在时，q 不可能不存在。

我们以例（21）为例。假设你买了一张票后，便可以进入剧场看演出，那么买票是看演出的充分条件。

例（21） 如果你买了票，那么你可以看演出。

相反，缺少 p 伴随着 q 的缺失，即当 p 不存在时，q 也一定不存在。此时，我们称 p 是 q 的**必要条件**。我们仍以例（21）为例。买票是进入剧场看演出的充分条件，但不是看演出的必要条件。有些人看演出可能不需要买票，如受邀请的贵宾；有些人可能根本就不需要票，如持有工作证的工作人员。然而，身体健康是看演出的必要条件。例如，一个人如果生病了，那么就不能去看演出了。因此，例（22）表明身体健康是看演出的必要条件。

例（22） 一个人如果身体不好，那么不能去看演出。

例（22'） 一个人只有身体健康，才能去看演出。

我们有时会用"只有"指示必要条件。例（22'）和例（22）表达了相同的逻辑关系。

例（23） 成为会员对享受俱乐部的会员权益是必要的。

例（23'） 一个人如果不是会员，那么不能享受俱乐部的会员权益。

假设一家俱乐部只服务它的会员。于是，成为会员就是享受俱乐部会员权益的必要条件。然而，成为会员不是享受俱乐部会员权益的充分条件，因为一个人可以支付了会员费，却从来不到俱乐部享受会员权益。

p 是 q 的充分条件和"如果 p，那么 q"是相同的，用 $p \to q$ 表示。

p 是 q 的必要条件和"如果非 p，那么非 q"是相同的，用 $\neg p \to \neg q$ 或 $q \to p$ 表示。我们可以用真值表证明 $\neg p \to \neg q$ 和 $q \to p$ 是相同的。

p	q	$q \to p$	$\neg p$	$\neg q$	$\neg p \to \neg q$
T	T	T	F	F	T
T	F	T	F	T	T
F	T	F	T	F	F
F	F	T	T	T	T

$q \to p$ 的真值表和 $\neg p \to \neg q$ 的真值表是完全相同的。

同时，我们应该注意到，虽然 p 是 q 的充分条件，但这并不意味着 p

是 q 的必要条件。事实上，如果 p 是 q 的充分条件，那么 q 是 p 的必要条件。例如，因为下雨是地面湿的充分条件，如果地面不湿，那么我们可以推知一定没有下雨，因此地面湿是下雨的必要条件。也许你会质疑，当地面被遮阳棚遮住时，下雨了但地面是干的。然而，在这种情况下，"下雨是地面湿的充分条件"这句话就为假了。

相反地，如果 p 是 q 的必要条件，那么 q 是 p 的充分条件。我们仍以例（23）为例。假设成为会员是享受俱乐部会员权益的必要条件，如果一个人享受了俱乐部的会员权益，那么这个人一定是会员。这似乎是非常直观的。不过，我们要注意，成为会员虽然是享受俱乐部会员权益的必要条件，但不是享受俱乐部会员权益的充分条件。某个会员可能因为工作忙而从没到俱乐部享受过他的会员权益。

以上，我们说明的是一对非常重要的概念：必要条件和充分条件，以及二者与实质蕴涵的关系。这对概念可能不好把握，不过只要掌握了，就对我们正确地识别自然语言中句子的逻辑关系非常有帮助。

最后，我们还要讨论一个和条件句有关的问题。实质蕴涵是条件句，但并非所有条件句都是实质蕴涵。自然语言中其实有很多种不同类型的条件句。例如，英语中至少存在两种类型的条件句：直陈式条件句和虚拟式条件句。二者对比如下。

例（24） If I did not smoke, I would not speak to you.（我如果不吸烟，那么不会和你说话。）

例（25） If I hadn't smoked, I wouldn't have spoken to you.（我如果没有吸过烟，就不会和你说话了。）

假设我只在吸烟后和别人说话，那么我不吸烟将意味着我不和任何人说话。然而，我在吸烟后完全有可能和某个人说话。因此，例（24）是一个直陈式条件句，翻译成实质蕴涵是没有问题的。例（25）就没有这么简单了。事实上，例（25）是尤·伯连纳说过的一句话。伯连纳是一个演员，他因为吸烟过多而死于肺癌，他生前录制了一则公益广告，并且希望在死后广告可用于禁烟运动。这句话表述了一个反事实的情境：伯连纳确实吸烟并且死于吸烟；然而，鉴于这一事实，如果他没有吸烟，那么会发生什么呢。因为例（25）的前件为假，所以例（25）是一个虚拟式条件句。

以下是更多直陈式条件句和虚拟式条件句的对比。

例（26） If Oswald did not shoot Kennedy, then someone else did. （如果奥斯瓦尔德没有射杀肯尼迪，那么其他人将会射杀肯尼迪。）

例（27） If Oswald had not shot Kennedy, then someone else would have. （即使奥斯瓦尔德没有射杀肯尼迪，其他人也会射杀肯尼迪。）

事实上，奥斯瓦尔德射杀了肯尼迪。假设有多个人都被派去射杀肯尼迪，例（26）所说的这种情况便有可能为真。如果奥斯瓦尔德没有开枪，那么这个事件的后续将充满各种可能性。因此，条件句的真值取决于其前件和后件的真值。然而，例（27）承认了奥斯瓦尔德开了枪这个事实。假设奥斯瓦尔德和另一个刺客都开了枪，但奥斯瓦尔德射出的子弹比另一个刺客的早一点儿击中肯尼迪。因此，在反事实的情境中，即使奥斯瓦尔德没有开枪，肯尼迪仍然会死，因为另一个刺客的子弹会击中肯尼迪。

例（28） If it is sunny, Johnny will go out. （如果天气晴朗，那么约翰尼会出门。）

例（29） If it were sunny, Johnny would have gone out. （如果天气晴朗，约翰尼早就出门了。）

一个条件句是直陈式还是虚拟式（反事实），通常由其时态来表示。虚拟式条件句最常见的标志是用完成时代替一般过去时，如例（24）～例（27）；或用过去时代替现在时，如例（28）～例（29）。

虚拟式条件句的逻辑结构比实质蕴涵的更令人困惑。例（30）和例（31）都是虚拟式条件句，即二者的前件都为假。然而，从直觉上讲，例（30）为假，因为中国不在非洲，所以约翰即使在中国，也不在非洲。可是，例（31）似乎为真，因为中国的确在亚洲。

例（30）　如果约翰在中国，那么他是在非洲。(If John were in China, he would be in Africa.)

例（31）　如果约翰在中国，那么他是在亚洲。(If John were in China, he would be in Asia.)

等值（↔，≡）

本书介绍的最后一个真值函项联结词是等值，其真值表如下所示。

p	q	$p \equiv q$
T	T	T
T	F	F
F	T	F
F	F	T

等值的规则可以总结如下。

如果两个命题始终具有相同的真值，那么这两个命题**等值**。

我们可以用符号"≡"表示等值，以象征更强的相等。在日常语言中，人们常常把"当且仅当"翻译为等值。"当且仅当"表明等值是一个双条件关系。因此，我们也可以用双箭头符号"↔"表示等值，以暗示双条件的特性。[①]

思考以下例子。

---

① 原书中符号"≡"和"↔"有混用现象。本书将在不产生歧义的情况下统一使用符号"≡"代表等值。——译者注

例（32） 一个人可以投票，当且仅当这个人年满18周岁。

例（32）的意思是，如果一个人可以投票，那么这个人年满18周岁了。此外，一个人可以投票，也仅要求这个人年满18周岁。因此，年满18周岁既是可以投票的必要条件，又是可以投票的充分条件。我们可以从字面上将等值（式）分析为两个条件句的合取。

例（32'） 如果一个人年满18周岁，那么他可以投票。

例（32''） 只有一个人年满18周岁，他才可以投票。

例（32'）表示，年满18周岁是可以投票的充分条件。这一点确保了人们不会受社会地位或经济条件等其他因素的影响而失去投票权。例（32''）表示，年满18周岁对可以投票而言是必要的。这一点则从投票人中排除了所有未达到年龄的人。因此，例（32'）和例（32''）是不同的。不过，例（32''）和例（32'''）是相同的。

例（32'''）如果一个人可以投票，那么这个人年满18周岁了。

因为等值表示一个双条件关系，所以我们可以把等值写成如下形式。
$p \equiv q$ （$p \leftrightarrow q$）等值于 [（$p \rightarrow q$） & （$q \rightarrow p$）]

我们在日常生活中很少用到等值，但哲学家在定义或分析一个概念时偏爱使用等值。例如，我们对知识的一种传统理解是，知识是被确证了的真实信念。对于这种理解，我们可以按如下方式构造一个形式化的公式，其中 S 代表主体，p 代表命题。

例（33） 主体 S 知道命题 p，当且仅当满足以下条件时：①S 相信 p 为真，②p 为真，③S 有理由相信 p 为真。

例（33）的公式就用到了等值联结词。当然，这个公式是否正确是另一个问题。事实上，埃德蒙·盖梯尔就质疑过这个公式的正确性，并引发了广泛的讨论。

标点——括号的使用

我们在第 4 章的开篇便提到，一个逻辑系统就像一种语言一样，包括三个要素：句法、语义，以及如何使用语言规则，即推理规则。我们现在已经知道了命题逻辑的基本构成要素，即原子命题和 5 个由真值表定义的逻辑联结词。为了在逻辑系统中构造出有意义的句子（逻辑学术语是合式公式[①]），我们还需要了解一些关于标点的规则。

括号是命题逻辑中的标点。我们用括号来表明运算的顺序，即先做哪个运算和命题在哪个运算的辖域内。按照正确的顺序进行运算是非常重要的，因为放错了括号可能得到完全不同的真值。这与算术的运算是相似的。例如，$(1+2)\times3=9$ 和 $1+(2\times3)=7$ 是不同的；类似地，$\lnot(p\&q)$ 和 $\lnot p\&q$ 也是不同的。对 $\lnot(p\&q)$ 而言，要先对 p 和 q 做合取运算，再对其结果进行否定，否定符号对 p 和 q 都有影响。对 $\lnot p\&q$ 而言，否定符号只应用于 p：先对 p 进行否定，否定的结果再与 q 做合取运算。

一般来说，如果一个否定符号应用于一个原子命题，那么是不需要加括号的。我们总是首先计算不加括号的否定。然后，我们按照 ( )、[ ] 和 { } 的顺序依次进行相应的运算：最先做的是 ( ) 内的运算，其次是 [ ] 内的，最后是 { } 内的，等等。[②]

现在，我们将命题逻辑的语义和句法总结如下。

[①] 有些学者也称其为"完构式"，"合式公式"通常简称"公式"。——译者注
[②] 有些时候用到的括号比较多，在这种情况下通常只使用 ( ) 而不用 [ ] 和 { }。运算顺序是先计算最内层的 ( )，然后由内向外按 ( ) 依次进行运算。——译者注

语义

- 小写字母（斜体印刷）a、b、c、d 等分别代表单独的原子命题。

- 真值函项联结词 ¬、∨、&、→、≡ 分别代表原子命题间的关系，每个联结词的意义都由其真值表定义。

- 括号 ( )、[ ]、{ } 表明运算的顺序。

联结词	日常语言	符号	逻辑特征
否定	不	¬	真值相反
合取	和	&	同真才真
析取	或	∨	同假才假
实质蕴涵	如果……那么……	→	前件真且后件假才假
等值	……当且仅当……	≡	真值相同时才真

每一个联结词的真值表如下所示。

否定

p	¬ p
T	F
F	T

合取

p	q	p & q
T	T	T
T	F	F
F	T	F
F	F	F

析取

p	q	p ∨ q
T	T	T
T	F	T
F	T	T
F	F	F

实质蕴涵

p	q	p → q
T	T	T
T	F	F
F	T	T
F	F	T

等值

p	q	p ≡ q
T	T	T
T	F	F
F	T	F
F	F	T

句法

一个表达式是合式公式，当且仅当该公式具有如下形式：

a；

$\neg a$；

$a*b$，其中，* 代表任意一个真值函项联结词。

严格来讲，否定可以看作 $a*b$ 的一种特殊情况：a 是缺失的，b 由一个否定函项联结。因此，也可以说，合式公式只有两种形式：a、$a*b$。

标点：首先进行没有括号的否定运算，然后依次按照（ ）、[ ]、{ } 的顺序进行运算。

推理规则

我们可以用构造真值表的方法来检验论证的有效性。真值表详尽地表明了论证中涉及的各命题所有可能的真值指派。因为真值表是穷尽所有可能的真值指派的，所以真值表可以作为检验论证有效性的一种方法。

我们在本章中将介绍两种使用真值表检验论证有效性的方法，一种是使用涉及所有真值指派的完整真值表（参看第 5.5 节），另一种是使用简短真值表（参看第 5.6 节）。

和词项逻辑一样，命题逻辑也有一种规则法的模型，我们可以应用规则一步一步地演绎出有效的推理（参看第 5.8 节）。我们称这种方法为自然演绎法。一些人可能更喜欢这种方法，因为自然演绎法在某些方面似乎更接近人实际思考的过程。不过，完整的真值表是以穷尽的、机械的和确定的方法得到结果的。因此，我们首先要掌握真值表法。

5.3 真值表计算

在介绍了命题逻辑的基本构成要素以后，我们可以系统地说明如何由原子命题的真值来计算复合命题的真值了。我们在介绍不相容的"或"和等值时其实已经做了一些计算，之前采用的计算原则在后续计算中都适用。

构造真值表的步骤

（a）确定真值表应该有多少行。（答案是 2^n 行，其中 n 是涉及的原子命题的个数。）

（b）在表格的左侧写出原子命题的所有可能的真值指派。

（c）从最基础的运算开始，按照顺序（注意括号）依次计算出每一个运算的真值。

复合命题的真值表所需要的行数与其涉及的原子命题的个数有关。因为每一个原子命题都有两个可能的真值——真或假，所以一个复合命题有 2^n 种可能的真值指派，其中 n 是该复合命题涉及的原子命题的个数。

为了方便说明，我们来计算下列复合命题的真值表。

例（34） $p \,\&\, \neg q$

例（34）涉及两个原子命题 p 和 q，所以它的真值表需要 $2^2=4$ 行来穷尽所有可能的真值指派。因此，我们先画一个 4 行的表格（不含标题行），并且从标题行的左侧开始依次写下每一个原子命题，随后写下复合命题。

p	q	$p \,\&\, \neg\, q$

其次，我们在左侧列举出原子命题的所有可能的真值指派。我们在列举时应当具有系统性，这样才不会遗漏任何一种可能性。因为每一个命题都只有两种真值，所以我们可以养成一个习惯：把每一个原子命题的行数分成两半，即若有两个原子命题，我们首先在第一个原子命题下的前两行中写入 T，后两行中写入 F，然后在第二个原子命题下交替写入 T 和 F；若有三个原子命题，我们首先在第一个原子命题下写入 4 个 T 和 4 个 F，然后在第二个原子命题下交替写入 2 个 T 和 2 个 F，最后在第三个原子命题下交替写入 T 和 F；以此类推。于是，例（34）的真值表变为如下形式。

p	q	p & $\neg$ q
T	T	
T	F	
F	T	
F	F	

左侧两列列举的是每一行的真值指派的条件，不是复合命题的真值。我们可以横着读真值表的每一行：如果 p 是 T 且 q 是 T，那么 p&$\neg q$ 是……；如果 p 是 T 且 q 是 F，那么 p & $\neg q$ 是……；以此类推。

p & $\neg q$ 涉及否定和合取两个运算，那么应当先做哪一个运算呢？我们从前文对标点的讨论中可以知道，应用在原子命题上的否定具有最高的优先级。因此，若要计算 p & $\neg q$ 的真值，我们需要先计算 $\neg q$，再计算 p 与 $\neg q$ 的合取。

在具体计算时，有两种做法：增加一列 $\neg q$，或者直接在 p & $\neg q$ 下做计算。如果采用前一种做法，我们需要注意，增加的这一列是只出于计算方便而写下的中间步骤，不能将其与论证中给定的前提相混淆。当我们用真值表检验论证的有效性时，每一列都代表了论证中的一个前提或结论。因此，为了使表格简洁明了，我们直接在 p & $\neg q$ 这一列做计算。

常见的写法是，把每一步计算得出的真值直接写在对应的运算符号下面（不是代表命题的符号下面）。注意，在计算时千万不要弄乱了位置。我们应该在计算前把左侧原子命题的真值抄写到复合命题中相应的原子命题下面。

抄写 q 的真值并计算 $\neg q$。我们将会得到如下所示的真值表。

p	q	p & $\neg$ q
T	T	F T
T	F	T F
F	T	F T
F	F	T F

然后，我们再计算 p 与 $\neg q$ 的合取，在计算之前先把左侧 p 的真值抄写到复合命题中相应的原子命题下面。

p	q	p & $\neg$ q
T	T	T F T
T	F	T T F
F	T	F F T
F	F	F T F

最后，我们计算每一个合取的真值。在第 1 行中，合取真命题（p）和假命题（$\neg q$），因为只有在两个合取支都为真时合取才为真，所以这个合取为假。第 2 行有两个真的合取支，所以合取为真。类似地，第 3 行的合取为假，第 4 行的合取也为假。我们将上述合取的结果直接写在合取符号的下面，并用下划线将最终结果标出来。于是，我们得到了复合命题 p & $\neg q$ 的真值表。

p	q	p & $\neg$ q
T	T	T $\underline{F}$ F T
T	F	T $\underline{T}$ T F
F	T	F $\underline{F}$ F T
F	F	F $\underline{F}$ T F

上述真值表可以如下理解。

如果 p 为真且 q 为真，那么 p & $\neg q$ 为假；

如果 p 为真且 q 为假，那么 p & $\neg q$ 为真；

如果 p 为假且 q 为真，那么 p & $\neg q$ 为假；

如果 p 为假且 q 为假，那么 p & $\neg q$ 为假。

例（34）中的复合命题不涉及括号的使用。或者，我们可以说其中隐含着一对括号，即 p & $(\neg q)$。接下来，我们来看一个使用了括号的例子。这个例子可以说明使用括号是怎样影响命题的真值计算和意义的。

例（35） $\neg(p$ & $q)$

和例（34）一样，例（35）也涉及否定和合取两个运算。然而，例（35）用括号把 p 和 q 括了起来。这表明，我们应该先计算 p 和 q 的合取，再对合取结果做否定。正如我们将看到的，计算顺序的变化会改变复合命题的真值。因此，例（34）和例（35）是两个完全不同的命题。

例（35）涉及两个原子命题 p 和 q，所以它的真值表有 4 行。

p	q	$\neg$ $(p$ & $q)$
T	T	
T	F	
F	T	
F	F	

我们先计算 p 和 q 的合取。当 p 为真且 q 为真时，合取应当为真。其他所有情况都至少有一个原子命题为假，所以合取也都为假。我们将计算出来的真值直接写在合取符号下面。于是，我们得到的真值表如下所示。

p	q	¬	(p	&	q)
T	T		T	T	T
T	F		T	F	F
F	T		F	F	T
F	F		F	F	F

我们再进行否定运算。于是，我们得到了如下真值表。因为这个复合命题只涉及两个运算，所以我们得到的真值表便是完整的真值表。我们用下划线把最终结果标出来。

p	q	¬	(p	&	q)
T	T	F	T	T	T
T	F	T	T	F	F
F	T	T	F	F	T
F	F	T	F	F	F

对比例（35）的结果和例（34）的结果。现在我们可以很清楚地看出二者在原子命题的真值指派相同的条件下会得到不同的真值。因此，例（35）和例（34）是不同的命题。

例（36） ¬p & ¬q

你可能猜测例（36）与例（35）是否相同。答案是"不相同"。我们可以先计算例（36）的真值表，然后将其与例（35）的真值表做比较。

p	q	$\neg\ p\ \&\ \neg\ q$
T	T	
T	F	
F	T	
F	F	

因为否定直接放在了原子命题前面，所以我们要先分别计算 ¬p 和 ¬q。

p	q	$\neg\ p\ \&\ \neg\ q$
T	T	F T F T
T	F	F T T F
F	T	T F F T
F	F	T F T F

然后再计算两个否定命题的合取。这也是这个复合命题的最后一步运算。因而，计算结果要标记下划线。

p	q	$\neg\ p\ \&\ \neg\ q$
T	T	F T<u>F</u> F T
T	F	F T<u>F</u> T F
F	T	T F<u>F</u> F T
F	F	T F<u>T</u> T F

例（36）的结果与例（35）的结果是不同的，所以这两个命题也是不同的。实际上，例（34）、例（35）和例（36）全都不相同。然而，有时两个命题看起来很不一样，但其实是等值的。思考例（37）。

例（37） ¬p ∨ ¬q

根据标点的要求，我们要先分别计算 ¬p 和 ¬q，再计算二者的析取。

p	q	¬ p ∨ ¬ q
T	T	F T　F T
T	F	F T　T F
F	T	T F　F T
F	F	T F　T F

一个析取为假，当且仅当该析取的两个析取支都为假。因此，例（37）的真值表如下所示。

p	q	¬ p ∨ ¬ q
T	T	F T F F T
T	F	F T T T F
F	T	T F T F T
F	F	T F T T F

比较例（35）的结果和例（37）的结果，二者是完全相同的！因此，例（35）和例（37）是**真值函项等值**的。因为逻辑只关注真值，所以在逻辑学中，两个命题是等值的，当且仅当这两个命题所有可能的真值指派完全相同。

上述例子展示了画真值表的过程。不过，上述所有过程仅供参考，目标是画出最后那个真值表。现在，我们来做一些练习！

练习 5.1 画真值表

画出下列命题的真值表。

1. $p \rightarrow (\neg p \lor p)$

2. $(p \ \& \ \neg p) \equiv p$

3. $p \rightarrow \neg q$

4. $\neg p \lor q$

5. $\neg (p \rightarrow q)$

6. $p \equiv [q \lor (\neg q \rightarrow p)]$

7. $p \ \& \ \neg (q \rightarrow r)$

8. $(p \ \& \ \neg q) \rightarrow r$

9. $p \rightarrow (q \rightarrow r)$

10. $(p \rightarrow q) \rightarrow r$

11. $(p \rightarrow q) \lor (r \rightarrow \neg q)$

12. $(p \ \& \ q) \rightarrow (\neg q \rightarrow \neg r)$

13. $(p \equiv r) \rightarrow [(p \rightarrow q) \ \& \ (\neg r \rightarrow \neg q)]$

问题 1～问题 5 很简单，你可以对照书后答案自行检查。问题 6～问题 8 稍微复杂一些，我会在下面给出详细的解答步骤。如果你弄明白了问题 6～问题 8，那么问题 9～问题 13 也就不成问题了，你可以对照书后答案自行检查。

在前文所举的例子中，我们只计算过有一对括号的命题的真值表。可问题 6 有两对括号，我们应该怎么解决呢？答案很明显，如前所述，我们按照 ( )、[ ]、{ } 的顺序依次计算括号内的真值。

6. $p \equiv [q \lor (\neg q \rightarrow p)]$

$p \equiv [q \lor (\neg q \rightarrow p)]$ 中只有两个原子命题，所以真值表需要 4 行。

p	q	$p \equiv [q \vee (\neg\ q \to p)]$
T	T	
T	F	
F	T	
F	F	

正确的计算顺序是：首先计算小括号内的否定，其次计算小括号内的蕴涵，再计算中括号内的析取，最后计算中括号外的等值，这也是最后一步计算，计算结果要标记下划线。

首先，计算 $\neg q$。

p	q	$p \equiv [q \vee (\neg\ q \to p)]$
T	T	F T
T	F	T F
F	T	F T
F	F	T F

其次，计算小括号内的蕴涵，即 $\neg q \to p$。

p	q	$p \equiv [q \vee (\neg\ q \to p)]$
T	T	F T T T
T	F	T F T T
F	T	F T T F
F	F	T F F F

再次，计算中括号内的析取，即 $q \vee (\neg q \to p)$。

p	q	$p \equiv [q \lor (\neg\ q \to p)]$
T	T	T T F T T
T	F	F T T F T T
F	T	T T F T T F
F	F	F F T F F F

最后，计算每一行中 p 的真值与析取符号下面的真值之间的等值关系，并用下划线标出真值表的最终结果。

p	q	$p \equiv [q \lor (\neg\ q \to p)]$
T	T	T <u>T</u> T T F T T
T	F	T <u>T</u> F T T F T T
F	T	F <u>F</u> T T F T T F
F	F	F <u>T</u> F F T F F F

问题 7 和问题 8 都涉及三个原子命题，而不是两个。当涉及三个原子命题时，真值表需要 $2^3=8$ 行，并且我们要系统地用"分成两半"的方法列举出所有真值指派，如下表所示。

7. $p\ \&\ \neg(q \to r)$

p	q	r	$p\ \&\ \neg\ (q \to r)$
T	T	T	
T	T	F	
T	F	T	
T	F	F	
F	T	T	
F	T	F	
F	F	T	
F	F	F	

其他步骤都按照标准做法来做。我们先做小括号内的运算，即先计算蕴涵；再计算否定；最后计算合取。

蕴涵的计算结果如下。

p	q	r	p & ¬ (q → r)
T	T	T	T T T
T	T	F	T F F
T	F	T	F T T
T	F	F	F T F
F	T	T	T T T
F	T	F	T F F
F	F	T	F T T
F	F	F	F T F

否定的计算结果如下。

p	q	r	p & ¬ (q → r)
T	T	T	F T T T
T	T	F	T T F F
T	F	T	F F T T
T	F	F	F F T F
F	T	T	F T T T
F	T	F	T T F F
F	F	T	F F T T
F	F	F	F F T F

最后，合取的计算结果如下，别忘记标记下划线。

p	q	r	p	&	¬	(q	→	r)
T	T	T	T	F	F	T	T	T
T	T	F	T	T	T	T	F	F
T	F	T	T	F	F	F	T	T
T	F	F	T	F	F	F	T	F
F	T	T	F	F	F	T	T	T
F	T	F	F	F	T	T	F	F
F	F	T	F	F	F	F	T	T
F	F	F	F	F	F	F	T	F

问题 8 和问题 7 非常相似，只不过括号的位置不同。括号的位置会影响计算的顺序。问题 8 的计算顺序应当是：先做否定，再做合取，最后做蕴涵。因为有三个原子命题，所以真值表仍然需要 8 行。

8. $(p \,\&\, \neg q) \to r$

p	q	r	(p	&	¬	q)	→	r
T	T	T			F	T		
T	T	F			F	T		
T	F	T			T	F		
T	F	F			T	F		
F	T	T			F	T		
F	T	F			F	T		
F	F	T			T	F		
F	F	F			T	F		

p	q	r	(p	&	¬	q)	→	r	
T	T	T	T	F	F		T		
T	T	F	T	F	F		T		
T	F	T	T	T	T		F		
T	F	F	T	T	T		F		
F	T	T	F	F	F		T		
F	T	F	F	F	F		T		
F	F	T	F	F	T		F		
F	F	F	F	F	T		F		

p	q	r	(p	&	¬	q)	→	r	
T	T	T	T	F	F	T	T	T	
T	T	F	T	F	F	T	T	F	
T	F	T	T	T	T	F	T	T	
T	F	F	T	T	T	F	F	F	
F	T	T	F	F	F	T	T	T	
F	T	F	F	F	F	T	T	F	
F	F	T	F	F	T	F	T	T	
F	F	F	F	F	T	F	T	F	

再次注意，问题 7 和问题 8 的真值表是不同的，所以问题 7 和问题 8 中的命题是不同的。

我们已经探讨了5个真值函项联结词：否定、合取、析取、实质蕴涵和等值。我们也讨论了命题逻辑是否一定需要5个联结词。答案是"不需要"，因为有一些关系可以用其他关系来表达。两个关系等值，当且仅当这两个关系具有相同的真值表。我们现在已经学习了真值表，于是可以用真值表来说明关系是怎样简化的。如下所示。

等值可以简化为蕴涵和合取。

p	q	$p \leftrightarrow q$	$(p \rightarrow q)$ & $(q \rightarrow p)$
T	T	T T T	T T T T T T
T	F	T F F	T F F F T T
F	T	F F T	F T T F T F F
F	F	F T F	F T F T F T F

实质蕴涵可以简化为否定和析取。

p	q	$p \rightarrow q$	$\neg$ p $\lor$ q
T	T	T T T	F T T T
T	F	T F F	F T F F
F	T	F T T	T F T T
F	F	F T F	T F T F

谢费尔竖线可以用合取的否定来定义，我们用下面的真值表来表示（第4列）。这个定义的字面意思是至少有一个命题为假，所以谢费尔竖线又等值于否定的析取（第5列）。

p	q	¬ (p & q)	p | q	¬ p ∨ ¬ q
T	T	F T T T	T F T	F T F F T
T	F	T T F F	T T F	F T T T F
F	T	T F F T	F T T	T F T F T
F	F	T F F F	F T F	T F T T F

其他联结词都可以用谢费尔竖线来定义。例如，¬p 等值于 $p|p$。

p	¬ p	p | p
T	F T	T F T
F	T F	F T F

    $p ∨ q$ 等值于 $(p|p)\,|\,(q|q)$。

    $p \& q$ 等值于 $(p|q)\,|\,(p|q)$。

    $p → q$ 等值于 $p\,|\,(q|q)$ 或 $p\,|\,(p|q)$。

    等值可以简化为蕴涵和合取，而蕴涵和合取又都可以简化为谢费尔竖线，所以等值很显然也可以简化为谢费尔竖线。

p	q	(p | p) | (q | q)	(p | q) | (p | q)	p | (q | q)	p | (p | q)
T	T	T F T T T F T	T F T T T F T	T T T F T	T T T F T
T	F	T F T T F T F	T T F F T T F	T F F T F	T F T T F
F	T	F T F T T F T	F T T F T T F	F T T F T	F T F T T
F	F	F T F F F F T F	F T F F F F T F	F T F T F	F T F T F

    皮尔士箭头可以定义为析取的否定，意思是 p 和 q 都不为真。其真值表如下。

p	q	$\neg$	(p	$\vee$	q)	p	$\perp$	q
T	T	F	T	T	T	T	F	T
T	F	F	T	T	F	T	F	F
F	T	F	T	T	T	F	F	T
F	F	T	F	F	F	F	T	F

你同样可以证明：

$\neg p$ 等值于 $p \perp p$；

$p \vee q$ 等值于 $(p \perp q) \perp (p \perp q)$；

$p \& q$ 等值于 $(p \perp p) \perp (q \perp q)$；

$p \to q$ 等值于 $[(p \perp p) \perp q] \perp [(p \perp p) \perp q]$。

5.4 日常语言的翻译

逻辑与日常语言和推理相关。因此，我们要考虑有哪些规则可以帮助我们把日常语言翻译成命题逻辑能论证的形式。

▶ **括号的使用**

前文已经说明了括号在命题逻辑中的重要性。然而，我们在自然语言中是不使用括号的。因此，我们在解读文本时只能结合上下文来判断哪里应该有括号。

例（38） 如果没有不法商人，那么就不会有食品安全问题，并且食品行业也不会遭遇诚信危机。

例（39） 如果没有不法商人，并且食品行业专家不隐瞒真相，那么食品行业就不会遭遇诚信危机，同时也不会有食品安全问题。

例（40）　倘若食品行业专家隐瞒真相或有不法商人，那么食品行业就会遭遇诚信危机。

例（41）　如果有不法商人的话，就会有食品安全问题，或者食品行业会遭遇诚信危机。

假设 p= 有不法商人，q= 有食品安全问题，r= 食品行业遭遇诚信危机，s= 食品行业专家隐瞒真相。上述例子可以分别用符号表示成如下形式。

例（38'）　$\neg p \rightarrow (\neg q \ \& \ \neg r)$

例（39'）　$(\neg p \ \& \ \neg s) \rightarrow (\neg r \ \& \ \neg q)$

例（40'）　$(s \vee p) \rightarrow r$

例（41'）　$q \vee (p \rightarrow r)$

例（41''）　$p \rightarrow (q \vee r)$

在例（38）中，"不会有食品安全问题"和"食品行业不会遭遇诚信危机"都是"没有不法商人"的后件。因此，括号应该括在这两个命题的合取上，然后再把整个合取作为条件句的后件。标点（如逗号的位置）可以帮助我们理解句子的意义。

在例（39）中，复合命题的前件中有一个"并且"，所以前件是两个原子命题的合取。因此，复合命题的前件应该有一对括号。复合命题的后件也包含了两个原子命题，所以后件也需要加一对括号。

我们从"倘若"一词中可以看出，例（40）的主要运算是实质蕴涵。因此，句子的前半句是蕴涵的前件，并且前件中包含了一个析取。因此，前件需要有一对括号。

例（41）可以翻译为 $q \vee (p \rightarrow r)$，在这个翻译中，主要运算是"或者"。同样，它也可以翻译为 $p \rightarrow (q \vee r)$，在这个翻译中，主要运算是"如果"。需要说明的是，这两个公式实际上是等值的，所以这两个公式都是对句子的正确解读。

有时候，一个句子有歧义，并且我们无法明确句义，那么我们就不得不利用语言学的分析方法，从而判断哪一种才是最好的或最自然的解读。

▶ "但是"

在逻辑学中，"但是"与"和"的作用相同。同样的，"然而""不过""不管""虽然"等词也都指示合取。这些词能起到不同的表达作用，如对比、反对等，通常只会影响听话者的心理和预期。就逻辑学所关注的真而言，由这些词连接的复合命题要求所有的支命题都为真。因此，这些词的逻辑作用和"和"是相同的。

例（42） 彼得是一个骗子，但是约翰不是。

令 $p=$ 彼得是一个骗子，$j=$ 约翰是一个骗子。例（42）可以用符号表示成如下形式。

例（42'） $p \& \neg j$

▶ "要么……要么……"

我们通常把"要么……要么……"理解为逻辑学中相容的"或"，除非语境中明确表示这是一个不相容的"或"。

例（43） 要么孩子的父母要么孩子的其他法定监护人，可以享受照顾孩子的税收减免政策。

令 $p=$ 孩子的父母可以享受照顾孩子的税收减免政策，$q=$ 孩子的其他法定监护人可以享受照顾孩子的税收减免政策。例（43）可以用符号表示成如下形式。

例（43'）$p \lor q$

▶ **"只有"**

具有形式"如果 p，那么 q"的句子的标准翻译是实质蕴涵 $p \to q$，其中 p 是 q 的充分条件。"只有"也指示实质蕴涵，不过"只有"引导的子句是另一个子句的必要条件，而不是充分条件。因此，一般来讲，具有形式"只有 p，才 q"的句子应当翻译为 $\neg p \to \neg q$，或者简单地翻译为 $q \to p$。

例（44） 只有约翰全心全意地爱玛丽，玛丽才会同意嫁给他。

假设例（44）为真。那么，约翰全心全意地爱玛丽是玛丽同意嫁给约翰的必要条件。因此，如果玛丽同意嫁给约翰，那么约翰一定是全心全意地爱玛丽的。

令 $p=$ 约翰全心全意地爱玛丽，$q=$ 玛丽同意嫁给约翰。例（44）可以用符号表示成如下形式。

例（44'）$q \to p$

如果约翰不全心全意地爱玛丽，那么玛丽不会同意嫁给他，所以例（44）又可以等值地用符号表示为如下形式。

例（44''）$\neg p \to \neg q$

▶ **"除非"**

例（45） 除非你送给我一枚钻戒，否则我不会嫁给你。

"除非"的意义有点儿复杂。"只有"只是表明必要条件，但"除非"后面通常跟着一个否定句。如例（45）表明，送钻戒是结婚的必要条件。

因此，如果例（45）为真，那么以下几种情形一定都为真：①如果你没有送给我一枚钻戒，那么我不会嫁给你；②如果我嫁给你了，那么你一定已经送了我一枚钻戒；③要么你送给我一枚钻戒，要么我不嫁给你。以上三种情形与例（45）都是等值的。因此，我们可以用以下三种方式来翻译这个包含"除非"的句子。

令 p= 你送给我一枚钻戒，q= 我嫁给你。"除非 p，否则 q"可以用符号表示为如下三种形式。

例（45'） $\neg p \rightarrow \neg q$

例（45''） $q \rightarrow p$

例（45'''） $p \vee \neg q$

可是，"除非"后面通常跟着一个否定句只是一种语言习惯。我们如果考虑与"除非"相关的一般逻辑形式，那么应该规定有关"除非"的翻译规则如下。

"除非 p，否则 q"应该翻译为 $\neg p \rightarrow q$、$\neg q \rightarrow p$ 或 $p \vee q$。

为了避免混淆，我个人更倾向于翻译为最后一个公式，即关于"除非"的运算是一个简单的析取："除非 p，否则 q"是"$p \vee q$"。

我们不妨用几个例子来验证一下。以下命题是否表达了相同的逻辑形式？

例（46） 要么彼得生病了，要么他会去参加聚会。

例（47） 除非彼得生病了，否则他会去参加聚会。

例（48） 只有彼得生病了，他才不会去参加聚会。

例（49） 如果彼得生病了，那么他不会去参加聚会。

令 p= 彼得生病了，q= 彼得会去参加聚会。例（46）可以非常直接地用符号表示为如下形式。

例（46'）$p \lor q$

例（47）表达的也是要么彼得生病了，要么他会去参加聚会。生病是他缺席聚会的唯一原因（必要条件），所以如果彼得没有生病，那么他一定会去参加聚会。这也意味着如果彼得没有参加聚会，那么他一定是生病了。因此，以下例（47）的翻译都是合理的，并且这些翻译都是等值的。

例（47'）$p \lor q$

例（47''）$\neg p \to q$

例（47'''）$\neg q \to p$

在例（48）中，"只有"表明彼得生病是他不去参加聚会的唯一原因，所以生病是他缺席聚会的必要条件。因此，例（48）和例（47）具有相同的逻辑形式。例（48）可以用符号表示为如下形式。

例（48'）$\neg q \to p$

因此，例（46）～例（48）事实上是用不同的方式表达了相同的命题。那么例（49）表达的也是同一个命题吗？不！例（49）表达的是彼得生病是他缺席聚会的充分条件，而不是必要条件。彼得还可能因其他原因而没有参加聚会，生病只是可能的原因之一。因此，例（49）是一个不同的命题，应该用符号表示为如下形式。

例（49'）$p \to \neg q$

将日常语言翻译为命题逻辑的形式比翻译为词项逻辑的更简单一些。唯一需要注意的地方就是要找出充分条件和必要条件。"只有"和"除非"指示的是必要条件。现在，我们总结一下翻译的规则，然后尝试做一些练习。

核心概念：命题逻辑的翻译

规则

- 但是：与"和"相同。

- 要么……要么……：与"或"相同。

- 如果："如果 A，那么 B"即 A → B（等值于 ¬A ∨ B）[①]。

- 只有："只有 A，才 B"即 B → A（等值于 ¬A → ¬B 或 A ∨ ¬B）。

- 除非："除非 A，否则 B"即 A ∨ B（等值于 ¬B → A 或 ¬A → B）。

- "除非 A，否则不 B"：A ∨ ¬B（等值于 B → A 或 ¬A → ¬B）。

- "只有 A，才 B"：和"除非 A，否则不 B"相同。

必要条件和充分条件

- 如果 A，那么 B：A 是 B 的充分条件。

- 只有 A，才 B：A 是 B 的必要条件。如果 A 并非如此，那么 B 也并非如此。

- 如果 A 是 B 的充分条件，那么 B 是 A 的必要条件。

练习 5.2 将日常语言翻译为命题逻辑的形式

把下列句子用符号表示出来并且画出各自的真值表。

1. 学生要么身穿校服并且把校园卡佩戴在胸前，要么禁止进入校园。

2. 并非你没有按规定穿校服或你没有按规定佩戴校园卡。

3. 他有一个好律师意味着他将被宣判无罪。

4. 如果你欺骗或威胁他人，那么你侵犯了他的权利。

5. 学生头发的长度符合学校的规定，当且仅当校长认为这样的长度合适时。

6. 我只有看到了他的伤口并且摸到他的伤疤，才会相信他。

7. 倘若智利和多米尼加都没有要求召开拉丁美洲会议，那么如果阿根廷调动军队，巴西就会向联合国表示抗议。

8. 除非你有超能力，否则你无法逃离现在的处境并且不受到任何伤害。

[①] 本章开篇已经规定用小写字母表示原子命题，所以这里的大写字母并不代表原子命题，而是代表所有具有相同逻辑结构的命题。——译者注

5.5 检验论证的有效性

我们已经学习了如何把自然语言用符号表示出来，也学习了对这些符号进行运算，并画出复合命题的真值表。掌握这些技能之后，我们便可以学习如何检验论证的有效性了。

在此有必要重申一下论证有效的条件：一个有效的论证是在其所有前提都为真时可以保证其结论也为真。因此，如果我们在检查了前提为真的所有情况后发现结论也都为真，那么这个论证就是有效的。任何论证若不是有效的便是无效的。我们检验就是为了确定论证是否有效。

真值表可以展示一个命题所有可能的真值指派。一个论证包含若干个命题。因此，我们可以将这些命题并列摆放，并构造一个大的真值表，然后逐一检查每一行真值指派，看在前提都为真的那些情况下，结论是否也为真。真值表的行数取决于出现在论证中的原子命题的总数，并且 2^n 的计算方法在这里同样适用。

命题逻辑系统可以处理包含任意数量前提的论证，而不再局限于三段论。这也意味着，相较于词项逻辑系统，命题逻辑系统更加通用。命题逻辑形式的论证中涉及的原子命题数量越多，真值表所需要的行数也就越多（行数 $=2^n$，其中 n 为涉及的原子命题的数量）。因此，如果一个论证涉及大量原子命题，那么这个论证的真值表将变得非常长，从而画真值表并逐一检查的操作实际上会变得异常困难。不过，随着技术的发展，这个困难现在十分容易解决，只要把所有的计算和检查的工作都交给计算机就好了。我们称命题逻辑是**可计算的**，意味着它可以用一个有效的程序计算出结果。这其实是命题逻辑的一个优势。

我们来详细地列出在命题逻辑中检验论证有效性的步骤，如下页所示。

（1）将论证翻译成符号。

●识别论证的结论和前提。

●识别所有原子命题，并分别用符号表示。

●识别原子命题之间的联结词。

●把所有前提和结论都用符号表示出来。

（2）画出所有前提和结论的真值表。

●计算一共需要画多少行。

●列出所有可能的真值指派。

●分别计算各个命题在每一个可能的真值指派下的真值。

（3）判断论证的有效性，即检查在所有前提都为真的情况下，结论是否也为真；或者，检查是否有一个真值指派使得结论为假，但其所有的前提都为真。这两种检验方法是等效的。

常见的有效论证形式和谬误

我们一起来看一些例子。按照惯例，我们还是从最简单的例子开始，然后逐渐增加难度。

例（50）　如果天气晴朗，那么我们去海滩。今天天气晴朗。因此，我们去海滩。

首先，识别结论和前提：结论是"我们去海滩"，前提是其余两个句子。其次，识别论证涉及的所有原子命题：这个论证包含了两个原子命题，"天气晴朗"和"我们去海滩"。于是，我们可以用符号来表示这个论证。

令 p= 天气晴朗，q= 我们去海滩。

$$p \to q$$

$$\dfrac{p}{\therefore q}$$

因为只有两个原子命题，所以这个论证的真值表只需要画 2^2=4 行。同时，在这个真值表中，两个原子命题应该分别占一列，每一个命题（前提和结论）也应该各占一列。因此，真值表如下。

p	q	$p \to q$	p	q
T	T			
T	F			
F	T			
F	F			

然后，我们依次计算各个命题在每一个可能的真值指派下的真值。对 $p \to q$，当 p 为 T 且 q 为 T 时，$p \to q$ 应当是 T；当 p 为 T 且 q 为 F 时，$p \to q$ 应当是 F；以此类推。别忘了，为了表明真值是哪一个运算得出的结果，我们应该把真值严格地写在相应的运算符号下面。最后两列很简单，我们只要把左侧相应的真值抄过去即可。

p	q	$p \to q$	p	q
T	T	T	T	T
T	F	F	T	F
F	T	T	F	T
F	F	T	F	F

现在，真值表已经完成了。我们接下来要判断论证的有效性。一个论证有效，当且仅当该论证的前提为真时，其结论也为真。前提是 $p \to q$ 和 p，于是，我们在检查时要把其中 $p \to q$ 和 p 都为真的情况全部挑出来，再查看这些情况下的结论（q）是否也为真。上表中只有一种前提都为真的情况，即第 1 行。在第 1 行中，结论也为真，所以我们可以得出结论：对这个论证而言，当所有前提都为真时，结论也为真。因此，这个论证是有效的。

"在前提都为真的情况下，结论也为真"等值于"没有前提都为真但结论为假的情况"，所以在判断论证有效性时，我们不必非要逐一检查所有前提都为真的情况，也可以检查前提为真、结论为假这一种情况。如果存在这种情况，那么该论证是无效的；反之，该论证是有效的。在真值表的行数比较多时，这种检查方法要更快捷一些，但对简单的例子来讲，两种检验方法的区别不大。在例（50）中，不存在前提都为真且结论为假的情况，所以这个论证是有效的。

例（50）是一种非常简单又十分常见的论证形式。因为该论证形式非常有用且常见，所以逻辑学家把这种有效的论证形式命名为**肯定前件式**。

例（51）　如果天气晴朗，那么我们去海滩。今天我们没有去海滩。因此，今天天气不晴朗。

例（51）代表另一种十分常见的论证形式，我们称其为**否定后件式**。我们来检验例（51）的有效性。首先，识别结论和前提："天气不晴朗"是结论，另外两个句子是前提。其次，用符号来表示这个论证，其中 p 和 q 代表的原子命题与例（50）中的一样。例（51）可以用符号表示为如下形式。

$$p \to q$$
$$\frac{\neg q}{\therefore \neg p}$$

然后，画出真值表。有两个原子命题，因而我们需要画4行。例（51）的真值表如下。

p	q	$p \rightarrow q$	$\neg q$	$\neg p$
T	T	T	F	F
T	F	F	T	F
F	T	T	F	T
F	F	T	T	T

上表中只有一种所有前提都为真的情况，即第4行。在这种情况下结论也为真。因此，我们可以得出结论：对这个论证而言，当所有前提为真时，结论也一定为真。这个论证是有效的。

肯定前件式和否定后件式都是有效的论证形式。然而，有一些常见的论证看起来和这两种形式的论证差不多，但实际上其中存在谬误，如例（52）和例（53）。

例（52） 如果天气晴朗，那么我们去海滩。今天天气不晴朗。因此，我们不去海滩。

首先要识别结论和前提。因为例（52）和例（50）涉及的原子命题相同，所以我们采用和例（50）相同的符号集。例（52）用符号表示为如下形式。

$$p \rightarrow q$$
$$\underline{\neg p}$$
$$\therefore \neg q$$

例（52）的真值表如下所示。

p	q	$p \rightarrow q$	$\neg p$	$\neg q$
T	T	T	F	F
T	F	F	F	T
F	T	<u>T</u>	<u>T</u>	<u>F</u>
F	F	T	T	T

上表中有两种所有前提都为真的情况，即第 3 行和第 4 行。其中，第 4 行的结论为真，但第 3 行的结论为假。我们用下划线把前提为真且结论为假的情况标出来。由于例（52）中所有前提都为真时，结论有可能为假（第 3 行），因此例（52）不满足论证有效的条件。该论证是无效的。

也许你会疑惑，一个论证在其前提都为真时，为什么只要有一种结论为假的情况就会导致这个论证无效，而存在一种结论为真的情况却不能使这个论证有效。因为对论证有效性的判断需要具有确定性。我们也许不知道论证的前提是否为真，但是要保证在所有可能的情况下结论都来自前提。因此，即使只有一种前提为真但结论为假的情况，也足以说明这个论证是无效的。此时，是否还有其他情况已经无关紧要了。或者说，只要在前提为真的条件下不能保证结论一定为真，这个论证就是无效的。

例（52）的论证形式看起来和例（51）的论证形式相似，但其实并不一样。例（51）否定了后件，而例（52）否定了前件。因为前件是后件的充分条件，而不是必要条件，可能还有其他条件导致后件，所以前件的否定并不必然导致后件的否定。像例（52）这样的论证形式属于谬误，我们称其为**否定前件谬误**。

例（53） 如果天气晴朗，那么我们去海滩。我们去海滩。因此，今天天气晴朗。

我们采用和例（50）相同的符号集，于是例（53）的符号表示和真值表如下。

$$p \rightarrow q$$

$$\frac{q}{\therefore p}$$

p	q	$p \rightarrow q$	q	p
T	T	T	T	T
T	F	F	F	T
F	T	T	T	F
F	F	T	F	F

例（53）中的论证是无效的。虽然第 1 行中的前提和结论都为真，但第 3 行的所有前提都为真而结论却为假。如前所述，只要有一种前提为真但结论为假的情况便足以否定论证的有效性，所以这个论证是无效的。

这种论证形式也属于谬误，我们称其为**肯定后件谬误**。肯定前件是有效的，但肯定后件是谬误。这是因为许多条件都可能导致后件，仅仅肯定后件并不能保证前件为真。

下面，我们再介绍其他一些常见的论证形式，并且用真值表来检验它们是否有效。

例（54） 如果政府不控制碳排放量，那么全球变暖将加剧。如果全球变暖加剧，那么大灾难将会到来。因此，如果政府不控制碳排放量，那么大灾难将会到来。

在例（54）中，最后一句是结论，前面两句是前提。因为一共有三个原子命题，所以真值表应当有 $2^3=8$ 行。

令 $p=$ 政府控制碳排放量，$q=$ 全球变暖加剧，$r=$ 大灾难将会到来。

$$p \rightarrow q$$
$$q \rightarrow r$$
$$\therefore p \rightarrow r$$

p	q	r	$p \rightarrow q$	$q \rightarrow r$	$p \rightarrow r$
T	T	T	T T T	T T T	T T T
T	T	F	T T T	T F F	T F F
T	F	T	T F F	F T T	T T T
T	F	F	T F F	F T F	T F F
F	T	T	F T T	T T T	F T T
F	T	F	F T T	T F F	F T F
F	F	T	F T F	F T T	F T T
F	F	F	F T F	F T F	F T F

在判断论证的有效性时，我们只需要看每个复合命题的真值即可。在上述真值表中，第 1 行、第 5 行、第 7 行和第 8 行这四种情况的前提都为真，同时这四种情况的结论也都为真，所以当所有前提都为真时，结论不可能为假。因此，这个论证是有效的。

从直觉上看，这个论证形式也应该是有效的。它就像是一条由 p 连着 q、q 连着 r 的锁链，其中 q 就是 p 和 r 之间的桥梁。由于每一个原子命题都恰好被连了起来，由此得出结论也就不足为奇了。

$$p \rightarrow q$$
$$q \rightarrow r$$
$$\therefore p \rightarrow r$$

这种论证形式被称为**连锁论证**，也被称为**纯假言三段论**。我们称其为三段论，是因为这个论证恰好有三个命题（两个前提和一个结论）；称其为假言，是因为这个论证涉及实质蕴涵；称其为纯，是因为这个论证只涉及实质蕴涵。

以下是另一个纯假言三段论的例子。

例（55） 如果你是人，那么你会有道德感。如果你有道德感，那么你不会杀人。因此，如果你是人，那么你不会杀人。

除了纯假言三段论，还有其他形式的假言三段论。前面其实已经讨论过了。例（50）～例（53）是**混合假言三段论**。我们称其为混合，是因为例（50）～例（53）既涉及条件句又涉及非条件句。

假言三段论是关于条件句或实质蕴涵的。除此之外，还有合取推理和析取三段论。

合取推理有两种类型：组合式和分解式。这两种类型的论证形式都是有效的。

▶ **组合式合取推理**

p	他很高。
q	他很帅。
$\therefore p\&q$	所以，他很高并且很帅。

证明这个论证的有效性非常简单。

p	q	p & q
T	T	T
T	F	F
F	T	F
F	F	F

只有一种情况是所有前提都为真的，即第 1 行，这种情况下的结论也为真。也就是说，当所有前提都为真时，结论不可能为假。因此，这个论证是有效的。

▶ **分解式合取推理**

$$p \& q$$
$$\therefore p$$

他很高并且很帅。

因此，他很高。

p	q	p & q	p
T	T	T	T
T	F	F	T
F	T	F	F
F	F	F	F

或者，

$$p \& q$$
$$\therefore q$$

他很高并且很帅。

因此，他很帅。

p	q	p & q	q
T	T	T	T
T	F	F	F
F	T	F	T
F	F	F	F

p&q 为真的情况只有一种，即两个合取支都为真。因此，如果给定 p&q 为真，那么 p 一定为真，且 q 也一定为真。

析取三段论的常见形式有两种，其中一种是有效的，而另一种是无效的。

（a）

$$p \vee q$$
$$\frac{\neg p}{}$$
$$\therefore q$$

例如，乔治要么心地善良，要么有不可告人的动机。乔治不是心地善良之人。因此，乔治有不可告人的动机。

对比以下论证。

（b）

$$p \vee q$$
$$\frac{p}{}$$
$$\therefore \neg q$$

例如，乔治要么心地善良，要么有不可告人的动机。乔治心地善良。因此，乔治没有不可告人的动机。

上述（a）（b）两种论证形式，哪一种是有效的，哪一种是无效的？有时候人们可能出于多种原因而去做某件事。心地善良和有不可告人的动机互相之间是不排斥的。对于一个真的析取命题，两个析取支中只需要有一个为真。因此，如果两个析取支中有一个为假，那么另一个析取支一定为真，否则这个析取命题为假。由此可得，（a）是有效的论证形式。然而，如果有一个析取支为真，我们无法知道另一个析取支的真假，因为另一个析取支无论为真还是为假，析取都为真。因此，（b）是无效的论证形式。我们也可以用真值表来证明。

p	q	$p \lor q$	$\neg p$	q
T	T	T	F	T
T	F	T	F	F
F	T	T	T	T
F	F	F	T	F

在（a）的真值表中，前提都为真的情况只有一种，即第 3 行。在这种情况下，结论为真。除此之外，没有前提都为真的情况了。因此，论证是有效的。

p	q	$p \lor q$	p	$\neg q$
T	T	T	T	F
T	F	T	T	T
F	T	T	F	F
F	F	F	F	T

在（b）的真值表中，第 1 行和第 2 行的所有前提都为真。然而，第 1 行的结论为假。因此，这个论证有可能存在前提为真但结论为假的情况，所以这个论证是无效的。

我们来总结一下常见的有效的和无效的论证形式，如下页所示。

核心概念：有效的和无效的论证形式

常见的有效的论证形式

混合假言三段论

- $p \rightarrow q$，p / $\therefore q$（肯定前件式）

- $p \rightarrow q$，$\neg q$ / $\therefore \neg p$（否定后件式）

纯假言三段论（连锁论证）

- $p \rightarrow q$，$q \rightarrow r$ / $\therefore p \rightarrow r$

合取推理

- p，q / $\therefore p \& q$

- $p \& q$ / $\therefore p$

- $p \& q$ / $\therefore q$

析取三段论

- $p \vee q$，$\neg p$ / $\therefore q$

常见的无效的论证形式

肯定后件谬误

- $p \rightarrow q$，q / $\therefore p$

否定前件谬误

- $p \rightarrow q$，$\neg p$ / $\therefore \neg q$

析取三段论谬误

- $p \vee q$，p / $\therefore \neg q$

现在用一些练习来检验一下自己的学习成果吧！你可以把练习题看作更多常见的论证形式的例子。

识别以下论证是哪种常见的论证形式，并且在不使用真值表的情况下判断这些论证是否有效。如果其论证形式有名称，也请指出名称。

1. 如果下雨，那么地面会湿。下雨了。因此，地面会湿。

2. 如果下雨，那么地面会湿。地面湿了。因此，下雨了。

3. 如果下雨，那么地面会湿。地面没湿。因此，没下雨。

4. 如果下雨，那么地面会湿。没下雨。因此，地面没湿。

5. 如果暴风雨来袭，那么会发洪水。如果发洪水了，那么房屋会被摧毁。因此，如果暴风雨来袭，那么房屋会被摧毁。

6. 要么汤姆淘气地在泥坑中玩耍，要么他意外地掉进泥坑。汤姆并不淘气。因此，他一定是意外地掉进了泥坑。

7. 要么汤姆淘气地在泥坑中玩耍，要么他意外地掉进泥坑。汤姆很淘气。因此，他不是意外地掉进泥坑。

更多例子

论证有很多种形式。当然，不是所有论证形式都属于我在前文提到的常见的论证形式。不过，真值表法是用于检验论证有效性的一般方法。我们将用以下例子来说明如何用真值表检验任意论证的有效性。

例（56） 如果你不改变工作态度，那么你将会受到领导的批评。因此，如果你改变了工作态度，那么你将不会受到领导的批评。

令 $p=$ 你不改变工作态度，$q=$ 你会受到领导的批评。

$$\neg p \rightarrow q$$
$$\therefore p \rightarrow \neg q$$

p	q	$\neg$	p	$\rightarrow$	q	p	$\rightarrow$	$\neg$	q
T	T	F	T	T	T	T	F	F	T
T	F	F	T	T	F	T	T	T	F
F	T	T	F	T	T	F	T	F	T
F	F	T	F	F	F	F	T	T	F

这个真值表中使得前提为真的真值指派有三种，分别是第 1 行、第 2 行和第 3 行。其中第 1 行的结论为假，所以当前提为真时，结论有可能为假。因此，这个论证是无效的。

我们可以简单地理解这个论证为什么无效。该论证的前提表达的是你不受到领导批评的必要条件，但结论所断定的是其充分条件。因此，前提为真不能保证结论也为真。

例（57） 如果他在自己的房间里，那么他在工作或忙于其他事。他在自己的房间里但没有在工作。因此，他忙于其他事。

这个例子提醒我们要使用括号。"他在工作或忙于其他事"这一整句都是"他在自己的房间里"的后件，所以前者需要用括号括起来，表明后件不仅是"他在工作"。因此，例（57）的论证形式如下所示。

令 $p=$ 他在自己的房间中，$q=$ 他在工作，$r=$ 他忙于其他事。

$$p \rightarrow (q \vee r)$$

$$\underline{\quad p \& \neg q \quad}$$

$$\therefore r$$

这个论证有三个原子命题，所以真值表需要 8 行。

p	q	r	p → (q ∨ r)	p & ¬ q	r
T	T	T	T T T T T	T F F T	T
T	T	F	T T T T F	T F F T	F
T	F	T	T T F T T	T T T F	T
T	F	F	T F F F F	T T T F	F
F	T	T	F T T T T	F F F T	T
F	T	F	F T T T F	F F F T	F
F	F	T	T F T T T	F F T F	T
F	F	F	F T F F F	F F T F	F

前提都为真的情况只有一种，即第 3 行，在这种情况下结论也为真。当前提为真时，结论不可能为假，因此这个论证是有效的。

例（58） 如果你努力学习，那么你将在考试中取得好成绩并且获得优秀奖学金。然而，只有你在考试中取得了好成绩，你才能获得优秀奖学金。因此，除非你努力学习，否则你不可能获得优秀奖学金。

在例（58）中，有两个词需要我们特别注意，一个是第二句中的"只有"，另一个是最后一句（结论）中的"除非"。另外，我们需要注意的是，第一句中应该有括号。

令 p= 你努力学习，q= 你在考试中取得好成绩，r= 你获得优秀奖学金。

$$p \rightarrow (q \ \& \ r)$$

$$\underline{r \rightarrow q} \qquad\qquad (或 \ \neg q \rightarrow \neg r)$$

$$\therefore p \lor \neg r \qquad\qquad (或 \ \neg p \rightarrow \neg r，或 \ r \rightarrow p)$$

在第一个句子（前提）中，在考试中取得好成绩和获得优秀奖学金都是努力学习的后件，所以需要括号把二者的合取括在里面。

在第二个句子中，"只有"指示在考试中取得好成绩是获得优秀奖学金的后件，所以你如果没有获得优秀奖学金，那么就是没有在考试中取得好成绩。换言之，你如果获得了优秀奖学金，那么一定是在考试中取得了好成绩。

在最后一句中，"除非"的作用是析取。因为努力学习是获得优秀奖学金的必要条件，所以最后一句在以下几种情形中都为真：你如果获得了优秀奖学金，那么一定是努力学习了；你如果没有努力学习，那么就不会获得优秀奖学金。因此，如下几种符号表示都是正确的：$p \lor \neg r$，$\neg p \to \neg r$，$r \to p$。

我们来画一个真值表检验这个论证的有效性。

p	q	r	p → (q & r)					r → q			p ∨ ¬ r			
T	T	T	T	T	T	T	T	T	T	T	T	T	F	T
T	T	F	T	F	F	F	F	F	T	T	T	T	T	F
T	F	T	T	F	F	F	T	T	F	F	T	T	F	T
T	F	F	T	F	F	F	F	F	T	F	T	T	T	F
F	T	T	F	T	T	T	T	T	T	T	F	F	F	T
F	T	F	F	T	T	T	F	F	T	T	F	T	T	F
F	F	T	F	T	F	F	T	T	F	F	F	F	F	T
F	F	F	F	T	F	F	F	F	T	F	F	T	T	F

在真值表的第5行中，前提都为真，但结论为假。这表明这个论证是无效的。虽然存在前提和结论都为真的情况（第1行、第6行和第8行），但当前提都为真时，只要有一种结论为假的情况就足以导致论证无效了。

例（59）　如果你努力学习，那么你将在考试中取得好成绩并且获得优秀奖学金。然而，只有你在考试中取得了好成绩，你才能获得优秀奖学金。因此，除非你放弃努力，否则你不会错失优秀奖学金。

例（59）和例（58）具有相同的前提，但是二者的结论不同，所以例（59）和例（58）具有不同的论证形式。例（59）的结论还涉及双重否定。"放弃努力"虽然不包含像"不"这样的否定词，但表达的含义实际上是否定的。一个人放弃做某件事就意味着这个人不再做这件事。因此，恰当译法应该是把"放弃努力"翻译为不努力。"不会错失优秀奖学金"也涉及双重否定，除了"不会"，"错失"也有否定的意义。

我们已经知道，经典逻辑假定命题只能为真或假。否定一个命题就会得到与之相反的真值。否定两次便又回到原来的真值，即与原命题的真值相同。由此可得**双重否定律**，用符号表示如下。

$\neg\neg p \equiv p$

因此，"你不会错失优秀奖学金"在逻辑上等值于"你会获得优秀奖学金"。我们使用与例（58）相同的符号集将例（59）的论证表示为如下形式。

$$p \to (q \ \& \ r)$$

$$\underline{r \to q} \qquad\qquad (或 \neg q \to \neg r)$$

$$\therefore \neg p \lor r \qquad\qquad (或 p \to r，或 \neg r \to \neg p)$$

p	q	r	p → $(q$ & $r)$	r → q	$\neg$ p $\lor$ r
T	T	T	T T T T T	T T T	F T T T
T	T	F	T F T F F	F T T	F T F F
T	F	T	T F F F T	T F F	F T T T
T	F	F	T F F F F	F T F	F T F F
F	T	T	F T T T T	T T T	T F T T
F	T	F	F T T F F	F T T	T F T F
F	F	T	F T F F T	T F F	T F T T
F	F	F	F T F F F	F T F	T F T F

在这个论证的真值表中，当所有前提都为真时（第 1 行、第 5 行、第 6 行和第 8 行），结论也都为真，所以这个论证是有效的。

我们再来看一个涉及等值的例子。

例（60） 约翰去电影院，当且仅当他有钱时。他如果努力工作，那么便会有钱。然而，他如果努力工作，就不能去电影院。因此，他努力工作，或许他会有钱但不能去电影院。

令 $p=$ 约翰去电影院，$q=$ 约翰有钱，$r=$ 约翰努力工作。

$$p \equiv q$$
$$r \to q$$
$$r \to \neg p$$
$$\overline{}$$
$$\therefore r \vee (q \& \neg p)$$

因为有"然而"这个词，第二个前提和第三个前提可以合取为一个命题。无论是否做合取运算，论证的真值表没有差别。事实上，任何论证都可以看作一个复合命题：所有前提的合取在逻辑上都蕴涵结论。

不过，需要注意的是，我们如果要写成第二个前提和第三个前提做合取的形式，那么需要给每个前提分别加上括号。于是，例（60）的论证形式如下所示。

$$p \equiv q$$
$$(r \to q) \& (r \to \neg p)$$
$$\overline{}$$
$$\therefore r \vee (q \& \neg p)$$

p	q	r	$p \equiv q$	$r \rightarrow q$	$r \rightarrow \neg p$	$r \vee (q \,\&\, \neg\, p)$
T	T	T	T T T	T T T	T F F T	T T T F F T
T	T	F	T T T	F T T	F T F T	F F T F F T
T	F	T	T F F	T F F	T F F T	T T F F F T
T	F	F	T F F	F T F	F T F T	F F F F F T
F	T	T	F F T	T T T	T T T F	T T T T T F
F	T	F	F F T	F T T	F T T F	F T T T T F
F	F	T	F T F	T F F	T T T F	T T F F F T
F	F	F	F T F	F T F	F T T F	F F F F F T

在这个真值表第 2 行和第 8 行中，所有前提都为真，但结论却为假。因此，这个论证是无效的。其实，第 2 行或第 8 行就足以说明这个论证无效了。

例（61） 如果我同时喝红酒和白酒，那么我不会喝醉。这是因为如果我只喝红酒而没喝白酒，那么我不会喝醉；如果我只喝白酒而没喝红酒，那么我也不会喝醉。

与其他例子不同，例（61）的结论是第一句话。我们在用符号表示论证时，一定不要忘记识别论证的前提和结论，并且要记得把论证写成标准形式。

令 p= 我喝红酒，q= 我喝白酒，r= 我喝醉了。

$$(p \,\&\, \neg q) \rightarrow \neg r$$
$$(q \,\&\, \neg p) \rightarrow \neg r$$
$$\therefore (p \,\&\, q) \rightarrow \neg r$$

p	q	r	$(p \,\&\, \neg q) \rightarrow \neg r$	$(q \,\&\, \neg p) \rightarrow \neg r$	$(p \,\&\, q) \rightarrow \neg r$
T	T	T	T F F T T F T	T F F T T F T	T T T F F T
T	T	F	T F F T T T F	T F F T T T F	T T T T T F
T	F	T	T T T F F F T	F F F T T F T	T F F T F T
T	F	F	T T T F T T F	F F F T T T F	T F F T T F
F	T	T	F F F T T F T	T T T F F F T	F F T T F T
F	T	F	F F F T T T F	T T T F T T F	F F T T T F
F	F	T	F F T F T F T	F F T F T F T	F F F T F T
F	F	F	F F T F T T F	F F T F T T F	F F F T T F

这个真值表中只有一种前提为真但结论为假的情况，即第 1 行。只此一种情况便足以确定结论不总来自前提。因此，这个论证是无效的。

到目前为止，我们所举的例子中都存在前提都为真的情况，我们所做的工作就是检查一下在这些情况下结论是否也为真。然而，你可能有疑问，如果不存在所有前提都为真的情况，我们又该如何判断论证的有效性呢。这个问题的答案是，当所有前提不都为真时，这个论证是有效的。我们可以把这种有效称为无意义的有效。无意义的有效也是有效。这是因为，这个论证不可能在结论为假的同时具有全都为真的前提。一个论证若不可能有全都为真的前提，那就更不可能从全都为真的前提中得出假结论了。

若一个论证的前提不可能同时为真，我们则称这个论证是**不一致**的。以下便是一个不一致的例子。

例（62）　如果《圣经》是真的，那么世界是由神创造的。如果大爆炸理论是真的，那么世界不是由神创造的。世界是由神创造的且不是由神创造的。因此，《圣经》和大爆炸理论都是真的。

令 p＝《圣经》是真的，q＝大爆炸理论是真的，r＝世界是由神创造的。

$$p \rightarrow r$$
$$q \rightarrow \neg r$$
$$\underline{r \& \neg r}$$
$$\therefore p \& q$$

p	q	r	$p \rightarrow r$	$q \rightarrow \neg r$	$r \& \neg r$	$p \& q$
T	T	T	T T T	T F F T	T F F T	T T T
T	T	F	T F F	T T T F	F F T F	T T T
T	F	T	T T T	F T F T	T F F T	T F F
T	F	F	T F F	F T T F	F F T F	T F F
F	T	T	F T T	T F F T	T F F T	F F T
F	T	F	F T F	T T T F	F F T F	F F T
F	F	T	F T T	F T F T	T F F T	F F F
F	F	F	F T F	F T T F	F F T F	F F F

在例（62）中，不存在所有前提都为真的情况。事实上，前提之一的 $r \& \neg r$ 根本就不可能为真，所以所有前提不可能同时为真。于是，所有前提都为真且结论为假的情况是不可能出现的。因此，这个论证是（无意义的）有效的。

这个论证在我们看来可能有点儿奇怪。不管这个论证是否有效，其前提似乎都存在问题。从直觉上讲，我们知道一个事物在同一时间不可能既是这样的又不是这样的。对我们来说，出现逻辑矛盾似乎表明论证中的某个地方出错了，我们倾向于将这种荒谬视为某些前提或结论为假的证据。因此，我们可能在脑海中重构这个论证，使其变得合理。

例（63） 如果《圣经》是真的，那么世界是由神创造的。如果大爆炸理论是真的，那么世界不是由神创造的。世界是由神创造的且不是由神创造的，这是不可能的。因此，《圣经》和大爆炸理论都是真的，这也是不可能的。

例（63）的论证形式如下所示。

$$p \rightarrow r$$
$$q \rightarrow \neg r$$
$$\underline{\neg (r \& \neg r)}$$
$$\therefore \neg (p \& q)$$

注意，在这个论证中，前提有可能都为真（第 3 行、第 5 行和第 8 行），而且在这种情况下结论也都为真。因此，这个论证是有效的。

p	q	r	$p \rightarrow r$	$q \rightarrow \neg r$	$\neg (r \& \neg r)$	$\neg (p \& q)$
T	T	T	T T T	T F F T	T T F F T	F T T T
T	T	F	T F F	T T T F	T F F T F	F T T T
T	F	T	T T T	F T F T	T T F F T	T T F F
T	F	F	T F F	F T T F	T F F T F	T T F F
F	T	T	F T T	T F F T	T T F F T	T F F T
F	T	F	F T T	T T T F	T F F T F	T F F T
F	F	T	F T T	F T F T	T T F F T	T F F F
F	F	F	F T F	F T T F	T F F T F	T F F F

对例（63）的论证，我们就不会感觉奇怪。因为这个论证的有效性不是无意义的。这个论证告诉我们：如果前提都为真，那么我们可以确定《圣经》和大爆炸理论不可能都为真。如果有人辩称《圣经》和大爆炸理论可以都为真，那么他必须否定例（63）中的某个前提。

实际上，上述思考过程恰好反映了一种推理策略，我们称之为**归谬法**。这个策略是说，我们可以构建一个论证，通过导致逻辑矛盾的方式推知论证中至少有一个前提为假。我们在下一节中介绍的简短真值表使用的便是这个策略，到时候再进一步讨论。

总结一下，我们在本节中介绍了用真值表检验论证有效性的方法。真值表是将命题所有可能的真值指派都完整地列举出来的表格。我们需要先列出论证涉及命题的所有可能的真值指派，然后逐一检查是否存在所有前提都为真但结论为假的情况。如果不存在，那么该论证是有效的；如果存在，那么该论证是无效的。真值表法是检验论证有效性的一般方法。通过真值表，我们知道了一些常见的有效或无效的论证形式。学会识别这些论证形式，我们无须画出真值表也可以判断论证的有效性。当然，如果你愿意画真值表也是可以的。

真值表法之所以可以检验论证的有效性，是因为真值表穷尽了所有可能的真值指派。我们回忆一下词项逻辑中的文恩图法的基本原理。在词项逻辑中，文恩图法之所以可以检验三段论的有效性，是因为文恩图把一个逻辑空间详尽地划分为一个个区域，从而展示了每个区域内是否有对象的所有可能性。我们只要足够认真小心地操作每一步，就不会遗漏任何隐藏的可能性。不遗漏任何隐藏的可能性，我们便不需要任何神秘的认知能力，如猜测、捕捉灵感、启示或预感的能力。此外，真值表法是**可行的**，意味着每一个论证都能在有限的步骤内被判定为有效的或无效的。这种方法不依赖任何偶然因素，如使用者的智力、认知状态、精神状态、信息的可用性和策略等。不过，其他一些证明方法就不是这样的了，如我们将在第 5.7 节中看到的方法。

"哲学只是将一切摆在那里，既不解释什么，也不推论出什么。——所有一切都公然地摆在那里，没有什么要解释的了。因为我们对隐藏的东西不感兴趣。"（维特根斯坦，《哲学研究》）

上述引文解释了设计一种机制或算法来模拟论证过程的原因。至于论证的过程是由人来完成的，还是由其他生物甚至机器来完成的，都无关紧要。论证有效或者无效取决于其形式而不是人类的思考。智力仅仅关系到计算的问题！

一些哲学家受到这种关于论证思想的启示，发明出一套心灵计算理论。依据这套理论，心灵不过是一台计算机。心灵现象是由其功能来界定的。心灵只要能够实现相应的功能便足够了。至于心灵本身是由有机物组成的，还是由硅或其他物质组成的，都无所谓。有关心灵计算理论的进一步阐释已经超出了本书的范畴，我们还是做一些练习来巩固刚刚学过的知识吧。

练习 5.4 真值表法

用符号表示以下论证，并且用真值表检验其有效性。在用符号表示时，记得说明你使用的符号分别代表了哪个命题。

1. 并非她忘记了或不能完成这项任务，所以她能完成这项任务。

2. 经理要么没有注意到变化，要么同意改变。他注意到了变化。因此，他一定是同意了改变。

3. 如果人有自由意志，那么上帝不可能知道每个人接下来要做什么。然而，人没有自由意志。因此，上帝知道每个人接下来要做什么。

4. 如果上帝存在，那么他必须是善良的。如果上帝是善良的，那么他不可能容忍邪恶的事情。然而，我们每天都会看到邪恶的事情。因此，上帝不存在。

5. 如果这个议员投票反对这个议案，那么他反对处罚逃税者。同样地，如果这个议员自己就是逃税者，那么他反对处罚逃税者。因此，如果这个议员投票反对这个议案，那么他自己就是逃税者。

6. 如果吸二手烟确实有害，那么在不吸烟的人周围吸烟就是不公平的。吸二手烟有害，否则肺脏健康研究协会不会告诉我们这一点。因此，如果肺脏健康研究协会告诉我们吸二手烟有害，那么这足以说明在不吸烟的人周围吸烟是不公平的，因为吸二手烟有害。

7. 只有尊重朋友，才能有许多朋友。如果她尊重朋友，那么她就不要期望朋友们举止相似。她有许多朋友。因此，她不期望朋友们举止相似。

8. 如果要实现机会平等，那么弱势群体应当得到特殊机会。如果弱势群体应当得到特殊机会，那么一些人会受到优待。如果一些人受到优待，那么机会平等便无法实现。因此，机会平等无法实现。

9. 如果人是完全理性的，那么要么所有人的行为都是可以预测的，要么宇宙在本质上是确定的。并非所有人的行为都是可以预测的。因此，如果宇宙在本质上不是确定的，那么人不是完全理性的。

10. 我们学习的东西越多，我们知道的东西便越多。然而，我们只有知道了才会忘记。而且，我们忘记的东西越多，我们学习的东西就越少。因此，我们为什么要学习呢？

5.6 简短真值表

在检验论证有效性时，真值表法虽然是合理的且完全可判定的（总是能够得出结果的），但是需要大量计算。特别是当一个论证很长或涉及许多原子命题时，真值表法的效率非常低。真值表的行数随原子命题个数的增加而呈指数级的增长。然而，人类的认知能力是有限的。因此，我们需要一种更加高效的方法。这便是我们即将介绍的简短真值表法。

简短真值表法用到了两个概念。

第一，论证是有效的，意味着我们总是能够从真前提中得出真结论；等值地，我们不可能从真前提中得出假结论。对后一种解释，我们只需要找到一个反例即可，所以验证后一种解释比验证前一种要简单。我们如果能够快速地发现反例，那么便不再需要枚举出论证的所有真值指派了。这将节省很多时间。

第二，使用归谬法的推理策略。我们在上一节中提到过这种策略。其实，我们在现实生活中一直都在使用归谬法。思考例（64）中的情境，假设你找到了如下线索。

例（64）　厨房中的糖盒在昨天晚上 11 时还装满了糖，但是现在空了。苏珊去学校参加夏令营已经有两天了。苏珊会是偷吃糖的人吗？

你也许会回答"不"。可为什么呢？推理过程如下所示。

（a）假设苏珊是偷吃糖的人。

（b）如果苏珊是偷吃糖的人，那么昨天晚上 11 时以后她在厨房出现过。

（c）因此，昨天晚上 11 时以后苏珊在厨房出现过。

（d）然而，昨天晚上 11 时以后苏珊在学校。

（e）苏珊不可能在同一时间既出现在厨房又在学校。

（f）因此，昨天晚上 11 时以后苏珊没有在厨房出现过。

（g）故而，苏珊不是偷吃糖的人。

令 p= 苏珊是偷吃糖的人，q= 昨天晚上 11 时以后苏珊在厨房出现过。上述推理可以表示为如下形式。

$$p \qquad \text{（假设：这是我们假设的前提）}$$

$$\frac{p \to q}{\therefore q} \qquad \text{（肯定前件式）}$$

$$\neg q \qquad \text{（假设：这是给定的事实）}$$

$$\frac{q \,\&\, \neg q}{\therefore \neg p}$$

归谬法是先做出一个假设，然后以这个假设为真并且从中推导出矛盾（荒谬），从而证明这个假设为假。我们使用这种策略的目的是要找出一种检验论证有效性的方法。我们可以假设一个论证是无效的，并且为这个论证的原子命题指派真值。我们如果能够从真值指派中发现矛盾，那么就有理由断定我们所做的假设是错误的，即该论证不是无效的。因为论证要么是有效的，要么是无效的，所以一个论证若不是无效的就是有效的。于是，我们便证明了这个论证是有效的。如果在论证无效的假设下，我们可以一致地指派真值而不出现任何矛盾，这就意味着假设其实是正确的。因此，这个论证是无效的。简而言之，我们就是要在尽可能地满足论证无效的假设下找出一组恰当的真值指派来证明论证的有效性。

为了落实这个想法，我们再回忆一下每个逻辑联结词的确切的真值指派。这有助于我们确定原子命题的真值。

- 否定总是产生与原命题真值相反的真值。

- 合取为真，当且仅当两个合取支都为真。

- 析取为假，当且仅当两个析取支都为假。

- 实质蕴涵为假，当且仅当前件为真但后件为假。

- 等值为真，当且仅当两个命题具有相同的真值。其他所有情况都为假。

我们用一些例子来进行说明。因为把论证表示成符号的方法和前文一样，所以我们直接证明符号化的论证形式。

例（65） $p \rightarrow q, r \rightarrow q / \therefore r \rightarrow p$

画出上述论证的简短真值表。因为有三个原子命题，所以简短真值表的左侧需留出三列来记录每一个原子命题的真值。每个前提和结论再各占据一列。不过，因为我们的目标是要找出一个所有前提都为真但结论为假的真值指派，所以简短真值表只需要一行。

p	q	r	$p \rightarrow q$	$r \rightarrow q$	$r \rightarrow p$

假设这个论证是无效的，即所有前提都为真但结论为假。我们将真值填到简短真值表中各个运算符号下面。然后，我们逆向推导出一组使论证无效的 p、q 和 r 的真值。记得要把真值正确地写在对应的符号下面。因此，在例（65）中，我们要把真值写在蕴涵符号下面。

p	q	r	$p \rightarrow q$	$r \rightarrow q$	$r \rightarrow p$
			T	T	F

有许多种真值指派都可以使实质蕴涵为真，所以在实质蕴涵为真的情况下，我们不能确定各支命题的真值。然而，使实质蕴涵为假的情况只有一种。因此，我们可以从假蕴涵开始指派真值。当 $r \rightarrow p$ 为假时，r 为真且 p 为假。

p	q	r	$p \rightarrow q$	$r \rightarrow q$	$r \rightarrow p$
			T	T	T F F

我们把这个结果写到其他命题下面，并检查这是不是一个一致的真值指派。

p	q	r	$p \to q$	$r \to q$	$r \to p$
			T	T T	T F F

如果 r 为真且 $r \to q$ 也为真，那么 q 一定为真。因为如果 q 为假，那么 $r \to q$ 就为假了。因此，我们找到了 q 的确切的真值，即 T。

p	q	r	$p \to q$	$r \to q$	$r \to p$
			T	T T T	T F F

现在我们把 p 的真值为 F 和 q 的真值为 T 这个结果应用到其余命题中。

p	q	r	$p \to q$	$r \to q$	$r \to p$
F	T	T	F T T	T T T	T F F

我们完成了！当 p 为假且 q 为真时，$p \to q$ 为真。这正是我们需要的结果。因此，我们没有得到任何矛盾。把 F 指派给 p，把 T 指派给 q 和 r，所得结果使得论证的前提为真但结论为假。因为这个论证在所有前提都为真时结论有可能为假，所以我们最初的假设其实是正确的。于是，这个论证是无效的。

我们将这个结果与完整的真值表做对比。

p	q	r	$p \to q$	$r \to q$	$r \to p$
T	T	T	T T T	T T T	T T T
T	T	F	T T T	F T T	F T T
T	F	T	T F F	T F F	T T T
T	F	F	T F F	F F T	F T T
F	T	T	F T T	T T T	T F F
F	T	F	F T T	F T T	F T F
F	F	T	F T F	T F F	T F F
F	F	F	F T F	F T F	F T F

我们用简短真值表法得到的结果与完整真值表的第 5 行相同。其他行展示的都是前提和结论都为真的情况。然而，这些行都不会影响论证的有效性，因为无论有多少种使结论来自前提的真值指派，一个反模型[1]就足以证明这个论证无效了。我们只需要找出这个反模型即可。使用简短真值表法，我们只需要画 1 行真值表而非 8 行，这样就减少了很多计算量。

我们如果熟练掌握了简短真值表法，甚至可以跳过原子命题的真值指派那几列，直接在前提和结论下面写真值。

$p \rightarrow q$	$r \rightarrow q$	$r \rightarrow p$
F T T	T T T	T F F

简短真值表法要求我们熟悉所有真值函项联结词的真值指派，也需要我们能够从复合命题的真值逆向推导出原子命题的真值。你如果对这些计算有充足的把握，那么可以利用这种方法快速地判断论证的有效性。这种方法给人的感觉更加灵活，因为实际的推理过程几乎不是按照机械运算来进行的。然而，并非所有论证都能用这种方法轻松解决，有些论证不能确定合适的真值指派。这时，我们也许还需要画出完整的真值表。

例（66） $(p \lor q) \rightarrow r, q \& \neg r / \therefore \neg p$

假设这是一个无效的论证。

$(p \lor q) \rightarrow r$	$q \& \neg r$	$\neg p$
T	T	F

否定总能产生一个确定的真值，即与原命题真值相反的真值，所以我们应当从命题 $\neg p$ 开始指派真值。$\neg p$ 为假，所以 p 一定为真。此外，合取为真，当且仅当两个合取支都为真。$q \& \neg r$ 为真，所以我们可以推知 q 和

---

[1] 论证形式的反模型是指使得所有前提都为真但结论为假的真值指派，其他真值指派都是论证形式的模型。——译者注

¬r 都为真。¬r 为真意味着 r 为假。

$(p \lor q) \to r$	q & ¬ r	¬ p
T	T T T F	F T

把所有真值放到其余命题中，并且看能否得到一个一致的真值指派。根据第二个前提，r 为假。当后件为假时，对一个真的实质蕴涵而言，唯一可能的就是前件也为假，所以 $p \lor q$ 一定为假。当一个析取为假，两个析取支必须都为假。然而，根据结论，p 为真；根据第二个前提，q 也为真，所以，$p \lor q$ 为真。于是，我们找到了两个矛盾。其实只要有一个矛盾就足以说明假设不正确了。我们用下划线将矛盾标记出来。因此，假设一定是错误的，这个论证是有效的。

$(p \lor q) \to r$	q & ¬ r	¬ p
F F <u>F</u> T F	<u>T</u> T T F	F <u>T</u>

例（67） $p \lor \neg q , (r \equiv \neg p) \to \neg q / \therefore q \to \neg r$

假设这是一个无效的论证。

$p \lor \neg q$	$(r \equiv \neg p) \to \neg q$	$q \to \neg r$
T	T	F

当析取为真或实质蕴涵为真时，有多种可能的真值指派。因此，我们不能从这两个命题着手。然而，当实质蕴涵为假时，我们可以得到一对确定的真值：前件为真且后件为假，所以在结论中，我们可以得到 q 为真和¬r 为假。因为¬r 为假，所以 r 为真。现在我们可以把这些真值放到其余命题中。当 q 为真时，¬q 为假。对一个真的析取，至少要有一个析取支为真。因为¬q 为假，所以 p 为真。在第二个前提中，当¬q 为假和蕴涵为真时，前件一定为假，所以 $r \equiv \neg p$ 为假。我们从结论中可知 r 为真。对一个假的等值，两个支命题必须有不同的真值，所以¬p 必须为假。于是，p 为真。

p	$\lor$	$\neg$	q	$(r$	$\equiv$	$\neg$	$p)$	$\to$	$\neg$	q	q	$\to$	$\neg$	r
T	T	F	T	T	F	F	T	T	T	F	T	T	F	F	T

现在，我们得到了一个一致的真值指派：p、q 和 r 都为真，没有发现矛盾。因此，假设是正确的，即这个论证是无效的。

例（68）　$(p \to q) \lor (r \to q)$，$p \& (p \to \neg q)$ $/ \therefore r$

假设这个论证是无效的，即所有前提都为真但结论为假。

$(p \to q) \lor (r \to q)$	$p \& (p \to \neg q)$	r
T	T	F

第二个前提为真，所以两个合取支一定都为真，即 p 和 $p \to \neg q$ 都为真。因为 p 为真且 $p \to \neg q$ 为真，所以 $\neg q$ 一定为真。因为 $\neg q$ 为真，所以 q 为假。把这些结果应用到第一个前提上，可知 $p \to q$ 为假。一个真的析取至少有一个析取支为真。因为 $p \to q$ 为假，所以 $r \to q$ 一定为真。从结论中可知，r 为假。一个假的前件总是可以得出一个真的蕴涵。因此，即使 q 为假，$r \to q$ 也为真。我们没有找到矛盾，所以这个论证是无效的。

$(p \to q) \lor (r \to q)$	$p \& (p \to \neg q)$	r
T F F T F T F	T T T T T F	F

在接下来的两个例子中，我们将讨论另一种类型的论证，即二难推理。

我们先来看一个故事。很久以前，有一场发生在一名古希腊律师和他的得意门生之间的诉讼。他们两人之间有一个约定：在学生毕业后，当学生打赢第一场官司时，学生必须向老师支付学费以感谢老师的用心教导；如果学生输掉了第一场官司，这表明老师教得不好，于是学生便不必向老师支付任何费用。在学生毕业以后，他遇到的第一个官司是他的老师起诉他，要求他支付学费。这个学生的论证如下所示。

例（69） 学生要么赢要么输。如果学生赢了，按照法院裁定，老师不可以要求学生支付学费，所以学生不必支付学费。如果学生输了，按照师生之间的约定，由于学生输掉了第一场官司，他也不必支付学费。无论哪种情况，学生都不必支付学费。

从表面来看，学生似乎已经立于不败之地。然而，老师不甘示弱。老师的论证如下所示。

例（69'） 学生要么赢要么输。如果学生赢了，按照师生之间的约定，学生必须支付学费。如果学生输了，按照法院裁定，老师可以要求学生支付学费，所以学生必须支付学费。无论哪种情况，学生都必须支付学费。

这两个论证都具有如下论证形式。

$p \lor q, p \to r, q \to r / \therefore r$

我们用真值表很容易便可以证明这个论证形式是有效的。现在，我们用简短真值表来证明一下。

假设这个论证是无效的，则所有前提都为真但结论为假。

$p \lor q$	$p \to r$	$q \to r$	r
F T T	F T F	F T F	F

在结论中，r 为假。把 r 为假代入第二个前提中。一个实质蕴涵为真，后件为假，其前件必定为假，所以 p 为假。同理，r 为假且 $q \to r$ 为真，因此 q 一定为假。把这个结果代入第一个前提中，如果 p 为假且 $p \lor q$ 为真，那么 q 一定为真。这与之前得到的 q 为假的结果相矛盾，所以假设是错误的，这个论证是有效的。

我们将这个论证形式所属的一般论证类型称为**二难推理**。二难推理有两个分支 p 和 q（也称"二难的犄角"），其中每一个分支都能导致特定的结果。依据论证是如何进行的，二难推理进一步又可以分成两种类型。**构**

成式二难推理是根据相互关联的"犄角"推出的结果也是相互关联的。例(69)中的两个"犄角"推出了相同的结果，属于构成式二难推理的特殊情况。[①] 构成式二难推理的一般形式[②] 如下所示。

$p \vee q , p \rightarrow r , q \rightarrow s / \therefore r \vee s$

我们来证明它的有效性。先假设论证是无效的。

p	$\vee$	q	p	$\rightarrow$	r	q	$\rightarrow$	s	r	$\vee$	s
F	T	<u>T</u>	F	T	F	<u>F</u>	T	F	F	F	F

在结论中，如果要得到假的析取，那么两个析取支必须都为假，于是我们可以得到 r 为假和 s 为假。然后，在第二个前提中，实质蕴涵为真，后件为假，那么前件一定为假，所以 p 为假。同理，在第三个前提中，我们可以得到 q 为假。在第一个前提中，析取为真，至少有一个析取支为真。因为 p 为假，所以 q 一定为真。因此，我们得到了一个矛盾：q 既为真又为假。于是，假设是错误的，该论证是有效的。

二难推理的另一种类型是从"推导结果不都如此"反过来论证"两个'犄角'也不都如此"。我们称这种类型的二难推理为**破坏式二难推理**，其一般形式[③] 如下所示。

$p \rightarrow r , q \rightarrow s , \neg r \vee \neg s / \therefore \neg p \vee \neg q$

我们用简短真值表来检验一下它的有效性。

p	$\rightarrow$	r	q	$\rightarrow$	s	$\neg$	r	$\vee$	$\neg$	s	$\neg$	p	$\vee$	$\neg$	q
T	T	T	T	T	<u>T</u>	F	T	T	T	<u>F</u>	F	T	F	F	T

假设这个论证是无效的。结论为假，因此两个析取支一定都为假，即 p 和 q 都为真。如果 p 为真且第一个前提为真，那么 r 一定为真。如果 q 为

---

① 这种特殊情况也被称为简单构成式二难推理。——译者注

② 构成式二难推理的一般形式也被称为复杂构成式二难推理。——译者注

③ 破坏式二难推理的一般形式也被称为复杂破坏式二难推理。相应地，破坏式二难推理也有简单的特殊情况。——译者注

真且第二个前提为真，那么 s 一定为真。如果 r 为真，那么 $\neg r$ 为假。然而，第三个前提为真，所以必须只有一个析取支为真。因此，$\neg s$ 一定为真，s 则为假。这与前面 s 为真的结果矛盾。因此，假设是错误的，该论证是有效的。

以下是一个破坏式二难推理的具体例子。

例（70） 我可以为自己赚钱，或者为他人服务。如果我为自己赚钱，那么我会很高兴。如果我为他人服务，那么其他人会很高兴。我和其他人不可能都高兴。因此，我为自己赚钱并且为他人服务，这是不可能的。

我们把这个论证用符号表示出来。

令 p= 我为自己赚钱，q= 我为他人服务，r= 我很高兴，s= 其他人很高兴。

$p \vee q$, $p \rightarrow r$, $q \rightarrow s$, $\neg(r \,\&\, s) / \therefore \neg(p \,\&\, q)$

其中，$\neg(r \,\&\, s)$ 等值于 $\neg r \vee \neg s$，$\neg(p \,\&\, q)$ 等值于 $\neg p \vee \neg q$。因此，这个论证形式是破坏式二难推理。我们已经证明这个形式是有效的。当然，你也可以说，这虽然是一个有效的论证，但不是一个好的论证。因为这个论证是不可靠的。这个论证的前提中至少有一个可以为假，尤其是前提"我和其他人不可能都高兴"。

然而，简短真值表法并不总能判断出论证的有效性。我们有时无法找到一个确切的真值指派来证明假设是否正确。最后，我们用一个例子来说明这一点。

例（71） $p \rightarrow q$, $r \vee q$, $r \equiv s / \therefore r \,\&\, s$

假设这个论证是无效的。

$p \rightarrow q$	$r \vee q$	$r \equiv s$	$r \,\&\, s$
T	T	T	F

上述每一个命题都有多种真值指派。这意味着，我们无法从任何一个命题着手检验该论证的有效性。因而，我们不能简单地继续操作，而必须使用完整的真值表。我们有时还可能在做到一半时遇到类似的情况，从而终止操作。因此，在这个意义上，简短真值表法虽然效率高，但不总是有用的。

练习 5.5 简短真值表法

用简短真值表检验以下论证形式的有效性。

1.$(a \vee b) \to c$，$(a \& c) \equiv \neg b / \therefore b \to \neg c$

2.$(a \to b) \& [(a \& b) \to c]$，$a \to (c \to b) / \therefore a \to \neg b$

3.$(a \vee b) \to c$，$d \vee [c \to (\neg a \& \neg b)] / \therefore a \to (b \vee d)$

4.$(a \to b) \& (c \to \neg a)$，$a \vee c / \therefore \neg b \vee a$

5.$a \to (b \vee c)$，$(\neg b \to c) \& a$，$c \& \neg b / \therefore a \equiv (b \to c)$

5.7 自然演绎法

我们回顾一下到目前为止学过的内容。我们介绍了 5 个常见的逻辑联结词及其真值表。我们学习了如何把日常语言的论证翻译成符号的形式，还学习了如何用完整的（长的）真值表和简短真值表来检验论证的有效性。这两种真值表源于相同的概念，即展示所有可能的真值指派，以便我们可以检验论证的有效性。真值表法和词项逻辑中的文恩图法其实出于相同的目的：把一切可能性都展示出来，从而我们要探求的逻辑空间便完整并且详尽地呈现在我们的脑海中了。

正如词项逻辑有规则方法一样，命题逻辑也有规则方法，即自然演绎法。规则方法和刚刚所说的方法（文恩图法和真值表法）分别代表截然不同的思考方式。图表法是要寻找一个模型、一幅全景图、一个无侧重角度的概览；而规则方法则是寻找一种由思考主体引导的方法。思考主体必须记住和使用给定的规范性规则。通常规则自身的合理性与其应用的理念往往是不同的问题，而图表法自身的合理性则包含在方法应用的理念之中。

和词项逻辑的规则方法仅需要少数几个规则便能检验论证的有效性不同，命题逻辑的规则方法没有那么简洁，而是需要更多规则。另外，在给出了一定数量的规则后，自然演绎法也不总能行得通。自然演绎法更像是人们思考问题的自然过程，人们在使用规则时需要运用洞察力、智力和策略。也正因为如此，有时自然演绎法会更加快捷。然而，这意味着自然演绎法不如机械的图表法那么容易掌握。词项逻辑和命题逻辑的规则方法都源于古希腊。

自然演绎法的规则有两类：一类是关于有效的论证形式的，包括前几节讨论过的所有形式；另一类是关于真值函项等值的，用于命题之间的等值转换。词项逻辑的规则方法仅需要 4 条规则；自然演绎法大约[①]需要 20 条规则，共两类，每一类各包含 10 条规则。我们先把这些规则都列出来，然后通过一些例子探讨使用规则的策略。此外，我们还需要记住所有的规则以及规则的缩写，以便在证明过程中注明具体引用的是哪条规则。

推理规则

（1）肯定前件式（MP）：$p \to q$，p / $\therefore q$

（2）否定后件式（MT）：$p \to q$，$\neg q$ / $\therefore \neg p$

（3）纯假言三段论（HS）：$p \to q$，$q \to r$ / $\therefore p \to r$

（4）析取三段论（DS）：$p \lor q$，$\neg p$ / $\therefore q$

（5）构成式二难推理（CD）：$p \lor q$，$p \to r$，$q \to s$ / $\therefore r \lor s$

（6）破坏式二难推理（DD）：$p \to r$，$q \to s$，$\neg r \lor \neg s$ / $\therefore \neg p \lor \neg q$

---

① 使用自然演绎法的逻辑系统有很多个，每一个系统所包含规则都不尽相同，但大同小异。因此，只能说"大约"需要 20 条。不过，这些系统之间都是相互等值的。——译者注

（7）简化律（Simp）：$p \& q / \therefore p$

（8）合取律（Conj）：$p , q / \therefore p \& q$

（9）添加律（Add）：$p / \therefore p \vee q$

（10）吸收律（Abs）：$p \rightarrow q / \therefore p \rightarrow (p\&q)$

变形（替换）规则

（1）双重否定律（DN）：$p \equiv \neg\neg p$

（2）交换律（Com）：$(p \vee q) \equiv (q \vee p)$, $(p\&q) \equiv (q\&p)$

（3）结合律（Assoc）：$[p \vee (q \vee r)] \equiv [(p \vee q) \vee r]$, $[p\&(q\&r)] \equiv [(p\&q)\&r]$

（4）分配律（Dist）：$[p\&(q \vee r)] \equiv [(p\&q) \vee (p\&r)]$, $[p \vee (q\&r)] \equiv [(p \vee q)\&(p \vee r)]$

（5）德·摩根律（DeM）：$\neg(p\&q) \equiv (\neg p \vee \neg q)$, $\neg(p \vee q) \equiv (\neg p\&\neg q)$

（6）逆否律（Trans）：$(p \rightarrow q) \equiv (\neg q \rightarrow \neg p)$

（7）实质蕴涵律（Impl）：$(p \rightarrow q) \equiv (\neg p \vee q)$

（8）实质等值律（Equiv）：$(p \equiv q) \equiv [(p \rightarrow q) \& (q \rightarrow p)]$, $(p \equiv q) \equiv [(p \&q) \vee (\neg p\&\neg q)]$

（9）输出律（Exp）：$[(p\&q) \rightarrow r] \equiv [p \rightarrow (q \rightarrow r)]$

（10）重言律（Taut）：$p \equiv (p \vee p)$, $p \equiv (p\&p)$

在上述规则中，一些规则比另一些规则更加直观。然而，所有这些规则都可以用真值表验证。在这个意义上，我们可以把真值表看作最终的验证方法。接下来，我将说明如何使用这些给定的规则来做演绎。

我们首先要说明的问题是演绎的格式。通常情况下，在证明给定的论证时，我们需要为前提编号并把结论放在最后一个前提的后面。同时，从前提开始演绎出的每一步也都要编号，每一个编号都代表了一个从给定的前提中推出的命题。因为我们的目标是演绎出结论，所以待证结论在最后应当是某个被编号的命题。此外，我们从前提开始所做的每一步演绎都必须给出理由，理由通常要表明得到这一步所依据命题的编号及相应的规则。

在做演绎时，我们几乎都在用逆向推导的策略，即我们不会直接从前提开始盲目地演绎所有的可能，而是先看结论，思考怎么把结论和前提联系起来。除了这种一般性的思考，还有两种常见的策略：**条件证明法（CP）和反证法（Contra）**。

现在，我们从几个简单的例子开始具体说明如何做自然演绎。简洁起见，我将仅使用符号化的论证，不再思考日常语言翻译的问题。

例（72）　$p \to q, q \to r, \neg r \ / \therefore \neg p$

我们先把论证写成带有编号的形式。

① 　　　$p \to q$

② 　　　$q \to r$

③ 　　　$\neg r \ / \therefore \neg p$

我们想要证明 $\neg p$。在前提中，p 只与 q 有关系，所以为了得出 p，我们需要先得出某个关于 q 的命题。q 又与 r 相关，并且我们可以从前提中得到关于 r 的命题。因此，问题似乎变简单了：我们看到命题②和命题③可以形成一个推理，得到的结果与 q 有关；继而，我们用这个结果来推导与 p 相关的结论；最后，我们还要标明这一系列演绎的理由。如下所示。

① 　　　$p \to q$

② 　　　$q \to r$

③ 　　　$\neg r \ / \therefore \neg p$

④ 　　　$\neg q$　　　　　②③ MT

⑤ 　　　$\neg p$　　　　　①④ MT

我们先对命题②和命题③使用否定后件式规则得到命题④，然后对命题①和命题④再使用一次否定后件式规则得到 $\neg p$。$\neg p$ 正是我们要证明的结论。因此，我们证明了这个论证。

例（73） $p \rightarrow (q \rightarrow r)$, $(\neg p \rightarrow t) \& (\neg q \rightarrow s)$, $\neg t \& \neg s$ / $\therefore r$

例（73）看起来有些复杂，涉及 5 个原子命题。如果用真值表法来计算的话，我们需要画 32 行。这个真值表显然太长了。使用自然演绎法的效率就高多了。

我们还是进行逆向思考。我们要证明 r。在前提中，r 仅与 p 和 q 有关。因此，我们应当寻找某些可以得出 p 和 q 的命题。t 和 s 是与 p 和 q 相关的，因此我们要使用 t 和 s。

①	$p \rightarrow (q \rightarrow r)$	
②	$(\neg p \rightarrow t) \& (\neg q \rightarrow s)$	
③	$\neg t \& \neg s$ / $\therefore r$	
④	$\neg p \rightarrow t$	② Simp
⑤	$\neg q \rightarrow s$	② Simp
⑥	$\neg t$	③ Simp
⑦	$\neg s$	③ Simp
⑧	$\neg\neg p$	④⑥ MT
⑨	p	⑧ DN
⑩	$\neg\neg q$	⑤⑦ MT
⑪	$q \rightarrow r$	①⑨ MP
⑫	q	⑩ DN
⑬	r	⑪⑫ MP

另外，我们在最后几步可以使用输出律，从而得出一个与上述证明略有不同的证明。如下所示。

①	$p \to (q \to r)$	
②	$(\neg p \to t)\ \&\ (\neg q \to s)$	
③	$\neg t\ \&\ \neg s\ /\ \therefore r$	
④	$\neg p \to t$	② Simp
⑤	$\neg q \to s$	② Simp
⑥	$\neg t$	③ Simp
⑦	$\neg s$	③ Simp
⑧	$\neg\neg p$	④⑥ MT
⑨	p	⑧ DN
⑩	$\neg\neg q$	⑤⑦ MT
⑪	q	⑩ DN
⑫	$p\ \&\ q$	⑨⑪ Conj
⑬	$(p\ \&\ q) \to r$	① Exp
⑭	r	⑫⑬ MP

例（72）和例（73）都涉及使用肯定前件式规则或否定后件式规则把复合命题拆解为原子命题。我们在证明中有时也需要巧妙地构建一个复合命题。

例（74）　$\neg(q\ \&\ r) \to p\ ,\ s \to \neg q\ ,\ s\ /\ \therefore p$

在例（74）中，我们需要证明 p。我们知道，在第一个前提中，如果有 $\neg(q\ \&\ r)$，那么运用肯定前件式规则便可以得到 p 了。我们从第二个前提和第三个前提中可以得出 $\neg q$。然而，我们需要的是 $\neg(q\ \&\ r)$ 而不是 $\neg q$。因此，我们需要看如何能从 $\neg q$ 中构建出 $\neg(q\ \&\ r)$ 来。为了做到这一点，我们要先去掉括号。通过德·摩根律，$\neg(q\ \&\ r)$ 等值于 $\neg q \lor \neg r$。我们已经有 $\neg q$ 了，所以仅需要用 $\neg q$ 来析取 $\neg r$ 就可以了。可是，我们在任何前提中都找不到 $\neg r$。幸运的是，我们知道真命题析取任何命题后仍然为真。

既然 ¬q 为真，那么添加任何一个命题都将得到一个真命题。因此，我们可以自由地添加命题来构建我们所需的命题。

① $¬(q\&r) \to p$

② $s \to ¬q$

③ $s\ /\ \therefore\ p$

④ $¬q$ ②③ MP

⑤ $¬q \lor ¬r$ ④ Add

⑥ $¬(q\&r)$ ⑤ DeM

⑦ p ①⑥ MP

如果论证的结论是一个条件句，我们可以使用另一种策略，即**条件证明法**。条件证明法的思路很简单。一个条件句是由前件和后件构成的。然而，条件句并不表明前件的情况属实，仅仅表明若前件的情况属实，则后件的情况也属实。如果我们在演绎过程中先有意地给出前件，而后在某一步中得到了后件，那么条件关系就为真。然后，我们只需要这样消除假设：我们并不是假设前件为真，而是假设如果前件为真，那么后件也为真，这正是原论证的结论。简单来讲，我们在用条件证明法证明论证时，要先假设结论的前件，再推出结论的论证，最后消除假设本身。

记住，我们在演绎过程中增加的前件是一个额外的假设，而不是原论证的前提，所以我们在证明完成之前必须消除所有增加的额外假设。如果增加了多个假设，即在假设之中又做了假设，那么我们必须严格地按照相反的顺序来依次消除每一个假设，这样才能保证每一个假设都被消除。我们如果无法消除所有额外假设，就不能证明原论证。为了提醒我们假设仅仅是我们自己增加的，我们在左边画一条线或半个括号来表明从增加假设到消除假设的整个演绎过程。

例（75） $p \lor (q \to r)\,, q\ /\ \therefore\ ¬p \to r$

例（75）的结论是一个条件句，我们可以尝试使用条件证明法。首先，假设 ¬p 为真。然后，使用析取三段论规则，我们从第一个前提中得出 $q \to r$。有了 $q \to r$ 和 q，我们又可以得到 r。这就证明了可以由 ¬p 推出 r，也正是原论证中需要证明的结论。

① $p \lor (q \to r)$

② q / ∴ ¬$p \to r$

③   ¬p CP 前提

④ $q \to r$ ①③ DS

⑤ r ④② MP

⑥   ¬$p \to r$ ③～⑤ CP

我们在演绎中使用条件证明法时有时不只需要一个假设的前提（CP 前提）。如在例（76）中，简单地假设结论的前件并不能得到所需的后件。尤其是若要得到 t，我们需要 ¬$q \to s$。为了得到 ¬$q \to s$，我们需要另一个 CP 前提来假设 ¬q，因为 ¬q 可以推出 s。

例（76） $p \to [q \lor (r \,\&\, s)]$，$(¬q \to s) \to t$ / ∴ $p \to t$

① $p \to [q \lor (r \,\&\, s)]$

② $(¬q \to s) \to t$ / ∴ $p \to t$

③ p CP 前提

④ $q \lor (r \,\&\, s)$ ①③ MP

⑤   ¬q CP 前提

⑥ $r \,\&\, s$ ④⑤ DS

⑦ s ⑥ Simp

⑧   ¬$q \to s$ ⑤～⑦ CP

⑨ t ②⑧ MP

⑩ $p \to t$ ③～⑨ CP

另一种需要多个 CP 前提的情况是，论证的结论是一个包含条件句的条件句。如在例（77）中，我们仅假设 p 是不够的。因为没有 u 和 v，我们就无法得到 w，但在结论的内层括号中，我们还要用到 w。因此，我们需要假设 u。

例（77） $p \rightarrow (q \& r), s \rightarrow t, q \rightarrow (r \rightarrow \neg t), (u \lor v) \rightarrow w \ / \ \therefore p \rightarrow [u \rightarrow (w \& \neg s)]$

①	$p \rightarrow (q \& r)$	
②	$s \rightarrow t$	
③	$q \rightarrow (r \rightarrow \neg t)$	
④	$(u \lor v) \rightarrow w \ / \ \therefore p \rightarrow [u \rightarrow (w \& \neg s)]$	
⑤	p	CP 前提
⑥	u	CP 前提
⑦	$u \lor v$	⑥ Add
⑧	w	④⑦ MP
⑨	$(q \& r) \rightarrow \neg t$	③ Exp
⑩	$q \& r$	①⑤ MP
⑪	$\neg t$	⑨⑩ MP
⑫	$\neg s$	②⑪ MT
⑬	$w \& \neg s$	⑧⑫ Conj
⑭	$u \rightarrow (w \& \neg s)$	⑥～⑬ CP
⑮	$p \rightarrow [u \rightarrow (w \& \neg s)]$	⑤～⑭ CP

有时我们即使使用了上述策略也很难得到结论。在这种情况下，我们可以尝试使用反证法。我们在使用简短真值表法时其实用到了与反证法类似的归谬法。在使用反证法时，我们要先假设论证的结论的否定形式成立，然后由此推出矛盾，如果由假设得出了矛盾，那么假设就是错误的。因此，

被否定的结论的否定形式成立，根据双重否定律，被否定的结论的否定形式恰恰是结论本身。这样我们就得到了想要的结论，同时增加的假设也被消除了。我们来看一个例子。

例（78） $p \lor q, p \to r, q \to \neg r, \neg(r \& \neg r) / \therefore \neg(p \& q)$

①　　$p \lor q$

②　　$p \to r$

③　　$q \to \neg r$

④　　$\neg(r \& \neg r) / \therefore \neg(p \& q)$

⑤　　$p \& q$　　　　　　　　　　前提

⑥　　p　　　　　　　　　　　　⑤ Simp

⑦　　r　　　　　　　　　　　　②⑥ MP

⑧　　q　　　　　　　　　　　　⑤ Simp

⑨　　$\neg r$　　　　　　　　　　③⑧ MP

⑩　　$r \& \neg r$　　　　　　　　⑦⑨ Conj

⑪　　$\neg(p \& q)$　　　　　　　⑤～⑩，④ Contra

充分地使用前文给定的规则和介绍的策略，自然演绎法是有效的，即如果一个论证是有效的，那么总是可以构建出一个该论证的证明。因为命题逻辑本身是可靠的且完全的，所以每一种证明方法也都是可靠的且完全的。不同证明方法的区别仅仅是允许使用多少条规则：允许使用的规则越多，便越容易构建出证明。不过，一个人实际上能否用自然演绎法构建出证明，是受到个人认知因素影响的。若要用自然演绎法构建出一个证明，可能需要反思、理性直觉或其他如记忆力这样的认知能力，所以自然演绎法可能不适合所有人。因此，我建议你首选真值表法，因为真值表法的每一步都是机械的，而且最后总能做出判断。

在结束本节之前，我再做一些延伸性的说明。一个逻辑系统是**可靠的**，当且仅当该系统中不允许有以真命题开始并以假命题结束的演绎。一个逻辑系统是**完全的**，当且仅当每一个真值函项有效的论证都存在一个规则系统所允许的演绎，可以从其前提中演绎出结论。逻辑学家已经严谨地证明了命题逻辑的可靠性和完全性，不过这些证明过程是高度技术化的，已经超出了本书所介绍的内容范围，你有兴趣的话，可以自行查阅其他资料。

5.8 本章小结

命题逻辑是关于原子命题之间的真值函项关系的逻辑。命题逻辑把原子命题作为研究的基本单位，而不再分析其内部的逻辑结构。我们介绍了5种常见的真值函项联结词：否定、析取、合取、实质蕴涵和等值。每一个联结词都是由真值函项关系定义的，并以真值表呈现。

5 种常见的真值函项联结词

- **否定**是一个总是给出与原命题真值相反的真值的函项。
- **合取**是当且仅当两个合取支都为真时才为真的函项。
- **析取**是当且仅当两个析取支都为假时才为假的函项。
- **实质蕴涵**是当且仅当前件为真且后件为假时才为假的函项。
- **等值**是使得两个命题总有相同真值的函项。

在命题逻辑中，有多种证明论证有效性的方法。本章中推荐的首选方法是真值表法。真值表法基于一个简单的思路：通过展示论证中命题的所有可能的真值指派来避免任何隐藏的可能性。如果所有前提都为真时结论也为真，那么论证是有效的。只要存在真前提和假结论的情况，论证就是无效的。真值表法是详尽的、完整的、机械可判定的，但也耗时、不方便。

简短真值表法的基本思路和真值表法的一样，只不过简短真值表仅考虑那些会使论证无效的可能性。在假设论证无效的条件下，如果没有发现矛盾，那么论证是无效的。反之，如果发现了矛盾，那么论证是有效的。简短真值表法和真值表法同样是详尽的和完整的，但是使用简短真值表法的效率更高。不过，因为有些命题可能存在多种可能的真值指派，所以简短真值表法并不总有用。这时，我们还是需要构建完整的真值表。

最后，我们介绍了演绎的方法，即自然演绎法。自然演绎法的目标不是一次性地给出一个可以总览所有可能性的图表，而是一步一步地从已知中推出未知。自然演绎法包含一些推理规则和变形规则。在证明过程中使用的规则越多，就越容易构建出证明。本书将自然演绎法的规则分为两类，每一类都介绍了十条规则，其他书中的规则可能与本书中的有所不同。在构建一个演绎时，本章也给出了三条策略。

- **逆向构建**：从结论开始，逆向思考结论如何能与给定的前提联系起来。虽然是逆向思考，但是在书写演绎时仍然要从前提开始推导。

- **条件证明法**：如果结论是条件句，那么我们在证明论证时可以假设结论的前件，然后看能否从前件中演绎出后件。如果可以，那么我们便消除了假设并且证明了所要证明的结论。

- **反证法**：我们先假设结论的否定形式成立，并且由此推出矛盾。然后，我们便可以消除假设，并且断言被否定的结论的否定形式是成立的。

每一种方法都有各自的优点和局限性。不过，最重要的是，命题逻辑是完全的。这便确保了真值表法的合理性。同时，真值表法也可以作为其他一切逻辑方法的基础。

6

谓词逻辑

你将在这一章中学习以下内容

▶ 函项、概念、量化

▶ 将直言命题翻译为谓词逻辑形式

▶ 日常语言的翻译

▶ 关于量词的推理和等值规则

▶ 演绎

6.1 函项、概念、量化

我们在前面两章介绍了词项逻辑和命题逻辑。这两个系统都是可靠的且完全的，并且在日常推理中有很强的适用性。然而，这两个系统各自有其局限性。在这一章中，我将介绍一个新的逻辑系统——谓词逻辑，以克服局限性问题。

命题逻辑只从外部考察各命题之间的真值函项关系。故而，命题逻辑无法判断基于命题内部结构之间的关系建立起来的论证的有效性。

例（1） 所有人都会死。苏格拉底是人。因此，苏格拉底会死。

例（1）的每一个前提和结论都是原子命题，所以在命题逻辑中，例（1）的每一个命题都应当用一个小写字母来表示。因为每一个命题都是不同的，所以我们用不同的符号来分别代表这些命题。令 $p=$ 所有人都会死，$q=$ 苏格拉底是人，$r=$ 苏格拉底会死，例（1）可以用符号表示如下。

$$p$$
$$\frac{q}{\therefore r}$$

从这个形式中，我们完全看不出这些命题之间有什么关联，所以我们无法用命题逻辑来判断这个论证的有效性。然而，我们都知道这是一个有效的论证，因为这三个命题是由相同的命题成分联系起来的，如"人"和"会死"。如果一个逻辑系统除了可以分析命题之间的关联，还可以分析命题的内部结构，那么这个逻辑系统一定更强。

词项逻辑分析的是命题的内部结构。不过，词项逻辑仅能处理主项和谓项之间的简单关系，如量和质的关系；并且只能处理一些简单的谓词，如一元谓词。相对于一元谓词，还有多元谓词或 n 元谓词。**n 元谓词**是指关联 n 个个体词的谓词。

一元谓词只涉及一个对象。例如，"是明智的"是一个一元谓词，这个谓词可以应用到一个人上，如苏格拉底；"是白色的"也是一个一元谓词，这个谓词可以用来限定雪或纸等。大多数一元谓词都是形容词或动词。二元谓词是按照特定顺序连接两个对象的谓词，比如"爱""是……的兄弟姐妹""在……的北方"等。注意，"约翰爱玛丽"和"玛丽爱约翰"是不一样的。我们通常把二元谓词称为"关系"。三元谓词连接三个对象或某事物的三个方面。例如，"寄"是一个三元谓词：x（人）给 y（人）寄 z（物）。另一个三元谓词的例子是"自由"。虽然人们通常把"自由"当作一元谓词，但其实"自由"是一个三元谓词。"自由"总是可以用一个三元公式来表达：x（主体）在 z（避免某人或某物的干涉）的条件下做 y（采取某种行动）。例如，吸烟禁令通过避免二手烟的产生使不吸烟者拥有享受健康生活的自由，同时限制了吸烟者想吸烟时便吸烟的自由。

词项逻辑通常只能处理一元谓词。当然，有些 n 元谓词也有可能转换为一元谓词。例如，在"约翰爱玛丽"的例子中，我们不把"爱"看作谓词，而把"爱玛丽"看作谓词，于是"约翰爱玛丽"便可以转换为"约翰是一个爱玛丽的人"。然而，如果我们用这种方法来转换谓词，那么转换后的谓词数量有可能超过三段论所能掌控的词项数量，因为三段论只能包含三个词项。

例（2） 约翰爱玛丽。玛丽爱购物。因此，约翰爱购物。

这个论证可以转换为如下形式。

约翰是一个爱玛丽的人。玛丽是一个爱购物的人。因此，约翰是一个爱购物的人。

这样转换后的论证包含四个词项，而不是三个词项。令 S= 约翰，P= 爱购物的人，M= 玛丽。此外，我们还必须创建第四个词项 N 来代表"爱玛丽的人"。其中，"玛丽"和"爱玛丽的人"是两个不同的对象集合。因此，转换后的论证形式如下所示。

$$S \text{ 是 } N$$
$$M \text{ 是 } P$$
$$\therefore S \text{ 是 } P$$

这个论证中没有中项来连接大项和小项，直言三段论不能判断这类论证的有效性。

另外，词项逻辑不能处理结构复杂的谓词。

例（3） 所有富有的人都可以加入俱乐部。有些才华横溢的人也被邀请加入俱乐部。因此，所有俱乐部成员要么是富有的要么是才华横溢的。

令 M= 俱乐部成员，S= 富有的人，P= 才华横溢的人。

$$\text{所有 } S \text{ 都是 } M$$
$$\text{有些 } P \text{ 是 } M$$
$$\therefore \text{所有 } M \text{ 是（} S \text{ 或 } P\text{）}$$

例（3）的结论不属于四种直言命题（A、E、I、O）中的任何一种，所以词项逻辑无法判断这类论证的有效性。

我们自然而然地会想，是否可以尝试把词项逻辑系统和命题逻辑系统结合起来，构造一个可以处理复杂多样的句子的逻辑系统呢？事实上，已经有这样的逻辑系统了，就是谓词逻辑系统。

谓词逻辑有时被称为量化逻辑，为其做出最大贡献的人是弗雷格（参看第 1 章）。弗雷格也被誉为现代逻辑和分析哲学之父，他最重要的逻辑学著作包括《概念文字》和《算术基础》。

谓词逻辑的基本观点是把谓词看作函项，而不是对象。我们已经知道在数学和逻辑学中，函项就是从某一对象到另一对象的映射（参看第 5 章）。谓词就像一台机器，有一个空位等待被输入信息，以便按照程序输出结果。例如，"是白色的"从字面上应当被理解为这样的结构："……是白色的"。假设我们在"是"前面的空位中输入"雪"，因为雪满足"是白色的"的属性，即"雪是白色的"为真，所以输出结果为"真"；假设我们输入"煤"，因为煤不是白色的，所以煤和"是白色的"这个属性的组合导致的结果是"假"。

弗雷格把"真"和"假"看作对象。这听起来可能有点儿奇怪，但是我们赞同他的观点。因此，"雪""煤""真""假"都是对象，但"是白色的"不是对象。对象在本体论上是完整的，自身单独便可成立。然而，"是白色的"自身是不完整的，有一个空位需要填充。弗雷格将这种函项称为概念。**概念**便是函项，即从对象到真值的映射。用弗雷格的例子来讲，满足"是一匹马"这个概念的动物是一个对象，即一个"是一匹马"的对象，但"是一匹马"不是一个对象，而是一个概念。因此，弗雷格有句名言：概念"马"不是一匹马。弗雷格用"概念"这个词来表示属性。

我们需要注意，在弗雷格的理论中，概念不是思维实体，而是抽象的逻辑函项。类似地，弗雷格用"思想"这一术语来表示命题。思想是抽象的实体，而不是心理实体。一种思想可以被心灵思考或理解，但并不必然被心灵思考或理解。这就像书架上有一本书，即使没有人去读这本书，书中的观点或思想仍然存在。一种不被任何心灵思考的思想仍然是一种思想，所以一种思想并不需要被某个人思考才得以存在。在思想这一问题上，弗雷格是柏拉图主义者。

回到逻辑系统中，作为概念的谓词在论证中是怎么起作用的呢？因为谓词是需要对象来满足的，所以谓词逻辑包含两类基本元素：代表概念或谓词的符号和代表对象的符号。**谓词**通常用大写字母 F、G、H 等表示。对象可以分为两类：确定的对象和不确定的对象。我们称确定的对象为**个体常元**，用小写字母 a、b、c 等表示；称不确定的对象为**个体变元**，也用小写字母表示，如 x、y、z 等。

因为谓词总是需要对象来满足的，所以我们总是把谓词和对象写在一起。对一元谓词，一个对象便可以满足它。因此，我们可以得到两类结构：Fa 或 Fx。Fa 读作"a 是 F"，Fx 读作"x 是 F"。当我们把个体常元应用于谓词时，谓词将映射一个真值（"真"或"假"）。比如，把"雪"应用于"是白色的"而产生真，把"煤"应用于"是白色的"而产生假。因此，Fa 是一个命题，代表了一个完整的思想。我们也称 Fa 为**单称命题**。所谓单称命题，是指断言某一特定个体具有或不具有某一特定属性的命题。

不过，当我们把个体变元应用于谓词时，因为对象是不确定的，所以我们无法判断应该输出"真"还是输出"假"。因此，Fx 不是一个命题，而是一个**命题函项**。命题函项是一个由谓词和个体变元构成的表达式，它没有真值。命题函项必须在被量词（全称量词或存在量词）限制或把个体常元代入个体变元后才能确定真值。

一个命题函项如果被量化了，那么便有了真值。事实上，在谓词逻辑系统中，命题函项必须被量词限制后才能成为合式公式。例如，"x 是明智的"没有真值，因为"x 是明智的"没有指称任何确定的对象。然而，"对于某个 x，x 是明智的"（意思是有些人是明智的）有真值，而且为真，因为在这个世界上存在明智的人。不过，"对于所有 x，x 是明智的"（意思是每个人都是明智的）为假，因为这个世界上不是每个人都很明智，也有愚蠢的人。因此，对于一元谓词，一般有三种类型的**合式公式**，如下所示。

合式公式大体上与命题同义，即合式公式可以为真或为假。

Fa；

对于所有 x，Fx；

对于某些 x，Fx。

我们引入一些符号来表示"对于所有"和"对于某些"，我们称这些符号为量词。其中，$\forall$ 是全称量词，代表"对于所有"；$\exists$ 是存在量词，代表"对于某些"。于是，以上三种类型的合式公式可以写成如下形式。

Fa；

$\forall x Fx$；

$\exists x Fx$。

举例如下。

"苏格拉底是明智的"，用符号表示为 Ws。

"所有人都是明智的"，用符号表示为 $\forall x Wx$。

"有些人是明智的"，用符号表示为 $\exists x Wx$。

在谓词逻辑中，二元谓词通常是以 Fab 或 Fxy 的形式呈现的，其中 a、b 和 x、y 是按指定顺序排列的。例如，令 $j=$ 约翰，$m=$ 玛丽，$L=$ 爱。"约翰爱玛丽"表示为 Ljm。改变 j 和 m 的顺序则意味着完全不同的命题，如 Lmj 代表"玛丽爱约翰"。其他 n 元谓词以类似于 $Fa\cdots n$ 或 $Fx\cdots z$ 的方式呈现。

我们应当特别注意一个谓词：等词。**等词**是一个二元谓词，我们通常把等词指示的关系表达为"与……相等""与……相同"等，或者简单地表达为"是"。在谓词逻辑中，我们用符号"$=$"表示等词，其中"$=$"的两边分别是一个个体（个体常元或个体变元）。例如，"西塞罗是图利乌斯"可以表示为"$c=t$"，其中 c 代表西塞罗，t 代表图利乌斯。我们把包含等词的公式，如 $a=b$，看作像 Fa 一样的原子公式。或者，我们可以把包含等词的公式理解为总是带有一个（隐藏的）括号的原子公式。

在这个思路下，等词的否定（"a 不等于 b"）是对命题的否定，表示的是"并非 a 等于 b"，而不是对个体的否定，因为对个体的否定是没有意义的。例如，b 代表蝙蝠侠，s 代表超人，"蝙蝠侠不是超人"应该表示为"$\neg b=s$"，而不是"$b\neg=s$"（后者不符合谓词逻辑的句法，不是合式公式）。同时，需要注意的是，等词不是连接命题的逻辑联结词。

最后，谓词逻辑保留了命题逻辑中的 5 个真值函项联结词：否定（$\neg$）、合取（&）、析取（$\vee$）、实质蕴涵（$\rightarrow$）和等值（$\equiv$）。

原子公式或原子公式的真值函项组合是合式公式。只有合式公式可以用真值来评价，即可以为真或为假。

以上便是谓词逻辑系统的全部语义和句法。我们来总结一下。

核心概念：谓词逻辑

语义

谓词逻辑系统包含如下元素。

- 谓词：F，G，H，……，$=$
- 个体常元：a，b，c，……
- 个体变元：x，y，z，……
- 量词：$\forall$（全称），$\exists$（存在）
- 联结词：$\neg$，&，$\vee$，$\rightarrow$，$\equiv$

句法

合式公式是原子公式或原子公式的真值函项组合。其中，原子公式只有三种类型。

- Fa（或当 F 是 n 元谓词时，$Fa\cdots n$）
- $\forall xFx$
- $\exists xFx$（或当 F 是 n 元谓词时，$\phi x\cdots\phi zFx\cdots z$，其中 ϕ 是 $\forall$ 或 $\exists$）

6.2 将直言命题翻译为谓词逻辑形式

我们现在用谓词逻辑来重新解释四种直言命题的逻辑形式。

A- 命题"所有 S 都是 P"表明，无论什么是 S，其都是 P。其中，"无论什么是 S"表示任何满足 S 的对象，"P"表示任何满足 P 的对象。因此，整个命题"无论什么是 S，其都是 P"表示，对于任意对象，如果它满足 S，那么它满足 P。因为这个命题适用于任何对象，所以应该将其量化为全称的。我们使用 ∀ 来构建这个命题。在 ∀ 的辖域内，任何对象是 S 和任何对象是 P 之间是实质蕴涵的关系。根据现代解释，全称命题（A- 命题和 E- 命题）是没有存在预设的，全称命题并没有断言实际上存在 S，而是说如果某个对象满足 S，那么这个对象满足 P，所以 A- 命题中的逻辑关系是实质蕴涵，而不是合取。因此，A- 命题应该用量化的词项重新写为如下形式。

所有 S 都是 P：$\forall x(Sx \to Px)$

例（4）

令 $H=$ 是人，$M=$ 会死。

人都会死：$\forall x\,(Hx \to Mx)$

（读作：对于所有 x，如果 x 是人，那么 x 会死。）

当一个实质蕴涵的前件为假时，这个实质蕴涵为真。因此，当 $\neg\exists x Sx$ 为真时，$\forall x(Sx \to Px)$ 也为真。这就是我们刚刚说过的，A- 命题和 E- 命题可以为真，但并不要求 S 存在。

类似地，E- 命题"没有 S 是 P"表明，对于任意对象，如果它满足 S，那么它不满足 P。因此，E- 命题涉及的范围也是全称的。同时，关于满足 S 的对象，E- 命题也没有存在预设。因此，E- 命题的谓词逻辑形式如下。

没有 S 是 P：$\forall x(Sx \to \neg Px)$

例（5）

令 H= 是无家可归的人，W= 是富有的人。

没有无家可归的人是富有的人：$\forall x(Hx \rightarrow \neg Wx)$

（读作：对于所有 x，如果 x 是无家可归的人，那么 x 不是富有的人。）

I- 命题"有些 S 是 P"表明，有些对象既满足 S 又满足 P。因为 I- 命题是特称命题，所以 I- 命题有存在预设，即 I- 命题断言了具有这样属性的对象是存在的。这意味着，无论满足 S 的对象是否也满足 P，$\exists xSx$ 都必须为真。因此，I- 命题中的逻辑关系是合取，而不是蕴涵。I- 命题应当翻译为如下形式。

有些 S 是 P：$\exists x(Sx \& Px)$

例（6）

令 T= 是青少年，O= 是坦率的。

有些青少年是坦率的：$\exists x(Tx \& Ox)$

（读作：存在 x，使得 x 是青少年并且 x 是坦率的。）

类似地，O- 命题"某些 S 不是 P"也是一个特称命题，表明某些满足 S 的对象不满足 P。

有些 S 不是 P：$\exists x(Sx \& \neg Px)$

例（7）

令 P= 是政治家，H= 是诚实的。

有些政治家不是诚实的：$\exists x(Px \& \neg Hx)$

（读作：存在 x，使得 x 是政治家并且 x 不是诚实的。）

由于词项逻辑完全由四种直言命题组成，现在我们把所有直言命题都重新表示成了量化的形式。这便意味着，我们可以用谓词逻辑系统来处理所有的直言三段论了。事实上，谓词逻辑系统可以处理的论证形式远不止直言三段论。

谓词逻辑的公式既可以展示命题的内部结构，又可以表示内部结构之间的不同关联。谓词逻辑还可以处理包含多个词项的论证，而不仅仅局限于包含三个词项的论证。在这方面，谓词逻辑系统在应用时不受词项逻辑的那种限制。

谓词逻辑也涵盖了命题逻辑。命题逻辑中的所有原子命题都可以重新改写成谓词逻辑的三类合式公式之一。

6.3 日常语言的翻译

谓词逻辑以其对日常语言的广泛适用性及能处理非常复杂的谓词而著称。现在，我们从一些简单的例子着手，逐渐过渡到更复杂的例子。我们也会审视一些论证的翻译。事实上，我们只要掌握了翻译句子的方法，便知道该怎么翻译论证了。

当然，在将日常语言翻译成谓词逻辑形式的过程中，最基本的技巧就是要先识别谓词、个体常元和个体变元。如果涉及个体变元，我们还需要为每一个个体变元指定一个恰当的量词。

例（8） 伦敦很漂亮。

"很漂亮"是一个谓词，伦敦是一个个体常元。令 $P=$ 很漂亮，$l=$ 伦敦。这个命题可以翻译为如下形式。

Pl

例（9） 一切都是完美的。

"是完美的"是一个谓词，"一切"指示的是不确定的个体变元。因为

"一切"显然包含所有涉及的事物，所以例（9）适合使用全称量词。令 $P=$ 是完美的，例（9）可以翻译为如下形式。

$\forall xPx$

例（10）没有什么是完美的。

例（10）和例（9）相似，二者有相同的谓词，并且都涉及不确定的个体变元。因为"没有什么"涵盖了所有事物，即所有事物都不具有完美这种属性，所以例（10）也应当使用全称量词。令 $P=$ 是完美的，例（10）可以翻译为如下形式。

$\forall x\neg Px$

当没有什么事物是完美的时，这就意味着并非有些事物是完美的。在词项逻辑中 E- 命题的矛盾是 I- 命题，所以 E- 命题等值于 I- 命题的否定。因而，上述公式也可以写为如下形式。

$\neg\exists xPx$

一般来讲，谓词逻辑中有以下等值规则（变形规则）。

对任意谓词 F，都有：

（a）$\forall x\neg Fx \equiv \neg\exists xFx$

（b）$\exists x\neg Fx \equiv \neg\forall xFx$

（c）$\forall xFx \equiv \neg\exists x\neg Fx$

（d）$\exists xFx \equiv \neg\forall x\neg Fx$

这些规则反映了词项逻辑中的矛盾关系。第一个规则对应 E- 命题是 I- 命题的否定的观点。第二个规则对应 O- 命题是 A- 命题的否定的观点。第三个规则对应 A- 命题是 O- 命题的否定的观点。第四个规则对应 I- 命题是 E- 命题的否定的观点。

注意，"一切都是完美的"的否定不是"没有什么是完美的"，它的否定是 $\neg\forall xPx$，读作"并非一切都是完美的"。我们只要找出一个不完美的事物便可以满足公式 $\neg\forall xPx$ 了，并不需要每一个事物都是不完美的。一个不完美的事物，即 $\exists x\neg Px$，读作"某些事物不是完美的"。"一切都是完美的"的否定并不要求每一个事物都不完美，即 $\forall x\neg Px$；也不要求没有事物是完美的，即 $\neg\exists xPx$。

一般而言，我们有一个非常重要的经验：量词的辖域是一个公式的重要决定性因素。改变符号的位置、量词的位置或添加括号等，都将使公式变成一个完全不同的断言。逻辑是非常精确的，上述例子可以说明这一点。我们需要重申的是：

$\forall x\neg Px \equiv \neg\exists xPx$

$\exists x\neg Px \equiv \neg\forall xPx$

但是，

$\forall x\neg Px \not\equiv \neg\forall xPx$

$\exists x\neg Px \not\equiv \neg\exists xPx$

例（11） 一切都是不完美的。

假设我们把"不完美的"看作谓词"是完美的"的反义词，那么"一切都是不完美的"的意义与"一切都不是完美的"的意义是相同的。于是，例（11）和例（10）相同。例（11）可以翻译为如下形式。

$\forall x\neg Px$

或者，等值地：

$\neg\exists xPx$

例（12） 有些事物是美丽的。

例（13） 至少有一个事物是美丽的。

令 $B=$ 是美丽的。"有些事物是美丽的"可以写为如下形式。

$\exists xBx$

我们在第 4 章中讨论过，我们在词项逻辑中总是把"有些"理解为"至少一个"。这一点在谓词逻辑中也一样。因此，例（13）的翻译和例（12）相同，即 $\exists x Bx$。然而，当我们考虑的不是"至少一个"而是"至多一个"或"恰好一个"时，情况就不同了。

例（14）　恰好有一个事物是美丽的。

"恰好一个"意味着至少有一个且至多有一个。"至少有一个"意味着不能没有或有零个对象满足给定的谓词，"至多有一个"意味着满足给定谓词的对象不能多于一个。很明显，表示"至多有一个"更加困难。我们不得不设想其对立面的情况。"至多有一个"意味着不可能有两个对象都满足给定的谓词，并且这两个对象是不相同的。换言之，如果有两个对象都满足给定的谓词，那么这两个对象必须是相同的。这就是只能有一个对象满足给定的谓词的情形。我们用这种情形来表达"恰好只有一个对象"的断言。

令 $B=$ 是美丽的。现在我们需要两个个体变元而非一个个体变元来表达两个对象相同。例（14）的翻译如下所示。

$\exists x Bx \& \forall x \forall y[(Bx \& By) \to x=y]$

公式的第一部分 $\exists x Bx$ 读作：存在某个 x，x 满足 B。因为例（14）断言了存在某个美丽的事物，所以这里应当用存在量词。这一部分满足了"至少有一个美丽的事物"的要求。

公式的第二部分 $\forall x \forall y[(Bx \& By) \to x=y]$ 满足了"至多有一个美丽的事物"的要求。我们假设如果有任意两个对象，其中每一个对象都满足"是美丽的"的要求，那么这两个对象是相同的。因为是任意对象，并且我们仅仅做了一个假设，实际上并没有断言存在任何对象，所以这里应当使用全称量词，而不是存在量词。$\forall x \forall y[(Bx \& By) \to x=y]$ 读作：对所有 x 和所有 y，如果 x 是美丽的并且 y 是美丽的，那么 x 和 y 是相同的。

这是一个复杂的例子，所以我们可以多花一些时间来仔细思考并理解它。其实，罗素提出的著名的摹状词理论就涉及"恰好一个"的逻辑结构。罗素在他对后世产生了巨大影响的《论指称》一文中分析了包含摹状词的句子的三层含义。

例如，"当今的法国国王是秃头"是真的，当且仅当以下条件均成立：

（a）有一个当今的法国国王；

（b）只有一个当今的法国国王；

（c）无论谁是当今的法国国王，他都是秃头。

令 $F=$ 是当今的法国国王，$B=$ 是秃头。"当今的法国国王是秃头"可以用符号表示为如下形式。

$$\exists x[Fx \& \forall y(Fy \to x=y) \& Bx]$$

"有一个当今的法国国王"表示为 $\exists xFx$。"只有一个当今的法国国王"应当表示为 $\forall x\forall y(Fx \& Fy \to x=y)$。因为（a）已经断言事实上存在一个 x 满足 F，所以在把（b）放到（a）的辖域中时，我们便不必再增加一个全称量化了。$\forall x\forall y(Fx \& Fy \to x=y)$ 表示，如果有一个满足 F 的 x 且有一个满足 F 的 y，那么 x 和 y 是相同的——事实上，（a）已给出存在一个满足 F 的 x，所以我们不需要再进一步量化 x 了，只需要量化 y 即可。（c）如果单独出现，应当写为 $\forall x(Fx \to Bx)$。然而，（a）已经断言存在满足 F 的 x，这意味着条件句的前件是真的，所以必须要有某个满足 B 的 x 才能使得条件句为真。因此，我们是在 Fx 存在量化的条件下来写 Bx 的，而且 Fx 和 Bx 是一个合取而不是条件句。

例（15） 某物不是美丽的。

例（16） 并非一切都是美丽的。

例（17） 并非没有什么是美丽的。

令 $B=$ 是美丽的。例（15）很简单，应该写为 $\exists x\neg Bx$。例（16）写为

$\neg\forall xBx$。某物不美丽便意味着并非一切都是美丽的，所以例（15）和例（16）其实是等值的。我们在前文中讲过这条等值规则。

例（17）是一个双重否定。"没有什么是美丽的"翻译为 $\forall x\neg Bx$，或等值地翻译为 $\neg\exists xBx$。这已经是一个否定了，其意义是"并非某物是美丽的"，用"并非"对其再次否定则意味着肯定，所以例（17）应该翻译为"某物是美丽的"，即 $\exists xBx$。注意，$\neg\neg\exists xBx$ 等值于 $\exists xBx$。

例（18） 彼得是奎因的亲戚。

我们尝试用多元谓词来翻译例（18）。"是……的亲戚"是一个二元谓词。令 $Cxy=x$ 是 y 的亲戚，$p=$ 彼得，$q=$ 奎因。例（18）可以用符号表示为如下形式。

Cpq

注意，在这一情形中，"是……的亲戚"是一个对称关系。关系 R 是**对称关系**，如果个体 a 和个体 b 具有 R 关系，那么反过来 b 和 a 也具有 R 关系，用符号表示为 Rab 蕴涵 Rba。如果彼得是奎因的亲戚，那么奎因也是彼得的亲戚。不过，不是所有的关系都是对称关系。显然，"是……的老板"就不是一个对称关系。如果杰克是鲍勃的老板，那么鲍勃不是杰克的老板，至少不会是同一个意义上的老板。

实际上，我们会用三个特征来分析一个关系。一个关系除了可以是对称的，也可以是传递的或自返的。**传递关系** R 是一个可以递进的关系，用符号表示为 Rab 及 Rbc 蕴涵 Rac。"大于""年长于"都是传递关系。例如，9 大于 7，并且 7 大于 3，所以 9 大于 3。传递关系的一个反例是"爱"：如果约翰爱玛丽，并且玛丽爱彼得，这一定不蕴涵约翰爱彼得。事实还有可能是相反的情况：因为玛丽爱的是彼得而不是约翰，所以约翰恨彼得。此外，爱也不是对称关系：约翰爱玛丽，并不蕴涵玛丽爱约翰。

自返关系是一个自身赋予自身相应属性的关系，用符号表示为如果关

系 R 是自返的且 a 是论域中的任一元素，那么 Raa 总是成立的。例如，等词是自返关系，因为任何对象都是与其自身相等的。相等（"等于"）在所有实数的集合中也是自返的，即"1 等于 1"。爱是不是自返关系，这是有争议的。因为人天生便会爱自己，并且会努力地保护自身的利益。然而，也有例外。有的人可能不太喜欢自己。因此，严格地讲，爱不能算是自返关系。

我们需要注意到关系的特征，因为这些特征有时会影响公式的意义。此外，辖域也是一个重要的问题。我们来看以下例子。

例（19）　每个人都爱某个人。

例（20）　某个人被每个人爱着。

令 $Lxy=x$ 爱 y。思考以下两种可能的翻译方式，哪一种是例（19）的正确翻译？哪一种是例（20）的正确翻译？

(a)　$\forall x \exists y(Lxy)$

(b)　$\exists x \forall y(Lyx)$

(a) 的意思是，对所有个体 x，都有另一个个体 y，使得 x 爱 y。不同的个体可能爱不同的人。这也是"每个人都爱某个人"的意思，所以 (a) 是例（19）的正确翻译。然而，(b) 的意思是，存在某个个体 x，使得对于所有个体 y,y 爱 x（或 x 被 y 爱着）。在 (b) 中，每个人都爱着同一个人，不存在不同的个体可能爱不同的人的意思。因此，(b) 是例（20）的翻译，而不是例（19）的翻译。如此，我们看到，虽然老师们都教过"把"字句和"被"字句是可以互译的，如"安德鲁把火扑灭了"和"火被安德鲁扑灭了"，但二者在逻辑上并不总是相同的。我们需要清楚，真值条件要严格地遵循具体问题具体分析的原则。

我们可以认为例（19）和例（20）的区别在于二者的量词有不同的辖域。在例（19）中，全称量词量化的是 x，存在量词量化的是 y；但在例（20）

中，存在量词量化的是 x，全称量词量化的是 y。此外，在例（19）中，全称量词的辖域更广（位于命题最外层的位置），存在量词也被包括在全称量词的辖域内了；而在例（20）中，存在量词的辖域更广，全称量词被包括在存在量词的辖域内了。在推理中混淆辖域有可能导致错误，甚至引发一些深层次的哲学问题。

有一个非常著名的关于上帝存在的论证便存在这种混淆辖域的问题。我们把这个论证称为因果论证或第一因论证，具体内容如下：因为一切事物的形成都是有原因的，所以最终一定有一个原因导致了一切事物的形成；神是创造世界的第一因。因为结果存在，所以原因一定存在。因此，第一因存在，所以神存在。

这个论证依赖两个关键的命题，例（21）和例（22），并且例（21）蕴涵例（22）。我们来检验一下例（21）和例（22）之间是否有必然联系。

例（21）　一切事物的形成都是有原因的。

例（22）　有一个原因导致了一切事物的形成。

因果关系是一个二元谓词。令 $Cxy=x$ 引起 y。我们可以把例（21）翻译为例（21'）。

例（21'）　$\forall x \exists y Cyx$

（读作：对于所有 x，存在某个 y，使得 y 引起 x。）

然而，例（22）表达的却是例（22'）。

例（22'）　$\exists y \forall x Cyx$

（读作：存在某个 y，使得对于所有 x，都有 y 引起 x。）

由此可见，例（22）表达的内容和例（21）的有很大不同。例（21'）和例（22'）有完全不同的量化范围。我们不可能从例（21'）中演绎出例

（22'）。因此，上帝存在的因果论证是有缺陷的。从例（21'）中演绎出例（22'）和用例（23）来论证例（24）在逻辑上是可类推的。从直觉来看，用例（23）论证例（24）显然是无效的。例（23）显然为真，但例（24）却为假。通过比较例（23'）和例（24'）与例（21'）和例（22'），我们可以看出，用例（23）论证例（24）和用例（21）论证例（22）具有完全相同的逻辑结构。

例（23）　每个人都会吃某些东西。

例（24）　某些东西会被每个人吃。

令 $Exy=x$ 吃 y。

例（23'）　$\forall x \exists y Exy$

例（24'）　$\exists y \forall x Exy$

我们在检验一个论证的有效性时，可以构建一个和该论证具有相同逻辑结构的有效的（或无效的）论证，从而说明原论证是有效的（或无效的）。我们把这种方法称为**逻辑类推法**。

例（25）　所有侵略者都将被驱逐出境或提起公诉。

例（26）　所有闪光的都不是金子。

例（27）　除了勇敢的人和诚实的人，没有什么人是值得公平对待的。

这一组例子都使用了逻辑联结词。

例（25）的意思是，如果一个人是侵略者，那么这个人要么被驱逐出境，要么被提起公诉。这个命题并没有指明哪一个特定的人会受到这种待遇，而是说任何侵略者都将受到这种待遇。因此，该命题是关于个体变元的，而不是关于个体常元的；应当是全称量化，而不是存在量化。其实，这个命题根本没有断言实际上有侵略者，只是断言了所有侵略者都将受到某种方式的待遇，所以这个命题中的逻辑关系是蕴涵关系。其中，对待侵略者的方式又是由析取构成的（驱逐出境或提起公诉），整个析取是"是侵略者"的后件，所以我们需要给后件添加括号。总而言之，例（25）应当翻译为如下形式。

令 $T=$ 是侵略者，$E=$ 被驱逐出境，$P=$ 被提起公诉。

例（25'） $\forall x[Tx \rightarrow (Ex \vee Px)]$

例（26）很简单。

令 $G=$ 闪光的，$D=$ 是金子。

例（26'） $\forall x(Gx \rightarrow \neg Dx)$

例（27）是一个全称命题，所以主要运算是蕴涵。因为主语中包含了若干个属性，所以在蕴涵之前，我们需要用一对括号把所有代表属性的符号都括起来。"除了……，没有"意味着"只有"，所以例（27）的意思是"只有勇敢的人和诚实的人是值得公平对待的"。可这并不表明，如果一个人是勇敢的和诚实的，那么这个人值得公平对待。例（27）的意思应该是，如果一个人值得公平对待，那么这个人一定是勇敢的和诚实的。就像在命题逻辑中，"只有 p，才 q"应该翻译为 $q \rightarrow p$，而不是 $p \rightarrow q$。因此，我们需要注意，在谓词逻辑中类似的翻译规则同样适用。

令 $B=$ 是勇敢的，$H=$ 是诚实的，$F=$ 值得公平对待。例（27）可以翻译为如下形式。

例（27'） $\forall x[Fx \rightarrow (Bx \,\&\, Hx)]$

我们再看两个带有"只有"的例子。注意以下命题的意义有怎样的区别。

例（28） 只有英国公民能在英国脱欧公投中投票。

例（29） 英国公民只能在英国脱欧公投中投票。

令 $B=$ 是英国公民，$V=$ 能在英国脱欧公投中投票。

例（28'）$\forall x(Vx \rightarrow Bx)$，或者等值地翻译为 $\forall x(\neg Bx \rightarrow \neg Vx)$

然而，例（29）意味着，英国公民虽然在英国脱欧公投中有投票权，但也仅在英国脱欧公投中有投票权，而在其他任何选举中都没有投票权，所以例（29）的主题不是英国公民，而是英国公民可以投票的选举。因此，例（29）和例（28）的谓词是不一样的。

令 $E=$ 是英国公民可以投票的选举，$R=$ 是英国脱欧公投，个体变元 x 代表某个选举，而不是某个人。

例（29'）$\forall x[(Ex \rightarrow Rx) \,\&\, (Rx \rightarrow Ex)]$，其等值地翻译为 $\forall x(Ex \equiv Rx)$

回忆一下，我们在命题逻辑中除了讨论过"只有"，还讨论了"除非"。我们来看一下谓词逻辑是怎么处理"除非"的。

例（30）所有人都会受苦，除非有人牺牲。

例（31）所有人都会受苦，除非有人牺牲，并且每个人都要感谢那些牺牲的人。

令 $U=$ 会受苦，$A=$ 牺牲，$Gxy=x$ 感谢 y（"感谢"是一个二元谓词）。例（30）只用到了 U 和 A，可以翻译为如下形式。

例（30'）$\forall x \exists y(Ay \lor Ux)$，或者等值地翻译为

例（30''）$\forall x \exists y(\neg Ay \rightarrow Ux)$，或者等值地翻译为

例（30'''）$\forall x \exists y(\neg Ux \rightarrow Ay)$

在谓词逻辑中，"除非"的翻译遵循与命题逻辑相同的规则。在命题逻辑中，"除非 A，否则 B"翻译为"A $\lor$ B""$\neg$A $\rightarrow$ B""$\neg$B $\rightarrow$ A"。在谓词逻辑中，我们仅仅需要注意一下量化的问题即可。在例（30）中，受苦

的人应当是全称量化（"所有人都会受苦"），但是牺牲的人应当是存在量化，因为仅是有人牺牲。此外，还有一点很重要，个体变元要与相关的谓词保持一致。

例（31）的"除非"引导了一个更复杂的子句。因而，我们在处理其他子句之前要把这个子句用括号括起来。

例（31'） $\forall x \exists y[(Ay \ \& \ Gxy) \lor Ux]$，或者等值地翻译为

例（31''） $\forall x \exists y[\neg(Ay \ \& \ Gxy) \rightarrow Ux]$，或者等值地翻译为

例（31'''） $\forall x \exists y[\neg Ux \rightarrow (Ay \ \& \ Gxy)]$

我们所举的最后一个例子——例（32）涉及一个复杂的结构：某物是一头驴，而且拥有这头驴的人驯服了这头驴。"拥有"和"驯服"都是二元谓词，而且必须是同一个人拥有和驯服同一头驴。因此，这个命题至少涉及两个个体变元，即 x 和 y。因为这个命题对人的描述是"每个"，所以我们应当在拥有者上使用全称量词。驴不是必须被拥有的，但如果驴是被拥有的，那么驴也是被驯服的。于是，我们应当对驴使用全称量词。

例（32） 每个拥有一头驴的人都驯服了这头驴。

令 $D=$ 是一头驴，$Oxy=x$ 拥有 y，$Bxy=x$ 驯服 y。

例（32'） $\forall x \forall y[(Dy \ \& \ Oxy) \rightarrow Bxy]$

我们只要知道了怎么翻译命题，就知道了怎么翻译论证。以下论证的翻译在第 6.1 节已经提到。

例（1） 所有人都会死。苏格拉底是人。因此，苏格拉底会死。

令 $H=$ 是人，$M=$ 会死，$s=$ 苏格拉底。

例（1'）

$$\forall x(Hx \to Mx)$$

$$Hs$$

$$\therefore Ms$$

例（3） 所有富有的人都可以加入俱乐部。有些才华横溢的人也被邀请加入俱乐部。因此，所有俱乐部成员要么是富有的要么是才华横溢的。

令 W= 是富有的，C= 成为俱乐部成员，H= 是才华横溢的。

例（3'）

$$\forall x(Wx \to Cx)$$

$$\exists x(Hx \ \& \ Cx)$$

$$\therefore \forall x[Cx \to (Wx \lor Hx)]$$

练习 6.1 将日常语言翻译为谓词逻辑形式

用谓词逻辑的逻辑符号翻译下列句子。

1. 没有学生会作弊。

2. 外交官并不总是富有的。

3. 被蜘蛛咬伤有时是致命的。

4. 不是每个申请都会成功。

5. 只有合格的机械师可以修理汽车。

6. 除非一个人会游泳，否则他不可以潜水或划船。

7. 任何喜欢侦探小说的人都会喜欢夏洛克·福尔摩斯，除非这个人是个门外汉。

8. 贝蒂在同一时间只会爱上一个人。

9. 所有士兵都服从他们的指挥官。因此，一个指挥官被每个士兵所服从。

10. 每个不服从指挥官的士兵都会失去被指挥官表扬的机会。

6.4 关于量词的推理和等值规则

前文已经提到，谓词逻辑不再保留文恩图或真值表的方法，因为谓词逻辑要处理的命题比直言三段论更加复杂，并且涉及量化问题。同时，如 Sx 和 Px 的命题函项并不具有真值——我们即使可以给诸如 $\exists x\,(Sx\&Px)$ 的公式指派真值，也无法给这类公式的组成部分指派任何真值。此外，谓词逻辑的命题或论证中通常含有一些函项，即使我们可以构建出真值表，真值表往往也是非常长和复杂的。

不过，谓词逻辑保留了命题逻辑的自然演绎法。第 5 章介绍的自然演绎法的规则和策略同样适用于谓词逻辑。我们只需要增加一些用来处理量词的规则即可。我只介绍谓词逻辑中最简单的论证，所以本书只列举了 4 条量词的推理规则。当然，我们在处理更复杂的论证时可能需要用到更多规则，如等词的消去和引入规则等。现在，我将 4 条量词的推理规则列举如下。

量词的推理规则

- 全称消去（$\forall$E，也称全称例示 UI）：$\forall xFx\,/\,\therefore Fa$（其中 a 是任意选取的个体常元）

- 全称引入（$\forall$I，也称全称概括 UG）：$Fa\,/\,\therefore \forall xFx$（其中 a 是任意选取的个体常元）

- 存在消去（$\exists$E，也称存在例示 EI）：$\exists xFx\,/\,\therefore Fa$（其中 a 是任何没在之前的演绎步骤中出现过的个体常元）

- 存在引入（$\exists$I，也称存在概括 EG）：$Fa\,/\,\therefore \exists xFx$（其中 a 是任意选取的个体常元）

等值规则（变形规则）

● 量词变换（QE）

$\forall x \neg Fx \equiv \neg \exists x Fx$

$\exists x \neg Fx \equiv \neg \forall x Fx$

$\forall x Fx \equiv \neg \exists x \neg Fx$

$\exists x Fx \equiv \neg \forall x \neg Fx$

我们在第 6.3 节讨论日常语言的翻译时已经介绍过量词的等值规则。这些等值规则与词项逻辑中的 A- 命题和 O- 命题、E- 命题和 I- 命题的矛盾关系是一致的，因而这些等值规则是不会引起争议的。

我们进一步解释一下量词的推理规则。推理规则的任务是消去或引入量化。因为我们要处理量词辖域内的运算，但是命题函项因没有真值而不能直接参与运算，所以消去和引入量化的步骤是必要的。我们需要通过**例示**一个量化的方式暂时去掉量词。这意味着，我们要构造一个量化的模型，即只用个体常元来表达公式，而不使用量词和个体变元。这样一来，原有量化的部分就变成了原子公式，不再受到量词的限制，于是便可以自由地参与运算了。然而，这样运算得出的结果仍然是不带量词的原子公式。我们在证明的最后还需要回到量化的结果。于是，我们通过**概括**一个不带量词的原子公式来重新引入量化。我们会在第 6.5 节中通过一些例子来说明上述过程具体是如何实现的。

为什么要规定例示和概括应当怎样实现呢？谓词逻辑假定了所有词项（包括个体常元、个体变元和谓词）都有所指示。这就是说，虽然谓词逻辑中的 x 是个体变元，但我们在论证中使用 x 时事实上假设 x 是存在的，只不过 x 不是任何特定的个体。因此，如果在前提中所有 x 都满足函项 F，那么在给定的论域中任意选取一个特定的个体也一定满足函项 F。我们不妨称这个任意选取的个体为 a，所以全称例示是合理的。

同样地，如果任意选取的个体 a 都满足函项 F，那么我们可以将其概

括为所有 x 都满足 F。我们不妨设想下述情形：假设 a 是一个任意选取的三角形，我们可以证明 a 的三个内角之和是 180°。那么，我们不仅知道了这个特定的三角形的内角和是 180°，还知道了所有三角形都具有这个属性。因为 a 是我们任意选取的三角形，而几何定理是普遍适用的。我们如果证明了这个三角形是这样的，那么就证明了所有三角形都是这样的。由此，我们可以进行概括。出于相同的原因，我们也可以接受全称概括规则。

你可能有疑问，为什么我们有时不能对在科学研究中发现的事例进行概括。这是因为我们可能提出了一个错误的前提假设。例如，我们错误地认为某种模式是普遍适用的。不过，你可以暂时接受这个有可能出错的假设并继续研究，直到发现矛盾再拒绝这个假设。因此，接受全称概括规则仍然比完全不使用任何概括规则更加合理。

注意，所有词项都有所指示的说法不要与存在预设的观点混淆。在词项逻辑中，全称命题（A- 命题和 E- 命题）是没有存在预设的。这意味着，即使全称命题为真，也不表明存在某些满足属性 S 的对象（$\exists xSx$ 为真）。然而，这与断言任意对象（x）存在是完全不同的问题。谓词逻辑假设个体变元是存在于论域中的对象，即使个体变元是不确定的。全称命题没有存在预设的观点在谓词逻辑中体现为选择何种运算来处理谓词 S 和谓词 P 之间的关系，即全称命题中 S 和 P 之间是实质蕴涵关系，而不是合取关系。同样地，特称命题有存在预设的观点在谓词逻辑中的体现是，联结 S 和 P 的运算是合取，而不是实质蕴涵，即如果 $\exists x(Sx \& Px)$ 或 $\exists x(Sx \& \neg Px)$ 为真，那么 $\exists xSx$ 一定为真。

我们很容易证明存在消去和存在引入，因为二者不涉及普遍性。存在消去是说，如果某事物满足函项 F，那么必定有特定的事物满足 F。存在引入是说，如果一个特定的对象满足 F，那么必定有某个对象满足 F。这两种说法都是显然的和自明的。

然而，我们在应用存在消去规则时对 *a* 有一个限制。在存在消去规则中，*a* 不是任意选取的个体，而必须是某个没有在之前的演绎步骤中出现过的个体。这个限制是必要的且可以理解的。如果没有这个限制，那么我们便有可能用一个个体常元来例示一个存在公式，同时再用相同的常元来例示另一个存在公式，但这个个体事实上可能并不同时具有两个公式的属性。即使这个个体同时具有两个公式的属性，也可能纯属偶然。因此，一般来讲，不加限制地使用存在消去规则是错误的。

这个限制也提示我们，在应用全称消去规则、全称引入规则或存在引入规则之前应当先应用存在消去规则。例如，我们在使用了存在消去规则并且指定了某个体常元后仍然可以使用全称消去规则，因为全称消去规则并不限制我们使用相同的个体常元。

6.5 演绎

我们具体来看一下如何在谓词逻辑的演绎中使用推理规则和等值规则。

例（33）　$\forall x(Fx \to Gx), Fa / \therefore Ga$

因为第一个前提是一个量化陈述，所以我们在这种情况下不能直接使用肯定前件式规则。我们需要先例示第一个前提，这样才可以对其组成部分分别进行运算。$(Fx \to Gx)$ 都在全称量词 $\forall$ 的辖域中，并且只有一个个体变元 x，所以我们在例示第一个前提时可以使用同一个个体常元。

① $\forall x(Fa \to Gx)$

② $Fa / \therefore Ga$

③ $Fa \to Ga$　　　① $\forall$E

④ Ga　　　　　　③② MP

通过应用全称消去规则，我们可以得到 $Fa \to Ga$。现在我们可以应用肯定前件式规则了。因为前提 2 中已经有 Fa，所以我们得出结论 Ga。

例（34）　$\forall x(Fx \to Gx), \forall x(Gx \to Hx) / \therefore \forall x(Fx \to Hx)$

从直觉上，我们知道例（34）是有效的——例（34）是假言三段论的量化形式。然而，因为命题都是量化的，所以我们不能直接应用纯假言三段论规则。因此，我们有必要做出例示。在证明的最后，我们在应用纯假言三段论规则得到想要的结果后，还需要对此结果进行概括，从而得出论证的结论。

① $\forall x(Fx \to Gx)$

② $\forall x(Gx \to Hx) / \therefore \forall x(Fx \to Hx)$

③ $Fa \to Ga$　　　　　　　　① $\forall$E

④ $Ga \to Ha$　　　　　　　　② $\forall$E

⑤ $Fa \to Ha$　　　　　　　　③④ HS

⑥ $\forall x(Fx \to Hx)$　　　　　⑤ $\forall$I

例（35）　$\forall x(Fx \to Gx), \exists x(Fx \ \& \ \neg Hx) / \therefore \exists x(Gx \ \& \ \neg Hx)$

例（35）如果写成词项逻辑的形式，应该读作：所有 F 都是 G，有些 F 不是 H，所以有些 G 不是 H。我们用文恩图法可以知道这个论证是有效的。现在，我们要用量化形式来演绎这个论证。

① $\forall x(Fx \to Gx)$

② $\exists x(Fx \& \neg Hx) / \therefore \exists x(Gx \& \neg Hx)$

③ $Fa \ \& \ \neg Ha$　　　　　　　② $\exists$E

④ Fa　　　　　　　　　　　③ Simp

⑤ $\neg Ha$　　　　　　　　　③ Simp

⑥ $Fa \to Ga$　　　　　　　　① $\forall$E

⑦ *Ga*   ⑥④ MP

⑧ *Ga* & ¬*Ha*   ⑦⑥ Conj

⑨ ∃*x*(*Gx*&¬*Hx*)   ⑧ ∃I

直言三段论只能处理三个词项（函项），谓词逻辑比词项逻辑有更强的处理能力。下一个例子便展示了谓词逻辑如何处理多于三个函项的论证。像命题逻辑一样，即使有再多的词项和运算，谓词逻辑也能处理。

例（36）　∀*x*[*Fx* → ¬(*Hx* & *Gx*)], ∃*x*(*Hx* & *Kx*),∀*xFx* / ∴ ∃*x*(¬*Gx* & *Kx*)

① ∀*x*[*Fx* → ¬(*Hx* → *Gx*)]

② ∃*x*(*Hx*&*Kx*)

③ ∀*xFx* / ∴ ∃*x*(¬*Gx*&*Kx*)

④ *Ha*&*Ka*   ② ∃E

⑤ *Ha*   ④ Simp

⑥ *Ka*   ④ Simp

⑦ *Fa* → ¬(*Ha* → *Ga*)   ① ∀E

⑧ *Fa*   ③ ∀E

⑨ ¬(*Ha* → *Ga*)   ⑦⑧ MP

⑩ ¬(¬*Ha* ∨ *Ga*)   ⑨ Impl

⑪ ¬¬*Ha* & ¬*Ga*   ⑩ DeM

⑫ ¬*Ga*   ⑪ Simp

⑬ ¬*Ga* & *Ka*   ⑫⑥ Conj

⑭ ∃*x*(¬*Gx*&*Kx*)   ⑬ ∃I

像例（35）一样，我们在例（36）中也要先应用存在消去规则。因为只有一个存在前提，所以我们不需要多次应用存在消去规则。同时，在应用全称消去规则时，我们可以使用与应用存在消去规则时相同的个体常元。

例（37） $\forall x(Fx \rightarrow Gx), \forall x(Lx \rightarrow Tx) / \therefore \forall x[(Fx \vee Lx) \rightarrow (Gx \vee Tx)]$

① $\forall x(Fx \rightarrow Gx)$

② $\forall x(Lx \rightarrow Tx) / \therefore \forall x[(Fx \vee Lx) \rightarrow (Gx \vee Tx)]$

③ $Fa \rightarrow Ga$ ① $\forall$E

④ $La \rightarrow Ta$ ② $\forall$E

⑤ $\neg Fa \vee Ga$ ③ Impl

⑥ $(\neg Fa \vee Ga) \vee Ta$ ⑤ Add

⑦ $\neg Fa \vee (Ga \vee Ta)$ ⑥ Assoc

⑧ $(Ga \vee Ta) \vee \neg Fa$ ⑦ Com

⑨ $\neg La \vee Ta$ ④ Impl

⑩ $(\neg La \vee Ta) \vee Ga$ ⑨ Add

⑪ $\neg La \vee (Ta \vee Ga)$ ⑩ Assoc

⑫ $\neg La \vee (Ga \vee Ta)$ ⑪ Com

⑬ $(Ga \vee Ta) \vee \neg La$ ⑫ Com

⑭ $[(Ga \vee Ta) \vee \neg Fa]$ & $[(Ga \vee Ta) \vee \neg La]$ ⑧ ⑬ Conj

⑮ $(Ga \vee Ta) \vee (\neg Fa$ & $\neg La)$ ⑭ Dist

⑯ $(Ga \vee Ta) \vee \neg(Fa \vee La)$ ⑮ DeM

⑰ $\neg(Fa \vee La) \vee (Ga \vee Ta)$ ⑯ Com

⑱ $(Fa \vee La) \rightarrow (Ga \vee Ta)$ ⑰ Impl

⑲ $\forall x[(Fx \vee Lx) \rightarrow (Gx \vee Tx)]$ ⑱ $\forall$I

例（37）的要点在于结论比前提更复杂。在这种情况下，运用添加律和交换律等是十分必要的。我们要充分利用所有给定的规则来达到目的，尝试用各种方法把演绎导向结论所需的形式。

例（38） $\exists x(Fx$ & $Gx), \exists x(Gx$ & $\neg Hx) / \therefore \exists x(Fx$ & $\neg Hx)$

这个论证和以下词项逻辑中的论证是等值的：有些 F 是 G，有些 G 不是 H，所以有些 F 不是 H。我们知道这个论证是无效的。然而，如果我们忽略存在消去规则的限制条件，很可能错误地证明这个论证是有效的。具体是这样的。

① $\exists x(Fx \ \& \ Gx)$

② $\exists x(Gx \ \& \ \neg Hx) \ / \ \therefore \exists x(Fx \ \& \ \neg Hx)$

③ $Fa \ \& \ Ga$ ① $\exists E$

④ $Ga \ \& \ \neg Ha$ ② $\exists E$（错！）

⑤ Fa ③ Simp

⑥ $\neg Ha$ ④ Simp

⑦ $Fa \ \& \ \neg Ha$ ⑤⑥ Conj

⑧ $\exists x(Fx \ \& \ \neg Hx)$ ⑦ $\exists I$

因为我们在第 4 步中不应该指定一个和第 3 步中相同的个体常元，所以这个证明过程是错误的。前提 1 断言了某事物具有属性 F 和 G，同时前提 2 断言了某事物具有属性 G 和 $\neg H$。然而，前提 2 并未断言前提 1 中的个体也具有属性 G 和 $\neg H$。因此，我们不能给两个例示指定相同的个体常元 a。如果我们指定了相同的个体常元，那么意味着前提 1 和前提 2 中断言了相同的个体，可这并不能从前提中得出。正确的方法是指定不同的个体常元。因此，第 4 步应当如下所示。

① $\exists x(Fx \ \& \ Gx)$

② $\exists x(Gx \ \& \ \neg Hx) \ / \ \therefore \exists x(Fx \ \& \ \neg Hx)$

③ $Fa \ \& \ Ga$ ① $\exists E$

④ $Gb \ \& \ \neg Hb$ ② $\exists E$

⑤ Fa ③ Simp

⑥ $\neg Hb$ ④ Simp

⑦ *Fa* & ¬*Hb*	⑤⑥ Conj
⑧ ∃*x*(*Fx* & ¬*Hx*)	⑦ ∃I（错！）

在上述修改过的演绎过程中，我们不能对第 7 步应用存在引入规则来得出一般形式。第 8 步中要求只有一个个体变元被存在量词限制，并且满足 *F* 和 ¬*H* 的个体是相同的，因此演绎不能进行到第 8 步。

例（38）给我们带来了一个问题，即如何在谓词逻辑中证明一个论证是无效的。原则上，我们可以用简短真值表法来证明一个量化形式的论证是无效的。首先，我们例示这个论证；然后，假设例示后的论证是无效的；最后，对所有涉及的原子命题给出一致的真值指派。如果没有发现矛盾，那么原论证是无效的。这是因为一个无效的例示便足以说明量化的论证是无效的。然而，即使我们在例示中发现了矛盾，也不能因此结束我们的工作。这是因为例示的论证仅仅表明在某些特殊情况下结论可以来自前提，但这并不意味着结论总来自前提。因此，一般来讲，量化的论证仍然可能是无效的，我们必须继续用更多的例示来检验论证，直到我们发现一种没有矛盾的情况。

在检索例示的过程中，我们遵循两条规则。

假设论域中恰好有 n 个个体，*a*、*b*、*c*、…、*n*，那么：

$$\forall xFx \equiv Fa \ \& \ Fb \ \& \ Fc \ \& \cdots \& \ Fn;$$

$$\exists xFx \equiv Fa \lor Fb \lor Fc \lor \cdots \lor Fn。$$

这意味着，在全称量化的例示中，我们要用合取来联结各原子公式；在存在量化的例示中，我们要用析取来联结各原子公式。如果一个个体的例示不足以反驳一个论证，那么我们需要考虑在第二个例示中是否要把相关量词例示为 *Fa*、*Fb*、（甚至）*Fc* 的合取或析取。

我们以例（38）为例。如果我们只例示一个个体，即所有 *x* 都用个体常元 *a* 来替换，那么例示的论证是有效的。例示之后，论证变为如下形式。

$Fa \ \& \ Ga, \ Ga \ \& \ \neg Ha \ / \ \therefore \ Fa \ \& \ \neg Ha$

Fa & Ga	Ga & ¬ Ha	Fa & ¬ Ha
T T T	T T T <u>F</u> T	T F F <u>T</u>

假设例示的论证是无效的，即所有前提都为真但结论为假。我们发现了一个矛盾：Ha 既为真，又为假。因此，当论域中有且只有一个个体时，我们用上述例示可以证明例（38）的量化形式是有效的。然而，因为论域可能包括更多可用的对象，所以例（38）的量化形式未必是有效的。我们需要继续证明例（38）是无效的，直到我们找到一种没有出现矛盾的情况。

因此，我们尝试用两个个体 a 和 b 来例示论证。如果这样例示后的论证是无效的，那么我们便证明了量化的论证是无效的。否则，我们需要继续用三个个体 a、b、c 来例示论证。如此反复，直到我们发现使论证无效的例示。因为例（38）的论证涉及存在陈述，所以我们在用多个个体例示时应当使用析取。

$(Fa\&Ga)\lor(Fb\&Gb), \ (Ga\&\neg Ha)\lor(Gb\&\neg Hb) \ / \ \therefore \ (Fa\&\neg Ha)\lor(Fb\&\neg Hb)$

(Fa & Ga) ∨ (Fb & Gb)	(Ga & ¬ Ha) ∨ (Gb & ¬ Hb)	(Fa & ¬ Ha) ∨ (Fb & ¬ Hb)
T F F T T T T	F F F T T T T F T	T F F T F T F F T

假设例示的论证是无效的，那么所有前提都为真，并且结论为假。因为结论为假，并且是一个析取，所以结论的两个析取支都一定为假。不过，仍然存在多种可能的真值指派使得两个析取支都为假。我们先假设 Fa 为真，因为合取为假，所以 $\neg Ha$ 一定为假；再假设 Fb 为真，因为合取为假，所以 $\neg Hb$ 也为假。把这些结果代入到前提中，我们可以给 Ga 和 Gb 指派一致的真值，并且没有产生矛盾。这意味着，至少当 Fa 为 T、Ga 为 F、Ha 为 T，同时 Fb 为 T、Gb 为 T、Hb 为 T 时，论证是无效的。进而，例（38）的量化形式的论证也是无效的。

总而言之，谓词逻辑可以使用与命题逻辑相同的基本技巧来证明论证是有效的或无效的。不同之处在于谓词逻辑处理的是量化的论证。因此，我们需要运用例示和概括的规则，使量化的命题和非量化的命题之间可以相互转换。在量词的推理规则中，存在消去规则有一个限制条件，所以我们要在应用全称消去规则、全称引入规则和存在引入规则之前先应用存在消去规则。这意味着，一个包含两个存在前提但结论中只有一个个体变元的论证几乎不可能是有效的。这是因为存在前提在例示时会得到两个不同的个体，然而两个不同的个体完全不可能反过来只概括成一个个体变元。

　　我们在谓词逻辑中很难证明一个论证是无效的。即使在一个例示中找出了矛盾也不足以证明量化的论证不是无效的。我们还需要继续检验，直到发现一个没有矛盾的例示。全称量化要翻译为论域中所有个体常元的合取，存在量化要翻译为论域中所有个体常元的析取。

　　谓词逻辑是一个非常强大的系统，所以还有更多内容和技巧等待我们去探索。谓词逻辑中还有许多用于处理更复杂的论证的规则，如等词消去（=E）和等词引入（=I）等。辖域在量化中也很重要。当一个公式中出现多于一个个体变元时，我们在例示和概括时可以通过画线的方法来帮助我们了解每个量词的辖域。这是一个高级的技巧。此外，谓词逻辑还有其他的证明方法，如树形图法因其非常直观而变得越来越流行。你如果有兴趣的话，可以更深入地钻研，从而发现更多关于谓词逻辑的内容和使用技巧！

练习 6.2 检验下列简单的论证

对下列论证，若是有效的，请构建一个形式证明；若是无效的，也请证明其无效。注意，必要时可以先把论证用符号表示出来。

1. $\forall x(Sx \to \neg Tx)$, $\exists x(Sx \ \& \ Ux)$ / $\therefore \exists x(Ux \ \& \ \neg Tx)$

2. $\exists x(Px \ \& \ \neg Qx)$, $\forall x(Px \to Rx)$ / $\therefore \exists x(Rx \ \& \ \neg Qx)$

3. $\forall x(Gx \to Fx)$, $\forall x(Qx \to \neg Fx)$ / $\therefore \forall x(Qx \to \neg Gx)$

4. $\exists x\{(Ex \ \& \ Fx) \ \& \ [(Ex \ \lor \ Fx) \to (Gx \ \& \ Hx)]\}$ / $\therefore \forall x(Ex \to Hx)$

5. $\exists x[Cx \ \& \ \neg(Dx \to Ex)]$, $\forall x[(Cx \ \& \ Dx) \to Fx]$, $\forall x(Gx \to \neg Cx)$ / $\therefore \exists x(\neg Gx \ \& \ Fx)$

6. 每个付出努力的人都会得到相应的奖励。安德鲁没有付出努力。因此，安德鲁没有得到相应的奖励。

7. 有些管理者工作很勤勉。有些官员工作不勤勉。因此，没有官员是管理者。

8. 所有老爷车都很稀有。因此，如果某人拥有一辆老爷车，那么他拥有某个稀有物品。

6.6 本章小结

谓词逻辑的主要观点是，在命题逻辑的基础上，使用函项和对象构建一个好的逻辑结构。谓词逻辑将对象的用途从被赋予了某些属性的个体常元转变为不确定的个体变元，从而使逻辑系统可以自由地处理量化的问题。谓词逻辑系统应用得更加广泛，比词项逻辑和命题逻辑处理论证的能力更强。

谓词逻辑可以处理所有词项逻辑能够处理的论证，我们总结了把直言命题转换为量化命题的一般形式，还总结了一些有用的推理规则或等值规则。把日常语言翻译为谓词逻辑的形式是一个更复杂的问题，我们需要考虑许多因素，如谓词的选择、个体常元、个体变元、量词及量词的辖域等。特别要注意的是，不同的量词的辖域意味着完全不同的命题。

翻译

- 所有 S 都是 P：$\forall x(Sx \rightarrow Px)$

- 没有 S 是 P：$\forall x(Sx \rightarrow \neg Px)$

- 有些 S 是 P：$\exists x(Sx \ \& \ Px)$

- 有些 S 不是 P：$\exists x(Sx \ \& \ \neg Px)$

- $\forall x \neg Fx \equiv \neg \exists x Fx$

- $\exists x \neg Fx \equiv \neg \forall x Fx$

- $\forall x Fx \equiv \neg \exists x \neg Fx$

- $\exists x Fx \equiv \neg \forall x \neg Fx$

在翻译中，我们需要决定：

①论证中涉及哪些谓词，以及每一个谓词的元数；

②需要多少个个体常元或个体变元；

③每一个个体变元的量词；

④每一个量词的辖域。

在谓词逻辑中，我们可以用自然演绎法来证明论证的有效性。命题逻辑中的所有规则在谓词逻辑中同样适用。此外，我们还增加了一些用于处理量化的规则。

关于量词的规则

- 推理规则

（1）肯定前件式（MP）：$p \rightarrow q, p \ / \ \therefore q$

（2）否定后件式（MT）：$p \rightarrow q, \neg q \ / \ \therefore \neg p$

（3）纯假言三段论（HS）：$p \rightarrow q, q \rightarrow r \ / \ \therefore p \rightarrow r$

（4）析取三段论（DS）：$p \vee q, \neg p \ / \therefore q$

（5）构成式二难推理（CD）：$p \vee q, p \to r, q \to s \ / \therefore r \vee s$

（6）破坏式二难推理（DD）：$p \to r, q \to s, \neg r \vee \neg s \ / \therefore \neg p \vee \neg q$

（7）简化律（Simp）：$p \ \& \ q \ / \therefore p$

（8）合取律（Conj）：$p, q \ / \therefore p \ \& \ q$

（9）添加律（Add）：$p \ / \therefore p \vee q$

（10）吸收律（Abs）：$p \to q \ / \therefore p \to (p \ \& \ q)$

（11）全称消去（∀E）：$\forall x Fx \ / \therefore Fa$（其中 a 是任意选取的个体常元）

（12）全称引入（∀I）：$Fa \ / \therefore \forall x Fx$（其中 a 是任意选取的个体常元）

（13）存在消去（∃E）：$\exists x Fx \ / \therefore Fa$（其中 a 是任何没在之前的演绎步骤中出现过的个体常元）

（14）存在引入（∃I）：$Fa \ / \therefore \exists x Fx$（其中 a 是任意选取的个体常元）

● 变形规则

（1）双重否定律（DN）：$p \equiv \neg\neg p$

（2）交换律（Com）：$(p \vee q) \equiv (q \vee p), (p \ \& \ q) \equiv (q \ \& \ p)$

（3）结合律（Assoc）：$[p \vee (q \vee r)] \equiv [(p \vee q) \vee r], [p \ \& \ (q \ \& \ r)] \equiv [(p \ \& \ q) \ \& \ r]$

（4）分配律（Dist）：$[p \ \& \ (q \vee r)] \equiv [(p \ \& \ q) \vee (p \ \& \ r)], [p \vee (q \ \& \ r)] \equiv [(p \vee q) \ \& \ (p \vee r)]$

（5）德·摩根律（DeM）：$\neg(p \ \& \ q) \equiv (\neg p \vee \neg q), \neg(p \vee q) \equiv (\neg p \ \& \ \neg q)$

（6）逆否律（Trans）：$(p \to q) \equiv (\neg q \to \neg p)$

（7）实质蕴涵律（Impl）：$(p \to q) \equiv (\neg p \vee q)$

（8）实质等值律（Equiv）：$(p \equiv q) \equiv [(p \to q) \ \& \ (q \to p)], (p \equiv q) \equiv [(p \vee q) \vee (\neg p \ \& \ \neg q)]$

（9）输出律（Exp）：$[(p \ \& \ q) \to r] \equiv [p \to (q \to r)]$

（10）重言律（Taut）：$p \equiv (p \vee p), p \equiv (p \ \& \ p)$

（11）量词变换（QE）：$\forall x \neg Fx \equiv \neg \exists x Fx$, $\exists x \neg Fx \equiv \neg \forall x Fx$, $\forall x Fx \equiv \neg \exists x \neg Fx$, $\exists x Fx \equiv \neg \forall x \neg Fx$

为了证明一个论证是无效的，我们可以在例示之后使用简短真值表法。

● 例示规则

假设论域中恰好有 n 个个体，a、b、c、…、n，那么：

$\forall x Fx \equiv Fa \ \& \ Fb \ \& \ Fc \ \& \cdots \& \ Fn$；

$\exists x Fx \equiv Fa \lor Fb \lor Fc \lor \cdots \lor Fn$。

后 记

词项逻辑和命题逻辑是最基础的逻辑系统。大学中常规的批判性思维课程和逻辑学基础课程一般都会探讨词项逻辑和命题逻辑，但很少涉及谓词逻辑。因为词项逻辑和命题逻辑往往与日常生活的关系更加密切，而且也更容易理解。然而，由于谓词逻辑在技术层面非常强大和重要，学术界越来越重视谓词逻辑，并把其视为标准。谓词逻辑已经逐渐成为经典逻辑的代名词。因此，所有哲学专业的学生都应该学习谓词逻辑的一些基础知识，这对学生们继续学习分析哲学，尤其是形而上学、认识论和语言哲学，有着十分重要的帮助。

逻辑学研究的领域很广泛。本书中只介绍了三个经典逻辑系统。经典逻辑非常重视三条逻辑定律：同一律（$a=a$，其中 a 是个体），矛盾律（A&¬A 总为假，其中 A 是命题），排中律（A∨¬A 总为真）。有些非经典逻辑不接受其中一条或多条逻辑定律。有些逻辑不接受所有词都有外延的假设（我们把这种逻辑称为自由逻辑），有些可以处理时间或时态的变化（时态逻辑），有些可以处理知识的问题（认识逻辑），有些用于处理可证性的问题（直觉主义逻辑），有些可以处理程度的问题（模糊逻辑），有些研究从一般意义上探讨可能性的问题（模态逻辑）。

此外，还有许多让人困惑的逻辑悖论，它们促使人们突破常规的思维界限去探索。有些悖论是非常有趣的，比如芝诺悖论（在龟兔赛跑中，兔子能追得上先跑了一段的乌龟吗？），连锁悖论（如何划出"一堆"和"不成堆"之间的界限？），以及说谎者悖论（如果我说"我在说谎"，那么我是在说谎吗？）。

我希望这本书不仅让你掌握了逻辑学和批判性思维的基础知识，还可以激发你探索更广阔的逻辑世界的兴趣。如果是这样的话，期待你与我分享你的快乐！

术语表

（逻辑系统的）可靠性

一个逻辑系统是可靠的，当且仅当该系统中不允许有以真命题开始并以假命题结束的演绎。

（逻辑系统的）完全性

一个逻辑系统是完全的，当且仅当每一个真值函项有效的论证都存在一个规则系统所允许的演绎，可以从其前提中演绎出结论。

"你也是"谬误

是一种特殊的人身攻击，即指出对手并非依照他自己的观点行事，并且尝试以此为据来反驳对手的观点。

n 元谓词

关联 n 个个体词的谓词。

包含（性）

一个直言三段论有效，当且仅当其结论包含在前提中，即在前提为真的情况下，结论也为真。

悖论

由明显合理的假设产生了荒谬的结果的命题。

被定义项

需要被定义的词。

必然陈述

在任何情况下都为真或者在任何情况下都为假的陈述。

必要条件

"p 是 q 的必要条件"是指，当 p 不存在时，q 也一定不存在。

不完整表达

没有特定论域的表达。

不相干结论谬误

前提没有指向结论，前提虽然标榜的是对结论的支持，但实际上支持的却是另一个结论。

不一致

如果一个论证的前提不可能同时为真，那么这个论证是不一致的。

差等关系

当命题 P 为真时，命题 Q 也为真，反之则不然。

陈述

表达的是说话者的信念，是其心理状态的一种体现。

充分条件

"p 是 q 的充分条件"是指，当 p 存在的时候，q 一定存在。

境况型人身攻击谬误

委婉地针对个人发起的论证，暗示他人是因其特殊的处境或利益才提出观点的。

传递关系

一个可以递进的关系，用符号表示为 *Rab* 及 *Rbc* 蕴涵 *Rac*。"大于""年长"都是传递关系。"爱"不是传递关系。

纯假言三段论（连锁论证）

一种恰好有三个命题并且只涉及实质蕴涵的有效的论证形式，其形式为：$p \to q, q \to r / \therefore p \to r$。

存在预设

如果一个命题断言某些对象是存在的，那么这个命题有存在预设。

大前提

直言三段论中包含大项的前提。

大项

直言三段论中结论的谓项。

单称命题

断言某一特定个体具有或不具有某一特定属性的命题。

稻草人谬误

说话者的论证建立在故意歪曲对手的论证的基础上，从而产生的谬误。

等词

一个二元谓词，通常表达为"与……相等""与……相同"，或者简单地表达为"是"，等等。

等值

如果两个命题始终具有相同的真值，那么这两个命题等值。

定义项

用于定义的词。

赌徒谬误

说话者错误地假定了过去事件的结果将会影响到未来事件的结果，但实际上事件之间是彼此独立的，从而产生的谬误。

对称关系

个体 a 和个体 b 之间的一种关系：如果个体 a 和个体 b 有此关系，那么反过来个体 b 和个体 a 也有此关系，用符号表示为 Rab 蕴涵 Rba。"亲戚"是对称关系。"是……的老板"不是对称关系。

多值逻辑

接受一个命题不只有真和假两种真值，还有其他真值的逻辑系统。例如，直觉主义逻辑中有真值"不确定"的命题，自由逻辑接受"无真值"的情况，模糊逻辑认可不同程度的真值。

二难推理

由两个分支 p 和 q（也称"二难的犄角"）以及每一个分支导致的特定结果构成的论证。

二值原则

命题只有真和假两种真值。经典逻辑（包括词项逻辑、命题逻辑和谓词逻辑）都遵循二值原则。

反对关系

不能都为真但可以都为假的两个命题之间的关系。

分解谬误

可分为两种情况：一种是由整体具有的属性错误地推出部分也具有该属性；另一种是由集合具有的属性错误地推出集合中的个体也具有该属性。

分析陈述

仅凭其自身意义便可以断定真假的陈述。

逢迎

通过赞扬他人的方式，说服他人做我们想要他做的事情。

否定（式）

在命题逻辑中，一个命题和该命题的否定不能同时为真或同时为假。

否定后件式

一种有效的论证形式，其形式为：$p \to q$, $\neg q/ \therefore \neg p$。

否定前件谬误

一种无效的论证形式，其形式为：$p \to q$, $\neg p/ \therefore \neg q$。

复合命题

由若干原子命题联结起来构成的命题。

复杂问句谬误

论证中假设了未明确表述的前提，误导听话者去相信那些回答者无法用简单的回答来澄清的事情，从而产生的谬误。

（量词的）概括

例示的逆过程。

概念（见弗雷格所用术语）

即函项，也就是从对象到真值的映射。例如，对于概念"马"，若 x 代表一匹马，则 x 映射到真；若 y 代表一头牛，则 y 映射到假。

格

在直言三段论中，中项在前提中的位置。

构成式二难推理

二难推理的类型之一，即根据相互关联的前提（"犄角"）推出的结果也是相互关联的。其一般形式是：$p \vee q, p \to r, q \to s/ \therefore r \vee s$。

归谬法

一种推理策略，即我们可以构建一个论证，通过导致逻辑矛盾的方式推知论证中至少有一个前提为假。

归纳

对一个归纳论证而言，在其前提为真的情况下，结论可能为真，也可能为假。

含糊

如果一个表达式只有一个核心意义但没有划出清晰的边界，那么这个表达式是含糊的。

含义 / 内涵

表达式可以指称某对象的标准或理由。弗雷格特别提出，含义是思想的呈现方式，或所指称的对象的确定方式。卡尔纳普给出了内涵的形式化性定义，即内涵是一个将不同的可能世界映射到对象上的函项。密尔使用"内涵"表示表达式指称的对象集中元素的共同属性。

函项（在数学和逻辑学中）

从某一对象映射到另一对象上的运算。

合成谬误

可分为两种情况：一种是由部分具有的属性错误地推出整体也具有该属性；另一种是由集合中的个体元素具有的属性错误地推出集合也具有该属性。

合取（式）

一个合取为真，当且仅当它的两个支命题（合取支）都为真。

合取推理

一个涉及合取的论证形式，其有效的形式为：$p,q/\therefore p\&q$（组合式）；$p\&q/\therefore p$ 或 $p\&q/\therefore q$（分解式）。

合式公式

大体上与命题是同义的，即合式公式可以为真或为假。

红鲱鱼谬误

改变论证的主题，把听话者的注意力转移到其他问题上。

后验的

需要用经验来证实的。

滑坡谬误

一个小的让步被认为会导致潜在的灾难性后果。

换位法

通过交换命题的主项和谓项来形成新的命题。

换质法

通过改变直言命题的质，并且用谓项的补项替换原谓项（将 P 替换为非 P）的方式来形成新的命题。

换质位法

换位法和换质法的组合运算。它对一个命题先换质、再换位，然后再换质，最后所得的命题的形式是在主项位置上有非 P，在谓项位置上有非 S。

晦涩

如果一个表达式缺少核心意义，那么这个表达式是晦涩的。

混合假言三段论

一种恰好有三个命题、涉及实质蕴涵，并且既涉及条件句又涉及非条件句的论证形式。

结论

论证者希望确立的命题。

错置举证责任谬误

将举证的责任错误地分配给了反对结论的一方。一般应由提出与常识观点不同的一方承担举证责任。

句法多义谬误

由于句子中某些词的组合用法不严谨或不恰当，导致听话者会从多个方面理解这个句子，从而产生的一种非形式谬误。

句子 / 语句

一个符合句法结构的有意义的符号串。句子是语言学的一个概念。

可得性偏差

人们更倾向于记住或回忆起的信息都是近期经常见到的信息或媒体不断报道的信息。

可计算的

一个逻辑系统是可计算的，意味着该逻辑系统可以用一个有效的程序计算出结果。

可靠的论证

如果一个论证是有效的，并且所有前提都为真，那么这个论证是可靠的。

肯定后件谬误

一种无效的论证形式，其形式为：$p \rightarrow q, q / \therefore p$。

肯定前件式

一种有效的论证形式，其形式为：$p \rightarrow q, p / \therefore q$。

空名

不指称任何对象的词。

例示

构造一个量化的模型，即只用个体常元来表达公式，而不使用个体变元和量词。

量词的辖域

量词所限定的范围。

论证

由一个结论和若干个前提组成。

逻辑类推法

一种判断论证有效性的方法，即构造一个和原论证具有相同逻辑结构的有效的（或无效的）论证，从而说明原论证是有效的（或无效的）。

逻辑学

一门研究区分好推理和坏推理的方法及原则的规范性学科。

逻辑主义

由弗雷格带头开展的研究，旨在将算术完全化归为逻辑。

矛盾关系

真值完全相反的命题之间的关系。

矛盾式

在任何时候都为假的陈述。与"重言式"相反。

命题

命题是逻辑学的一个概念，其内容可以断定为真或假。

命题函项

一个由谓词和个体变元构成的表达式。命题函项没有真值，必须在被量词（全称量词或存在量词）限制或把个体常元代入个体变元后才能确定真值。

可行的

一种检验论证有效性的方法是可行的，意味着每一个论证都能在有限的步骤内被机械地判定为有效的或无效的。

偶然陈述

在一些可能世界中为真，但在另一些可能世界中为假的陈述。

破坏式二难推理

二难推理的形式之一，即从"推导结果不都如此"反过来论证"两个'犄角'也不都如此"。它的一般形式是：$p \to r, q \to s, \neg r \vee \neg s / \therefore \neg p \vee \neg q$。

歧义

如果一个表达式可以表达多种意义，那么这个表达式是有歧义的。

乞题谬误

当说话者假设为真的前提恰好是他需证明为真的结论时，说话者就犯了乞题谬误。

恰当的论证

如果一个论证的前提是可接受的、与结论相干的，并且对结论而言是充分的，那么这个论证是恰当的。

前提

用于支持结论的理由。

强调谬误

通过强调句子中不同的词或语句成分而引起句子意义的转变。

轻率概括谬误

从单个事件中轻率地得出一个无法证明的宽泛概括。

使用情感性词语

使用通常可以引起特定感觉或判断的表达式。

群体思维

社会心理学和组织行为学研究的一种现象，即一个群体更加重视价值观的和谐和一致，而不重视精确的分析和批判性的评估，从而导致该群体会做出非理性甚至无效的决策。

辱骂型人身攻击谬误

直接针对个人发起的论证，试图以诽谤他人的方式来达到成功论证目的，从而产生的谬误。因为辱骂型人身攻击是在质疑观点的起源，而不是观点的正确性，所以辱骂型人身攻击谬误也被称为"起源谬误"。

三段论

恰好包含两个前提和一个结论的论证。

实质蕴涵（式）

一个实质蕴涵式为假，当且仅当其前件为真，但后件为假。

式

按照大前提、小前提和结论顺序呈现的直言命题的类型。

双重否定律

$\neg\neg p \equiv p$。

诉诸不恰当权威谬误

说话者在论证时诉诸了在当前问题上当之有愧的权威的观点。

诉诸公众谬误

与诉诸惯例类似，论证时仅依靠公众的意见和评论。

诉诸惯例谬误

论证诉诸了这样的事实，即人们普遍认为的一种观点可以支持结论的真实性。

诉诸怜悯谬误

说话者基于自己的某些不幸的处境而非正当的理由来进行论证。

诉诸强力谬误

说话者直接地或隐晦地以强力代替严谨的推理,从而威胁他人接受自己的结论。

诉诸情感谬误

说话者通过激发热情或激情的方式代替严谨的推理,从而使听话者从情感上信服其结论。

诉诸无知谬误

说话者仅仅因为不能证明一个命题为假,从而认为这个命题为真;或者因为不能证明一个命题为真,从而认为这个命题为假。

特例谬误

将一个普遍性规则应用到一个该规则并不适用的特例上,从而产生的一种非形式谬误。

条件证明法

自然演绎法中一种证明条件句结论的策略。具体地,在证明论证时先假设结论的前件,再从前件中推出后件,从而消除假设本身并且证明了所要证明的结论。

析取(式)

一个析取为假,当且仅当它的两个支命题(析取支)都为假。

析取三段论

一个涉及析取的三段论形式,其有效的形式为 $p \lor q, \neg p / \therefore q$,其无效

的形式为 $p \lor q, p / \therefore \neg q$。

下反对关系

可以都为真但不可能都为假的两个命题之间的关系。

先验的

不依赖经验来证实的。

小前提

直言三段论中包含小项的前提。

小项

直言三段论中的结论的主项。

修辞性问句

有时，人们提出一个问题或发出感叹的目的其实是要以另一种语气来提出一个隐含的命题，而非真正询问或抒发情感。

虚假二难推理谬误

如果一个论证只给出了两个选择，但事实上还存在其他可能性，那么这个论证中存在虚假二难推理谬误。

虚假因果谬误

将并非导致事件发生的真正原因看作导致事件发生的原因，从而产生的谬误。

循环论证谬误

论证的前提不仅支持结论，反过来也受结论的支持，从而产生的谬误。

演绎

对一个有效的演绎论证而言，其前提的真实性完全决定了结论的真实性。

异质化表达

术语或用法不寻常、偏离常规且没有明确定义的表达式。

有效性

一个论证是有效的，当且仅当该论证的结论来自其前提。这意味着，如果所有前提都为真，那么结论不可能为假。

语义双关谬误

在一个论证中，如果同一个词或短语被有意或无意地赋予两种或多种意义，那么这个论证中存在语义双关谬误。

原子命题

能够表达一个完整思想的基本单位。

真（理）

它是什么，就说它是什么。

真值

真，或者假。

真值表

把命题所有可能的真值指派完整地列举出来的表格。

真值函项

对象按照其真值进行映射的函项。

真值函项等值

两个命题是真值函项等值的，当且仅当这两个命题所有可能的真值指派完全相同。

真值函项关系

复合命题的真值完全由其支命题的真值来确定的关系。

真值指派

为原子命题赋予真值，以及根据构成复合命题的原子命题（支命题）的真值，赋予该复合命题一个真值。

直言三段论

只包含直言命题的三段论。

指称关系

语言和世界之间的关系。

外延

一个表达式指称的对象。

中项

在直言三段论中，只出现在前提中的词项。

重言式

在任何时候都为真的陈述。

周延性

如果包含某个词项的命题完全地断言了该词项所指称的类中的每一个对象，那么这个词项是周延的。

子论证

包含在复杂论证中的相对简单的论证，其结论通常用于支持复杂论证的结论。

自返关系

一个自身赋予自身相应属性的关系，用符号表示为，如果关系 R 是自返的且 a 是论域中的任一元素，那么 Raa 总是成立的。等词、"等于"都是自返关系。

综合陈述

需要用经验来证实的陈述。

参考答案

练习 1.1 识别论证

前提指示词和结论的指示词用黑体标记。

1. 君主……应当同时效法狐狸与狮子。**由于**狮子不能够防止自己落入陷阱，而狐狸则不能够抵御豺狼。**因此**，君主必须是一只狐狸，以便认识陷阱，同时又必须是一头狮子，以便使豺狼惊骇。（尼科洛·马基雅维利，《君主论》）

> 狐狸不能够抵御豺狼。
>
> 狮子不能够防止自己落入陷阱。
>
> 君主必须能使豺狼惊骇和认识陷阱。（根据上下文补充的隐含前提）
>
> 所以，君主必须同时效法狐狸和狮子。

2. **既然**幸福在于心灵的宁静，**既然**心灵的持久的宁静依靠我们对未来的信心，**既然**那一信心建立在我们应有的关于上帝和灵魂之本性的科学基础之上，**因此**可以说，为了真正的幸福，科学是必须的。（戈特弗里德·威廉·莱布尼茨，《综合科学序言》）

> 幸福在于心灵的宁静。
>
> 心灵的持久的宁静依靠我们对未来的信心。
>
> 那一信心建立在科学的基础上。
>
> 因此，为了真正的幸福，科学是必须的。

3. 自由意味着责任。这就是大多数人都畏惧它的**缘故**。（萧伯纳，《人与超人》）

> 自由意味着责任。
>
> 大多数人都畏惧责任。（根据上下文补充的隐含前提）
>
> 因此，大多数人都畏惧自由。

4.爱丽丝知道它说的话根本不成立，但是她还是继续问："你又为什么说你自己是疯子呢？""**咱们从这里开始说起吧，**"猫说，"狗不是疯的，你同意吗？""也许是吧！"爱丽丝说。"好，那么，"猫接着说，"就像你知道的，狗生气时会叫，高兴时会摇尾巴，可是我却相反，我是高兴时叫，生气时摇尾巴。**由此可见，**我是疯子。"（刘易斯·卡罗尔，《爱丽丝漫游奇境记》）

狗不是疯的。

狗生气时会叫，高兴时会摇尾巴。

我生气时不会叫，高兴时不会摇尾巴（事实恰恰相反，我高兴时叫，
生气时摇尾巴）。

由此可见，我是疯子。

5.这是一个开放的问题。你可以利用这一章中介绍的技巧，如识别前提指示词或结论指示词等，从报纸、期刊或博客中识别出一个论证，并且分析该论证的结构。

练习1.2 检验有效性概念

1.i，假；ii，假；iii，真；iv，假；v，真。

2.i-c；ii-d；iii-h；iv-g；v-a；vi-b；vii-f；viii-e。

练习2.1 辨别出有关意义的问题

1.含糊和歧义："成功"是一个含糊的有歧义的词。说"成功"是含糊的，是因为成功可能有不同的程度，句子中并没有具体说明是哪种程度的成功。说"成功"是有歧义的，是因为我们可以用很多种不同的方式来定义成功。以考试为例，有些人认为只有考试取得高分才是成功，但也有人认为只要比以前分数高便是成功。同一个考试分数，可能有人认为这次考试是成功的，因为分数比以前有所提高；可能有人认为这次考试失败了，因为没有取得高分。

不完整表达：这个句子最突出的问题是不完整表达。什么是"正确"的时间？什么是"正确"的事？这可能意味着任何时间和任何事。如果出现了不尽如人意的结果，我们是要说这个人是失败的，还是要说他采取了错误的行动或做出判断的时间不正确呢？或者我们能用成功来定义"正确"吗？每当我们失败时，我们能否找借口，说没有在正确的时间做正确的事？如果真这样说的话，那么"正确"和"成功"就是在循环定义，我们仅仅是在兜圈子而已。

2. 情感性词语：说话者可能想要避免使用"死亡"这个词，于是用"消失"来让人联想到死亡的事实。然而，说"老兵不会死去"可能引起老兵的家人在哀悼逝去的亲人时的情感反应。

3. 晦涩："凡事都是虚空"的意义并不明确。事实上，像"空"这样的词只有在与其意义相反的词对比时才有意义。例如，财富和名声在与真爱和友谊做对比时是虚空的。如果从字面上看，凡事都是虚空，那么"虚空"本身也是没有意义的。

4. 歧义："好人"和"好事"中的"好"可能指的是不同的内容。"好人"中的"好"意味着在道德上是好的，但"好事"中的"好"则可能指的是利益、财富、好运气等。不过，在很多情况下，道德上好的人并没有因为他们的善行而获得实际的奖励。因此，考虑到"好"这个词的歧义，这个句子很可能是错误的。此外，这句话还涉及另一个问题。

含糊："好"和"最终"这两个词都是含糊的。上面所讨论的"好"，其实也有程度之分。"最终"一词也表示不确定的时间。因为在好事尚未到来之时，我们可以一直说好事会来。这其实是为无限期的等待寻找说辞。因此，由于表达的含糊，这个句子在任何给定的时间点都是不可证伪的。

5. 歧义：这个句子经常出现在提示语中。可是，这个句子可以有两种解释：① No-smoking seats are available，意思是存在专门为非吸烟者预留的座位；② No smoking-seats are available，意思是不存在吸烟者可以坐的座位。这两种解释是不同的。在第①种情况中，未禁止吸烟者进入这个区域，但要注意座位区分。因此，在第①种情况下非吸烟者虽有专门的座位，但仍有可能吸入二手烟。在第②种情况中，你如果是吸烟者，就不能进入这个区域；你如果是非吸烟者，那么可以放心，在你周围不会有人吸烟。因此，这两种解释传达了完全不同的信息。

6. 不完整表达：诚实是最好的策略，但"最好"又针对什么而言？是在什么情况下的"最好"？在哪些选择中的"最好"？因为没有具体说明参考范围，所以我们不清楚这句话究竟在说什么。这也使得我们根本无法反驳这句话。因为我们甚至都不知道有什么例证（在哪种情况下这句话为真）。

7. 异质化表达：在对"我"和"世界"等词的普遍理解中，"我"和"世界"是截然不同的。我是世界的一部分，世界比我大；世界是由包含我在内的许多事物组成的。事实上，这就是我们理解"内在"感觉和"外在"世界的方式。然而，对这句话，哲学家维特根斯坦给出了一个相当奇怪的解释——这是唯我论的世界观。不管这句话是什么，也不管这句话为真还是为假，因为这句话中对术语的用法与一般用法差别很大，所以这句话是异质化表达。在这种情况下，哲学家有责任解释自己的思想。

练习 2.2 评价定义

1. 没有说明本质属性：油画应该是用油调和颜料画成的画，这是一种基于绘画颜料溶剂的分类。然而，这个定义根本没有提到颜料溶剂，只说明了绘画的材料和使用的工具，并没有把握住油画的特征。

定义太窄：油画不必用毛刷或画在画布上。油画也可以画在墙上、木头上，也可以用刀或其他工具。

定义太宽：其他类型的画作也可以用毛刷在画布上绘画，比如丙烯画。水彩画也可以画在画布上，只是需要做一些准备而已。

2.晦涩和比喻：我们确定某事时，就有了知识、理由和证据。于是，我们就不需要信仰了。人们只有在对某事没把握，但仍想相信或坚持它时，才需要信仰。因此，我们不知道我们所希望的事情能否实现，或者当我们没有证据证明我们所讨论的事情时，才需要信仰。这个定义似乎扭曲了我们需要信仰做什么，或者变成了我们缺什么就信仰什么。我们可能需要信仰来满足我们的需求，然而信仰能否做到这一点却是一个有争议的问题。这个定义用晦涩和比喻性语言误导了我们，使我们看不到信仰的本质，只能看到自己的愿望。

3.定义太宽：人们和社会认为有意义的东西不一定是好的。更不用说，有时对个人有益的东西不一定是社会上大多数人认为的好的或有意义的东西。对谁有意义，这是一个问题。

定义太窄：这个定义侧重于人们认为对自身有益的事情是幸福的，但这只是幸福的主观方面，有明显的个人色彩。幸福也有客观的一面，因为我们人类都有相似的生理结构和普遍的心理构成，所以这个定义似乎太片面了。

4.含糊和晦涩：这个定义从字面上看比被定义项更难以理解。说话者使用了抽象的、看似技术性的、高度理论化的术语，如同质性、异质性来定义进化。这些抽象的术语本身的意义就不是很明确，听话者听完后可能更加困惑，而不是更了解进化。

5.定义太窄：爱不仅仅是为了繁衍后代。不孕不育的夫妻仍然会深爱着对方。爱和性是两件不同的事情。

没有抓住本质属性：爱更重要的是一种关系，爱把人们联系在一起。爱赋予人强烈的情感、感觉和激情，以至于爱有时会使人做出相当极端的行为。因此，爱可以带来非常充实的生活，也可以带来破坏性的后果。

应当避免使用否定形式来下定义：像"诱骗"这样的词会增加这个定义的否定意味。这听起来就好像是，同意这个定义的人似乎在爱情、家庭或生育方面有一些遗憾的或不好的经历。

6. 循环定义："一个词的意义是通过对其意义的解释来解释的"，这听起来就是一个使人困惑的循环。因为这个定义除了说"对意义的解释"解释了意义，没有再解释"对意义的解释"是什么。如果说话者用举例、图表或分类等方法解释了什么是"对意义的解释"，那么这个定义便会得到完善。换言之，说话者只需要再多解释一下什么是"对意义的解释"就可以了。

7. 定义太宽：诗对文字的格律也是有一定要求的。

含糊：像"崇高"和"富有想象力"这样的形容词的意义是模糊的。

8. 比喻性语言：这句话是说"宗教是希望和恐惧的女儿"。显然，宗教不是字面上的"女儿"。这句话的意思可能是，宗教之所以存在，是因为人们希望有一个更加美好的世界，但又对未知事物感到恐惧。

9. 定义太窄：在这个定义下，科学仅仅与物理世界或物质世界有关，所以社会科学不是一门科学。此外，出于道德原因，社会科学中的某些研究是不允许进行实验的。

10. 循环定义：这个定义的问题显而易见。如果人们还没有理解正义是什么，那么他们也不可能从这个定义中获得更多关于正义的知识。

总体说明：要对事物下一个完美的属加种差的定义，通常是非常困难的。然而，解释和明确意义的方法其实并不局限于属加种差的定义，我们还可以使用诸如枚举定义、实指定义等方法。

练习 3.1 非形式谬误（1）

1. 滑坡谬误：该论证可以重新表述如下。

（a）如果堕胎合法化，那么不可避免地就会出现儿童色情等现象；

（b）我们必须避免儿童色情等现象出现；

（c）我们不能让堕胎合法化。

第一个前提（可能）是一个错误的因果主张。

2.由模棱两可导致的语义双关谬误:"追求"一词可以有两种解释——一种是一个东西可以被追求,另一种是一个东西值得被追求。密尔在论证的前提中似乎是按照第一种解释来使用"追求"的,而在结论中似乎是按照第二种解释来使用"追求"的。

3.合成谬误:每一部分都不是偶然的,并不意味着整体也不是偶然的。虽然整体不具有某种属性,但是每一部分可能都具有一种属性。这类似于每一个人都被某人爱着,但不意味着每一个人都被同一个人爱着。

4.虚假二难推理谬误和使用情感性词语:难道我们不能选择活着吗?

5.由含糊导致的语义双关谬误:两个"小"在句子中的意义是不同的。

6.滑坡谬误:事实上这是一个由含糊导致的连锁悖论。

练习 3.2 非形式谬误（2）

1.诉诸不恰当权威谬误:空气的重量需要通过实验发现,而不是哲学探讨。亚里士多德在他那个时代是一位有威望的科学家,但其实他在科学上也犯了许多错误。这个论证中存在谬误,因为这个论证诉诸了一个两千年前的权威,而他在现代已经不是科学界的权威了。

2.诉诸无知谬误:对美洲大陆的发现保持一种开放的态度是很好的。然而,如果仅仅因为我们无法反驳某件事情就认为它确实发生过(例如,美洲大陆是非洲人发现的),那么这个论证就犯了诉诸无知谬误。

3.这段话中有两个谬误。第一个是境况型人身攻击谬误:仅仅因为逻辑学家想要保住饭碗就认为逻辑学家的观点是错误的,这是一种谬误。第二个是诉诸惯例谬误:大多数学生、家长和老师都赞同的想法可能并不是正确的观点。

4.这个论证犯了"你也是"谬误。这个论证可以重新表述如下。

（a）你如果在逻辑上犯了错,就不能批评我的逻辑。

（b）你在逻辑上犯了错。

（c）因此，你不能批评我的逻辑。

其中，第一个前提为假。

5.辱骂型人身攻击谬误：这个论证假设了女人是坏女人。

语义双关谬误：判断记者好坏的标准与判断女人好坏的标准是不同的。

6.举证责任错置谬误：A是提出观点的人，所以A有责任证明他的观点。

7.特例谬误：学生考试并不在参考自由这一普遍规则的适用范围内。

8.乞题谬误：根据定义，原因是导致某个结果的条件。

练习4.1 翻译成直言命题

1.没有一株兰花是香的植物。（E）

2.有些相遇的人不是值得做朋友的人。（O）

3.所有知道自己的局限性的人都是快乐的人。（A）

4.所有可以从前门进出的人都是会员。（A）

5.所有请他讲几句话的场合都是他讲好几小时的场合。（A）

6.我的学生中没有人是失败的人。（E）

7.所有住在宿舍的人都是不能拥有车的人。（A）

   或：没有一个住在宿舍的人是能拥有车的人。（E）

8.所有乔治参加的考试都是乔治没有通过的考试。（A）

9.所有你失去的东西都是你的枷锁。（A）

10.所有完成这门课程的人都是通过这次考试的人。（A）

    或：没有一个在这次考试中失利的人是完成这门课程的人。（E）

11.有些家庭电影是无聊的电影。（I）

12.迈克尔·杰克逊脸上的有些部位不是原始的部位。（O）

练习 4.2 用文恩图表示直言命题

以下文恩图表示了哪些直言命题?

1. 没有 A 是 B。(E- 命题)

2. 所有 A 都是 B。(A- 命题)

3. 有些 A 是 B。(I- 命题)

4. 有些 A 不是 B。(O- 命题)

5. 这个文恩图表示 A、B 和 C 中有共同的对象。因此,这意味着以下 I- 命题都为真:有些 A 是 B,有些 B 是 C,有些 A 是 C。

练习 4.3 用文恩图检验论证的有效性

1. i.

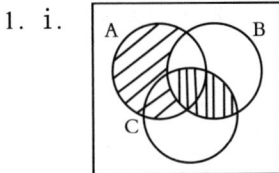

有效

ii.

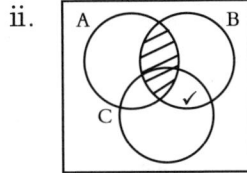

有效

iii.

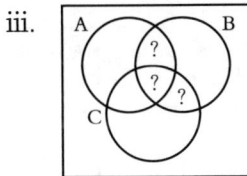

无效

iv.

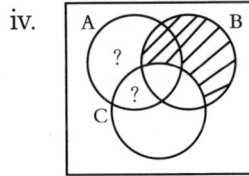

无效

v.

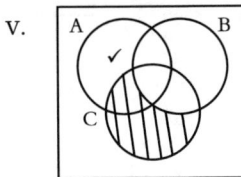

有效

2. 注意:由于篇幅有限,我们将不在图中圈出结论,而仅用文字描述。不过,你在做练习时,应该尝试把结论圈出来。我们会用黑体将前提指示词和结论指示词标出来,以帮助你正确地识别前提和结论。

i. 没有电视明星是注册会计师（C），所有的注册会计师都是具有良好商业意识的人，**因此**没有电视明星（A）具有良好的商业意识（B）。

　　　　所有注册会计师都是具有良好商业意识的人。

　　　　　没有电视明星是注册会计师。
_____

　　　　因此，没有电视明星是具有良好商业意识的人。

令 A= 电视明星，B= 具有良好商业意识的人，C= 注册会计师。

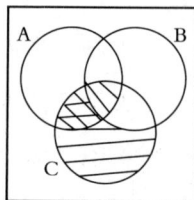

$$所有 C 都是 B$$

$$没有 A 是 C$$
_____

$$\therefore 没有 A 是 B$$

结论要求 ABC 和 $AB\overline{C}$ 都是空集，但图中 $AB\overline{C}$ 不是阴影，即不确定这部分区域是否为空集。因此，这个论证是无效的。

ii. 所有少年犯（C）都是不适应社会环境的人，一些少年犯是家庭破裂的产物，**所以**一些不适应社会环境的人（A）是家庭破裂的产物（B）。

　　　　有些少年犯是家庭破裂的产物。

　　　　所有少年犯都是不适应社会环境的人。
_____

　　　　所以有些不适应社会环境的人是家庭破碎的产物。

令 A= 不适应社会环境的人，B= 家庭破裂的产物，C= 少年犯。

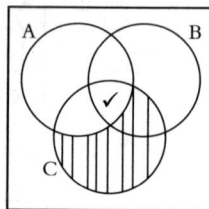

$$所有 C 都是 A$$

$$有些 C 是 B$$
_____

$$\therefore 有些 A 是 B$$

结论要求 ABC 或 $AB\overline{C}$ 中至少有一个有对象。ABC 中有对象，所以这个论证是有效的。

iii. 没有知识分子（A）是成功的政治家（B），**因为**没有内向的人（C）是成功的政治家，而一些知识分子是内向的。

没有内向的人是成功的政治家。

有些知识分子是内向的人。
___

因此，没有知识分子是成功的政治家。

令 A= 知识分子，B= 成功的政治家，C= 内向的人。

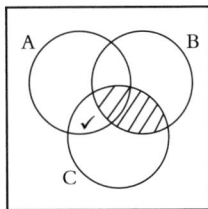

没有 C 是 B

有些 A 是 C
___

∴ 没有 A 是 B

结论要求 ABC 和 AB$\overline{\text{C}}$ 都是空集。AB$\overline{\text{C}}$ 不确定是否为空集，所以这个论证是无效的。

iv. 有些基督徒（A）不是卫理公会教徒（B），**因为**有些基督徒不是新教教徒（C），有些新教教徒不是卫理公会教徒。

有些新教教徒不是卫理公会教徒。

有些基督徒不是新教教徒。
___

因此，有些基督徒不是卫理公会教徒。

令 A= 基督徒，B= 卫理公会教徒，C= 新教教徒。

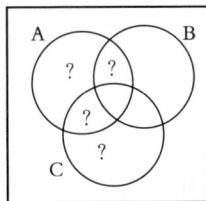

有些 C 不是 B

有些 A 不是 C
___

∴ 有些 A 不是 B

结论要求 ABC 或 AB$\overline{\text{C}}$ 中至少有一个有对象。然而，在文恩图中，没有任何一个区域可以确定是否有对象，所以这个论证是无效的。

练习 4.4 更多检验论证有效性的练习

注意：由于篇幅有限，我们将不在图中圈出结论，而仅用文字描述。不过，你在做练习时，应该尝试把结论圈出来。同时，我们会用黑体将前提指示词和结论指示词标记出来，以帮助你正确地识别前提和结论。

1.**因为**没有弱者是真正的自由主义者，所有的劳工领袖都是真正的自由主义者，**所以**没有弱者是劳工领袖。

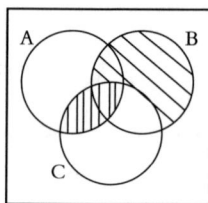

没有弱者是真正的自由主义者。

所有劳工领袖都是真正的自由主义者。

所以，没有弱者是劳工领袖。

令 A= 弱者，B= 劳工领袖，C= 真正的自由主义者。

没有 A 是 C

所有 B 都是 C

∴ 没有 A 是 B

结论要求 ABC 和 AB$\overline{C}$ 都是空集。这两个区域实际上的确是空的，所以该论证是有效的。

2.所有半人马都是哺乳动物，**因为**有些哺乳动物不是马，并且没有马是半人马。

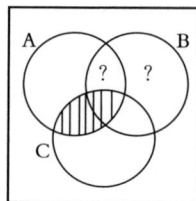

有些哺乳动物不是马。

没有马是半人马。

因此，所有半人马都是哺乳动物。

令 A= 半人马，B= 哺乳动物，C= 马。

有些 B 不是 C

没有 C 是 A

∴ 所有 A 都是 B

结论要求 A$\overline{B}$$\overline{C}$ 和 A$\overline{B}$C 都是空集。其中，A$\overline{B}$$\overline{C}$ 不确定是不是空集，所以该论证是无效的。

3.所有犯罪行为都是邪恶的行为。所有对谋杀的包庇都是犯罪行为。**因此**，所有对谋杀的包庇都是邪恶的行为。

所有犯罪行为都是邪恶的行为。

所有对谋杀的包庇都是犯罪行为。

因此，所有对谋杀的包庇都是邪恶的行为。

令 A= 对谋杀的包庇，B= 邪恶的行为，C= 犯罪行为。

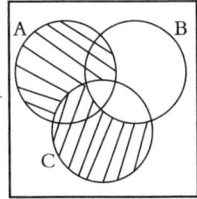

所有 C 都是 B

所有 A 都是 C

∴ 所有 A 都是 B

结论要求 $A\overline{B}\overline{C}$ 和 $A\overline{B}C$ 都是空集。这两个区域实际上的确是空的，所以该论证是有效的。

4. 有些改革者是狂热分子。**因为**所有改革者都是理想主义者，**所以**有些理想主义者是狂热分子。

有些改革者是狂热分子。

所有改革者都是理想主义者。

所以，有些理想主义者是狂热分子。

令 A= 理想主义者，B= 狂热分子，C= 改革者。

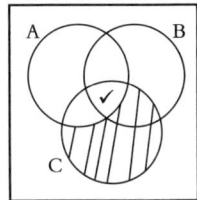

有些 C 是 B

所有 C 都是 A

∴ 有些 A 是 B

结论要求 ABC 或 $AB\overline{C}$ 中有对象。因为 ABC 中有对象，所以该论证是有效的。

5. 人皆有一死。苏格拉底是人。**因此**，苏格拉底会死。

这个论证涉及单称词项，因此有两种检验方法，每一种都是可行的。

方法 1：把"苏格拉底"看作一个单独的对象。

所有人都是会死的生物。

苏格拉底是人。
_____
因此，苏格拉底是会死的生物。

令 A= 人，B= 会死的生物，s= 苏格拉底。

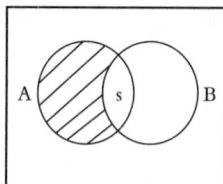

所有 A 都是 B

s 是 A
_____
∴ s 是 B

结论要求 s 在 B 中。现在 s 在区域 AB 中，所以该论证是有效的。

方法 2：把"苏格拉底"看作一个单元素集合。

所有人都是会死的生物。

所有被称为苏格拉底的对象都是人，并且有些被称为苏格拉底的对象是人。
_____
因此，所有被称为苏格拉底的对象都是会死的生物，并且有些被称为苏格拉底的对象是会死的生物。

令 A= 人，B= 会死的生物，C= 被称为苏格拉底的对象。

所有 A 都是 B

所有 C 都是 A，并且有些 C 是 A
_____
∴ 所有 C 都是 B，并且有些 C 是 B

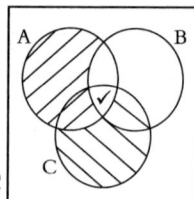

结论要求 $AB\overline{C}$ 和 $\overline{A}B\overline{C}$ 都是空集，并且 ABC 或 $\overline{A}BC$ 中有对象。由图可知，$AB\overline{C}$ 和 $\overline{A}B\overline{C}$ 都是空集，并且 ABC 中有对象，所以该论证是有效的。

6. 她告诉我，她对学生的态度很简单。事实上，这与她对一般人的态度没有什么不同。也就是说，她一辈子只跟淑女和绅士说话。**因为**那些学生都不是淑女或绅士，**所以**她从来没有和学生们说过话，从来没有，而且永远也不会有。

这个问题考查的是从相关的信息中提炼出论证的技巧，以及把论证改写为标准形式的能力。

第一步：提炼相关信息，识别出结论和前提。

她一辈子只跟淑女和绅士说话。

那些学生都不是淑女或绅士。
_____

因此，她从来没有和学生们说过话。

第二步：把论证改写成标准形式。

所有她说过话的人都是淑女和绅士。

没有一个学生是淑女和绅士。
_____

所以，没有一个她说过话的人是学生。

令 A= 她说过话的人，B= 学生，C= 淑女和绅士。

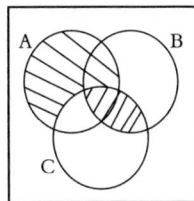

所有 A 都是 C

没有 B 是 C
_____

∴ 没有 A 是 B

结论要求 $AB\overline{C}$ 和 ABC 都是空集。这两个区域实际上都是空的，所以该论证是有效的。

7. 破坏力较小的核武器不危险的说法是不正确的，**因为**破坏力较小的核武器更容易引发核战争，而且任何核战争都是危险的。

这个论证涉及否定。

第一步：识别结论和前提。

破坏力较小的核武器是更容易引发核战争的东西。

任何更容易引发核战争的东西都是危险的东西。
_____

因此，破坏力较小的核武器不是危险的东西是不正确的说法。

第二步：把论证改写成标准形式。

所有破坏力较小的核武器都是更容易引发核战争的东西。

所有更容易引发核战争的东西都是危险的东西。
_____

因此，所有破坏力较小的核武器都是危险的东西。

令 A= 破坏力较小的核武器，B= 危险的东西，C= 更容易引发核战争的东西。

$$所有 A 都是 C$$
$$所有 C 都是 B$$
$$\therefore 所有 A 都是 B$$

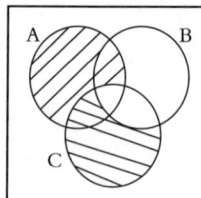

结论要求 $A\overline{B}\,\overline{C}$ 和 $A\overline{B}C$ 都是空集。这两个区域实际上都是空的，所以该论证是有效的。

8. 有挑战就会有机会。**因为**我们要感谢机会，**所以**我们也要感谢挑战。

这个问题需要设定范围。

所有有挑战的时机都是有机会的时机。

所有有机会的时机都是需要感谢的时机。

因此，所有有挑战的时机都是需要感谢的时机。

令 A= 有挑战的时机，B= 有机会的时机，C= 需要感谢的时机。

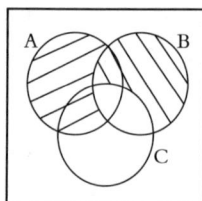

$$所有 A 都是 B$$
$$所有 B 都是 C$$
$$\therefore 所有 A 都是 C$$

结论要求 $AB\overline{C}$ 和 $A\overline{B}\,\overline{C}$ 都是空集。这两个区域实际上都是空的，所以该论证是有效的。

练习 4.5 用规则法检验论证的有效性

1. 大项是 C，小项是 B，中项是 A。

$$所有 A^D 都是 C。（大前提）$$
$$所有 A^D 都是 B。（小前提）$$
$$\therefore 所有 B^D 都是 C。（结论）$$

式和格：AAA-3。

上述论证形式中所有周延的项都已经用上标 D 标出来了。

该论证违反了规则 3：B 在结论中是周延的，但在前提中不周延。

因此，这个论证是无效的。

2. 大项是 B，小项是 A，中项是 C。

$$有些 C 不是 B^D。（大前提）$$

$$有些 A 不是 C^D。（小前提）$$

$$\therefore 有些 A 不是 B^D。（结论）$$

式和格：OOO-1。

上述论证形式中所有周延的项都已经用上标 D 标出来了。

该论证违反了规则 1：结论是否定的，并且两个前提也都是否定的，所以前提和结论中的否定命题的数量不相等。

因此，这个论证是无效的。

3. 大项是 A，小项是 C，中项是 B。

$$所有 A^D 都是 B。（大前提）$$

$$没有 B^D 是 C^D。（小前提）$$

$$\therefore 有些 C 不是 A^D。（结论）$$

式和格：AEO-4。

上述论证形式中所有周延的项都已经用上标 D 标出来了。

该论证违反了规则 4：两个全称前提不能得出特称结论。

因此，这个论证是无效的。

4. 大项是 A，小项是 B，中项是 C。

$$没有 A^D 是 C^D。（大前提）$$

$$所有 B^D 都是 C。（小前提）$$

$$\therefore 没有 B^D 是 A^D。（结论）$$

式和格：EAE-2。

上述论证形式中所有周延的项都已经用上标 D 标出来了。

该论证不违反任何规则。

因此，这个论证是有效的。

5. 大项是 B，小项是 A，中项是 C。

$$所有 B^D 都是 C。（大前提）$$

$$有些 A 是 C。（小前提）$$

$$\therefore 有些 A 是 B。（结论）$$

式和格：AII-2。

上述论证形式中所有周延的项都已经用上标 D 标出来了。

该论证违反了规则 2：中项在两个前提中都不周延。

因此，这个论证是无效的。

6. 大项是 B，小项是 A，中项是 C。

$$所有 B^D 都是 C。（大前提）$$

$$所有 A^D 都是 C。（小前提）$$

$$\therefore 有些 A 是 B。（结论）$$

式和格：AAI-2。

上述论证形式中所有周延的项都已经用上标 D 标出来了。

该论证违反了规则 2：中项在两个前提中都不周延。

该论证也违反了规则 4：两个全称前提不能得出特称结论。

因此，这个论证是无效的。

7. 大项是 B，小项是 A，中项是 C。

$$所有 C^D 都是 B。（大前提）$$

$$有些 A 是 C。（小前提）$$

$$\therefore 没有 A^D 是 B^D。（结论）$$

式和格：AIE-1。

上述论证形式中所有周延的项都已经用上标 D 标出来了。

该论证违反了规则 1：结论是否定的，但没有否定的前提。

该论证也违反了规则 3：A 和 B 在结论中都是周延的，但在前提中都不周延。

因此，这个论证是无效的。

8. 大项是 B，小项是 C，中项是 A。

$$所有 B^D 都是 A。（大前提）$$
$$所有 C^D 都是 A。（小前提）$$
$$\therefore 有些 C 不是 B^D。（结论）$$

式和格：AAO-2。

上述论证形式中所有周延的项都已经用上标 D 标出来了。

该论证违反了规则 1：结论是否定的，但没有否定的前提。

该论证违反了规则 2：中项在两个前提中都不周延。

该论证也违反了规则 4：两个全称前提不能得出特称结论。

因此，这个论证是无效的。

练习 5.1 画真值表

1. $p \rightarrow (\neg p \vee p)$

p	p	$\rightarrow$	($\neg$	p	$\vee$	p)
T	T	<u>T</u>	F	T	T	T
F	F	<u>T</u>	T	F	T	F

2. $(p \, \& \, \neg p) \equiv p$

p	(p	$\&$	$\neg$	p)	$\equiv$	p
T	T	F	F	T	<u>F</u>	T
F	F	F	T	F	<u>T</u>	F

3. $p \rightarrow \neg q$

p	q	p	→	¬	q
T	T	T	F	F	T
T	F	T	T	T	F
F	T	F	T	F	T
F	F	F	T	T	F

4. $\neg p \lor q$

p	q	¬	p	∨	q
T	T	F	T	T	T
T	F	F	T	F	F
F	T	T	F	T	T
F	F	T	F	T	F

5. $\neg(p \rightarrow q)$

p	q	¬	(p	→	q)
T	T	F	T	T	T
T	F	T	T	F	F
F	T	F	F	T	T
F	F	F	F	T	F

6. $p \equiv [q \lor (\neg q \rightarrow p)]$

p	q	p	≡	[q	∨	(¬	q	→	p)]
T	T	T	T	T	T	F	T	T	T
T	F	T	T	F	T	T	F	T	T
F	T	F	F	T	T	F	T	T	F
F	F	F	T	F	F	T	F	F	F

7. p & $\neg(q \rightarrow r)$

p	q	r	p	&	$\neg$	$(q$	$\rightarrow$	$r)$
T	T	T	T	F̲	F	T	T	T
T	T	F	T	T̲	T	T	F	F
T	F	T	T	F̲	F	F	T	T
T	F	F	T	F̲	F	F	T	F
F	T	T	F	F̲	F	T	T	T
F	T	F	F	F̲	T	T	F	F
F	F	T	F	F̲	F	F	T	T
F	F	F	F	F̲	F	F	T	F

8. $(p$ & $\neg q) \rightarrow r$

p	q	r	$(p$	&	$\neg$	$q)$	$\rightarrow$	r
T	T	T	T	F	F	T	T̲	T
T	T	F	T	F	F	T	T̲	F
T	F	T	T	T	T	F	T̲	T
T	F	F	T	T	T	F	F̲	F
F	T	T	F	F	F	T	T̲	T
F	T	F	F	F	F	T	T̲	F
F	F	T	F	F	T	F	T̲	T
F	F	F	F	F	T	F	T̲	F

9. $p \rightarrow (q \rightarrow r)$

p	q	r	p	→	(q	→	r)
T	T	T	T	T	T	T	T
T	T	F	T	F	T	F	F
T	F	T	T	T	F	T	T
T	F	F	T	T	F	T	F
F	T	T	F	T	T	T	T
F	T	F	F	T	T	F	F
F	F	T	F	T	F	T	T
F	F	F	F	T	F	T	F

10. $(p \rightarrow q) \rightarrow r$

p	q	r	(p	→	q)	→	r
T	T	T	T	T	T	T	T
T	T	F	T	T	T	F	F
T	F	T	T	F	F	T	T
T	F	F	T	F	F	T	F
F	T	T	F	T	T	T	T
F	T	F	F	T	T	F	F
F	F	T	F	T	F	T	T
F	F	F	F	T	F	F	F

11. $(p \rightarrow q) \vee (r \rightarrow \neg q)$

p	q	r	$(p$	$\rightarrow$	$q)$	$\vee$	$(r$	$\rightarrow$	$\neg$	$q)$
T	T	T	T	T	T	T	T	F	F	T
T	T	F	T	T	T	T	F	T	F	T
T	F	T	T	F	F	T	T	T	T	F
T	F	F	T	F	F	T	F	T	T	F
F	T	T	F	T	T	T	T	F	F	T
F	T	F	F	T	T	T	F	T	F	T
F	F	T	F	F	F	T	T	T	T	F
F	F	F	F	T	F	T	F	T	T	F

12. $(p \,\&\, q) \rightarrow (\neg q \rightarrow \neg r)$

p	q	r	$(p$	$\&$	$q)$	$\rightarrow$	$(\neg$	q	$\rightarrow$	$\neg$	$r)$
T	T	T	T	T	T	T	F	T	T	F	T
T	T	F	T	T	T	T	F	T	T	T	F
T	F	T	T	F	F	T	T	F	F	F	T
T	F	F	T	F	F	T	T	F	T	T	F
F	T	T	F	F	T	T	F	T	T	F	T
F	T	F	F	F	T	T	F	T	T	T	F
F	F	T	F	F	F	T	T	F	F	F	T
F	F	F	F	F	F	T	T	F	T	T	F

13. $(p \equiv r) \rightarrow [(p \rightarrow q) \ \& \ (\neg r \rightarrow \neg q)]$

p	q	r	$(p \equiv r) \rightarrow [(p \rightarrow q) \ \& \ (\neg \ r \rightarrow \neg \ q)]$
T	T	T	T T T <u>T</u> T T T T F T T F T
T	T	F	T F F <u>T</u> T T T F T F F F T
T	F	T	T T T <u>F</u> T F F F F F T T T F
T	F	F	T F F <u>T</u> T F F F T F T T T F
F	T	T	F F T <u>T</u> F T T T F T T T F T
F	T	F	F F T <u>F</u> F T T T F T F F F T
F	F	T	F F T <u>T</u> F T F T F T T T T F
F	F	F	F T F <u>T</u> F T F T T F T T T F

练习 5.2 将日常语言翻译为命题逻辑的形式

1. 令 a＝学生身穿校服，b＝学生把校园卡佩戴在胸前，c＝禁止学生进入校园。

$(a \ \& \ b) \lor c$

a	b	c	$(a \ \& \ b) \lor c$
T	T	T	T T T <u>T</u> T
T	T	F	T T T <u>T</u> F
T	F	T	T F F <u>T</u> T
T	F	F	T F F <u>F</u> F
F	T	T	F F T <u>T</u> T
F	T	F	F F T <u>F</u> F
F	F	T	F F F <u>T</u> T
F	F	F	F F F <u>F</u> F

2.令 *a*= 你没有按规定穿校服，*b*= 你没有按规定佩戴校园卡。

¬(*a* ∨ *b*)

a	*b*	¬ (*a* ∨ *b*)
T	T	F T T T
T	F	F T T F
F	T	F F T T
F	F	T F F F

3.令 *a*= 他有一个好律师，*b*= 他将被宣判无罪。

a → *b*

a	*b*	*a* → *b*
T	T	T T T
T	F	T F F
F	T	F T T
F	F	F T F

4.令 *a*= 你欺骗他人，*b*= 你威胁他人，*c*= 你侵犯了他的权利。

(*a* ∨ *b*) → *c*

a	*b*	*c*	(*a* ∨ *b*) → *c*
T	T	T	T T T T T
T	T	F	T T T F F
T	F	T	T T F T T
T	F	F	T T F F F
F	T	T	F T T T T
F	T	F	F T T F F
F	F	T	F F F T T
F	F	F	F F F T F

5. 令 *a*= 学生头发的长度符合学校的规定，*b*= 校长认为这样的长度合适。

$$a \equiv b$$

a	b	a ≡ b		
T	T	T	T	T
T	F	T	F	F
F	T	F	F	T
F	F	F	T	F

6. 令 *a*= 我看到了他的伤口，*b*= 我摸到了他的伤疤，*c*= 我会相信他。

$$c \rightarrow (a \ \& \ b)$$

a	b	c	c → (a & b)				
T	T	T	T	T	T	T	T
T	T	F	F	T	T	T	T
T	F	T	T	F	T	F	F
T	F	F	F	T	T	F	F
F	T	T	T	F	F	F	T
F	T	F	F	T	F	F	T
F	F	T	T	F	F	F	F
F	F	F	F	T	F	F	F

7. 令 *a*= 阿根廷调动军队，*b*= 巴西向联合国表示抗议，*c*= 智利要求召开拉丁美洲会议，*d*= 多米尼加要求召开拉丁美洲会议。

$$(\neg c \ \& \ \neg d) \rightarrow (a \rightarrow b)$$

a	b	c	d	¬	c	&	¬	d	) → (	a	→	b
T	T	T	T	F	T	F	F	T	T	T	T	T
T	T	T	F	F	T	F	T	F	T	T	T	T
T	T	F	T	T	F	F	F	T	T	T	T	T
T	T	F	F	T	F	T	T	F	T	T	T	T
T	F	T	T	F	T	F	F	T	T	T	F	F
T	F	T	F	F	T	F	T	F	T	T	F	F
T	F	F	T	T	F	F	F	T	T	T	F	F
T	F	F	F	T	F	T	T	F	F	T	F	F
F	T	T	T	F	T	F	F	T	T	F	T	T
F	T	T	F	F	T	F	T	F	T	F	T	T
F	T	F	T	T	F	F	F	T	T	F	T	T
F	T	F	F	T	F	T	T	F	T	F	T	T
F	F	T	T	F	T	F	F	T	T	F	T	F
F	F	T	F	F	T	F	T	F	T	F	T	F
F	F	F	T	T	F	F	F	T	T	F	T	F
F	F	F	F	T	F	T	T	F	T	F	T	F

8. 令 $a=$ 你有超能力，$b=$ 你逃离现在的处境，$c=$ 你不受到任何伤害。

$a \vee \neg(b \& c)$，或者 $a \vee (\neg b \vee \neg c)$、$(b \& c) \to a$、$\neg a \to \neg(b \& c)$

a	b	c	a	$\lor$	$\lnot$	$(b$	$\&$	$c)$
T	T	T	T	T	F	T	T	T
T	T	F	T	T	T	T	F	F
T	F	T	T	T	T	F	F	T
T	F	F	T	T	T	F	F	F
F	T	T	F	F	F	T	T	T
F	T	F	F	T	T	T	F	F
F	F	T	F	T	T	F	F	T
F	F	F	F	T	T	F	F	F

练习 5.3 常见的论证形式

1. 令 p = 下雨，q = 地面会湿。

$p \to q, p / \therefore q$

该论证有效，是肯定前件式。

2. 令 p = 下雨，q = 地面会湿。

$p \to q, q / \therefore p$

该论证无效，是肯定后件谬误。

3. 令 p = 下雨，q = 地面会湿。

$p \to q, \lnot q / \therefore \lnot p$

该论证有效，是否定后件式。

4. 令 p = 下雨，q = 地面会湿。

$p \to q, \lnot p / \therefore \lnot q$

该论证无效，是否定前件谬误。

5. 令 p = 暴风雨来袭，q = 会发洪水，r = 房屋会被摧毁。

$p \to q, q \to r / \therefore p \to r$

该论证有效，是纯假言三段论。

6. 令 $p=$ 汤姆淘气地在泥坑中玩耍，$q=$ 汤姆意外地掉进泥坑。

$p \lor q, \neg p / \therefore q$

该论证有效，是析取三段论。

7. 令 $p=$ 汤姆淘气地在泥坑中玩耍，$q=$ 汤姆意外地掉进泥坑。

$p \lor q, p / \therefore \neg q$

该论证无效，是析取三段论谬误。

练习 5.4 真值表法

1. 令 $a=$ 她忘记了这项任务，$b=$ 她能完成这项任务。

$\neg(a \lor \neg b) / \therefore b$

a	b	$\neg$	$(a$	$\lor$	$\neg$	$b)$	b
T	T	F	T	T	F	T	T
T	F	F	T	T	T	F	F
F	T	T	F	F	F	T	T
F	F	F	F	T	T	F	F

这是一个有效的论证，因为不存在前提都为真但结论为假的情况。当前提为真（第 3 行）时，结论也为真。

2. 令 $a=$ 经理注意到变化，$b=$ 经理同意改变。

$\neg a \lor b, a / \therefore b$

$°a$	b	$\neg$	a	$\lor$	b	a	b
T	T	F	T	T	T	T	T
T	F	F	T	F	F	T	F
F	T	T	F	T	T	F	T
F	F	T	F	T	F	F	F

这是一个有效的论证，因为不存在前提都为真但结论为假的情况。当前提为真（第1行）时，结论也为真。

3. 令 $a=$ 人有自由意志，$b=$ 上帝知道每个人接下来要做什么。

$a \rightarrow \neg b, \neg a / \therefore b$

a	b	a → ¬ b	¬ a	b
T	T	T F F T	F T	T
T	F	T T T F	F T	F
F	T	F T F T	T F	T
F	F	F T T F	T F	F

这是一个无效的论证，因为存在一种前提为真但结论为假的情况（第4行）。这是否定前件谬误。

4. 令 $a=$ 上帝存在，$b=$ 上帝是善良的，$c=$ 上帝容忍邪恶的事情。

$a \rightarrow b, b \rightarrow \neg c, c / \therefore \neg a$

a	b	c	a → b	b → ¬ c	c	¬ a
T	T	T	T T T	T F F T	T	F T
T	T	F	T T T	T T T F	F	F T
T	F	T	T F F	F T F T	T	F T
T	F	F	T F F	F T T F	F	F T
F	T	T	F T T	T F F T	T	T F
F	T	F	F T T	T T T F	F	T F
F	F	T	F T F	F T F T	T	T F
F	F	F	F T F	F T T F	F	T F

这是一个有效的论证，因为不存在前提都为真但结论为假的情况。当前提为真（第7行）时，结论也为真。

5. 令 $a=$ 这个议员投票反对这个议案，$b=$ 这个议员反对处罚逃税者，$c=$ 这个议员自己就是逃税者。

$a \rightarrow b, c \rightarrow b / \therefore a \rightarrow c$

a	b	c	$a \rightarrow b$	$c \rightarrow b$	$a \rightarrow c$
T	T	T	T T T	T T T	T T T
T	T	F	T T T	F T T	T F F
T	F	T	T F F	T F F	T T T
T	F	F	T F F	F F F	T F F
F	T	T	F T T	T T T	F T T
F	T	F	F T T	F T T	F T F
F	F	T	F T F	T F F	F T T
F	F	F	F T F	F T F	F T F

这是一个无效的论证。因为存在一种前提为真但结论为假的情况（第2行）。虽然还有其他前提为真且结论为真的情况（第1行、第5行、第6行和第8行），但是因为这个论证不能保证在前提为真的所有情况中结论都为真，所以该论证是无效的。

6. 令 $a=$ 在不吸烟的人周围吸烟是公平的，$b=$ 吸二手烟有害，$c=$ 肺脏健康研究协会告诉我们吸二手烟有害。

$b \rightarrow \neg a, b \vee \neg c / \therefore c \rightarrow (\neg a \ \& \ b)$

a	b	c	b → ¬ a	b ∨ ¬ c	c → (¬ a & b)
T	T	T	T F F T	T T F T	T F F T F T
T	T	F	T F F T	T T T F	F T F T F T
T	F	T	F T F T	F F F T	T F F T F F
T	F	F	F T F T	F T T F	F T F T F F
F	T	T	T T T F	T T F T	T T T F T T
F	T	F	T T T F	T T T F	F T T F T T
F	F	T	F T T F	F F F T	T F T F F F
F	F	F	F T T F	F T T F	F T T F F F

这是一个有效的论证，因为不存在前提都为真但结论为假的情况。当前提为真（第4行、第5行、第6行和第8行）时，结论也为真。

7. 令 *a*= 她尊重她的朋友，*b*= 她有许多朋友，*c*= 她期望朋友们的举止相似。

$b \rightarrow a, a \rightarrow \neg c, b / \therefore \neg c$

a	b	c	b → a	a → ¬ c	b	¬ c
T	T	T	T T T	T F F T	T	F T
T	T	F	T T T	T T T F	T	T F
T	F	T	F T T	T F F T	F	F T
T	F	F	F T T	T T T F	F	T F
F	T	T	T F F	F T F T	T	F T
F	T	F	T F F	F T T F	T	T F
F	F	T	F T F	F T F T	F	F T
F	F	F	F T F	F T T F	F	T F

当前提都为真（第2行）时，结论也为真。因此，这是一个有效的论证。

8. 令 *a*= 实现机会平等，*b*= 弱势群体应当得到特殊机会，*c*= 一些人会受到优待。

$a \rightarrow b,\ b \rightarrow c,\ c \rightarrow \neg a\ /\ \therefore\ \neg a$

a	b	c	a → b	b → c	c → ¬ a	¬ a
T	T	T	T T T	T T T	T F F T	F T
T	T	F	T T T	T F F	F T F T	F T
T	F	T	T F F	F T T	T F F T	F T
T	F	F	T F F	F T F	F T F T	F T
F	T	T	F T T	T T T	T T T F	T F
F	T	F	F T T	T F F	F T T F	T F
F	F	T	F T F	F T T	T T T F	T F
F	F	F	F T F	F T F	F T T F	T F

当前提都为真（第 5 行、第 7 行和第 8 行）时，结论也为真。因此，这个论证是有效的。

9. 令 $a=$ 人是完全理性的，$b=$ 所有人的行为都是可以预测的，$c=$ 宇宙在本质上是确定的。

$a \rightarrow (b \vee c),\ \neg b\ /\ \therefore\ \neg c \rightarrow \neg a$

a	b	c	a → (b ∨ c)	¬ b	¬ c → ¬ a
T	T	T	T T T T T	F T	F T T F T
T	T	F	T T T T F	F T	T F F F T
T	F	T	T T F T T	T F	F T T F T
T	F	F	T F F F F	T F	T F F F T
F	T	T	F T T T T	F T	F T T T F
F	T	F	F T T T F	F T	T F T T F
F	F	T	F T F T T	T F	F T T T F
F	F	F	F T F F F	T F	T F T T F

当前提都为真（第3行、第7行和第8行）时，结论也为真。因此，这个论证是有效的。

10. 令 $a=$ 我们学习的东西，$b=$ 我们知道的东西，$c=$ 我们忘记的东西。

$a \to b, c \to b, c \to \neg a \ / \ \therefore \neg a$

a	b	c	a → b	c → b	c → ¬ a	¬ a
T	T	T	T T T	T T T	T F F T	F T
T	T	F	T T T	F T T	F T F T	F T
T	F	T	T F F	T F F	T F F T	F T
T	F	F	T F F	F T F	F T F T	F T
F	T	T	F T T	T T T	T T T F	T F
F	T	F	F T T	F T T	F T T F	T F
F	F	T	F T F	T F F	T T T F	T F
F	F	F	F T F	F T F	F T T F	T F

在前提为真时，结论有可能为假（第2行）。因此，这个论证是无效的。

练习 5.5 简短真值表法

1. 假设论证是无效的。

(a ∨ b) → c	(a & c) ≡ ¬ b	b → ¬ c
F T T T T	F F T T F T	T F F T

因为结论为假，所以 b 为真并且 c 也为真。把 b 和 c 的真值代入其他命题，从而得到 a 为假。我们没有发现矛盾。因此，该论证是无效的。

2. 假设论证是无效的。

(a → b) & [(a & b) → c]	a → (c → b)	a → ¬ b
T T T T T T T T T	T T T T T	T F F T

因为结论为假，所以 a 为真并且 b 也为真。把 a 和 b 的真值代入其他命题，从而得到 c 为真。我们没有发现矛盾。因此，该论证是无效的。

3. 假设论证是无效的。

$(a \lor b) \to c$	$d \lor [c \to (\neg a \;\&\; \neg b)]$	$a \cdot \to (b \lor d)$
T T F T T	F T T T T F̲ T T F	T̲ F F F

因为结论为假，所以 a 为真、b 为假并且 d 为假。把 a 和 b 的真值代入第一个前提，得到 c 为真；把 b、c 和 d 的真值代入第二个前提，于是 a 必须为假。这与之前得到的"a 为真"相矛盾，所以假设是错误的，该论证有效。

4. 假设论证是无效的。

$(a \to b) \;\&\; (c \to \neg a)$	$a \lor c$	$\neg b \lor a$
F T T T T T T F	F T T	F T F F

因为结论为假，所以 b 为真并且 a 为假。把 a 和 b 的真值代入其他命题，从而得到 c 为真。我们没有发现矛盾。因此，该论证是无效的。

5. 假设论证是无效的。

$a \to (b \lor c)$	$(\neg b \to c) \;\&\; a$	$c \;\&\; \neg b$	$a \equiv (b \to c)$
T T F T T	T F T T T T	T̲ T T F̲	T F T̲ F F̲

因为第三个前提为真，所以 c 为真并且 b 为假。因为第二个前提为真，所以 a 为真。把这些真值代入其他命题。因为结论为假并且 a 为真，因而 $(b \to c)$ 一定为假，从而 b 为真并且 c 为假。这与之前的结果相矛盾。因此，假设是错误的，该论证有效。

练习 6.1 将日常语言翻译为谓词逻辑形式

1. 令 $S=$ 是学生，$C=$ 作弊。

$\forall x(Sx \rightarrow \neg Cx)$

2. 令 $D=$ 是外交官，$R=$ 是富有的。

$\exists x(Dx \ \& \ \neg Rx)$

3. 令 $S=$ 是被蜘蛛咬伤的，$F=$ 是致命的。

$\exists x(Sx \ \& \ Fx)$

4. 令 $A=$ 是一个申请，$S=$ 是成功的。

$\neg \forall x(Ax \rightarrow Sx)$，或等值地翻译为 $\exists x(Ax \ \& \ \neg Sx)$

5. 令 $Q=$ 是合格的机械师，$R=$ 可以修理汽车。

$\forall x(Rx \rightarrow Qx)$，或等值地翻译为 $\forall x(\neg Qx \rightarrow \neg Rx)$

6. 令 $S=$ 会游泳，$D=$ 可以潜水，$R=$ 可以划船。

$\forall x[Sx \vee \neg(Dx \vee Rx)]$，或等值地翻译为 $\forall x[Sx \vee (\neg Dx \ \& \ \neg Rx)]$ 或 $\forall x[\neg Sx \rightarrow \neg(Dx \vee Rx)]$ 或 $\forall x[(Dx \vee Rx) \rightarrow Sx]$

7. 令 $D=$ 喜欢侦探小说的，$A=$ 喜欢夏洛克·福尔摩斯，$F=$ 是个门外汉。

$\forall x[Dx \rightarrow (Ax \vee Fx)]$

一般来讲，"喜欢"应该是一个二元谓词，即 $Axy=x$ 喜欢 y。在这个命题中，y 的位置上是一个固定的个体（夏洛克·福尔摩斯），只有 x 的位置上是个体变元。因此，我们可以把这个命题中的"喜欢"处理成一个一元谓词。

另外，析取应该是蕴涵的后件中的运算，还是整个命题的主运算（蕴涵式和原子命题"这个人是个门外汉"之间的关系）？我所理解的这个句子的意思是，喜欢夏洛克·福尔摩斯的人和是门外汉的人都与"任何喜欢侦探小说的人"相关联。因此，正确的解读应该是，析取是蕴涵的后件中的运算，而不是整个命题的主运算。

8. 令 $b=$ 贝蒂，$Lxyt=x$ 在时间 t 喜欢 y。

$\forall x\forall y\forall t\{Lbxt \rightarrow [(Lbxt \ \& \ Lbyt) \rightarrow x=y]\}$

这个命题提到了"在同一时间只会爱上一个人"，这是一种复杂的说法。这种说法意味着，这个命题中的"爱"是一个要把时间也包含在内的三元谓词，而不是我们通常理解的只包含两个人的二元谓词。

这个命题表达了贝蒂每次所爱的人"恰好只有一个"。为了表达"恰好只有一个"，我们的方法是，如果贝蒂又爱上了其他人，那么这个"其他人"与贝蒂已经爱上的人是同一个人。这种说法表示，贝蒂只爱一个人，而不是多个人。

贝蒂"只会爱"表明，贝蒂在某个给定的时间可能不爱任何人，但是她如果爱某个人，那么将只会爱这一个人。基于这种解读，我们不用存在量化的方式来表示贝蒂爱某个人，而只用全称量化：对于任何人，如果贝蒂爱他，那么贝蒂将只爱这个人。我们也应对时间使用全称量化。这是因为"在同一时间"意味着在任何时间，而不是在某个特定的时间点。

9. 令 $S=$ 是士兵，$Oxy=x$ 服从 y。

$\forall x\exists y(Sx \rightarrow Oxy) \ / \therefore \exists y\forall x(Sx \rightarrow Oxy)$

在这个命题中，结论似乎为真，因为军队的制度便是如此。军队是高度集中化管理的、有明确的指挥系统。因此，一个指挥官被每个士兵所服从，这是一个事实。然而，这个结论的真并不来自前提的真。即使每个士兵都服从某个指挥官，军队中也有可能并没有一个公认的所有士兵都服从的指挥官。因此，单从论证的形式上看，这个论证是无效的。使用本书中提到的逻辑类推法也可以说明这一点。为了使这个论证有效，我们还需要增加其他一些前提。

10. 令 $S=$ 是士兵，$Uyx=y$ 是 x 的指挥官，$Oxy=x$ 服从 y，$Pyx=y$ 表扬 x。

$\forall x\forall y[(Sx \ \& \ Uyx \ \& \ \neg Oxy) \rightarrow \neg Pyx]$

这个命题并没有具体说明士兵不服从哪一个指挥官。事实上，不服从指挥官的命令很可能是士兵的一种不合格的行为，所以任何指挥官都不可能表扬不服从指挥官命令的士兵。因此，我们对"指挥官"做全称量化。

第 7～10 题相对来说更难一些。你如果没有马上做出正确答案，也不用担心。你可以试着去理解上述给出的分析，并且坚持练习。

练习 6.2 检验下列简单的论证

1. $\forall x(Sx \to \neg Tx)$, $\exists x(Sx \, \& \, Ux)$ / $\therefore \exists x(Ux \, \& \, \neg Tx)$

① $\forall x(Sx \to \neg Tx)$

② $\exists x(Sx \, \& \, Ux)$ / $\therefore \exists x(Ux \, \& \, \neg Tx)$

③ $Sa \, \& \, Ua$ ② $\exists$E

④ Sa ③ Simp

⑤ Ua ③ Simp

⑥ $Sa \to \neg Ta$ ① $\forall$E

⑦ $\neg Ta$ ⑥④ MP

⑧ $Ua \, \& \, \neg Ta$ ⑤⑦ Conj

⑨ $\exists x(Ux \, \& \, \neg Tx)$ ⑧ $\exists$I

2. $\exists x(Px \, \& \, \neg Qx)$, $\forall x(Px \to Rx)$ / $\therefore \exists x(Rx \, \& \, \neg Qx)$

① $\exists x(Px \, \& \, \neg Qx)$

② $\forall x(Px \to Rx)$ / $\therefore \exists x(Rx \, \& \, \neg Qx)$

③ $Pa \, \& \, \neg Qa$ ① $\exists$E

④ Pa ③ Simp

⑤ $\neg Qa$ ③ Simp

⑥ $Pa \to Ra$ ② $\forall$E

⑦ Ra ⑥④ MP

⑧ $Ra \, \& \, \neg Qa$ ⑦⑤ Conj

⑨ $\exists x(Rx \, \& \, \neg Qx)$ ⑧ $\exists$I

3. $\forall x(Gx \rightarrow Fx)$, $\forall x(Qx \rightarrow \neg Fx)$ / $\therefore$ $\forall x(Qx \rightarrow \neg Gx)$

① $\forall x(Gx \rightarrow Fx)$

② $\forall x(Qx \rightarrow \neg Fx)$ / $\therefore$ $\forall x(Qx \rightarrow \neg Gx)$

③ $Ga \rightarrow Fa$ ① $\forall$E

④ $\neg Fa \vee \neg Ga$ ③ Trans

⑤ $Qa \rightarrow \neg Fa$ ② $\forall$E

⑥ $Qa \rightarrow \neg Ga$ ⑤④ Hs

⑦ $\forall x(Qx \rightarrow \neg Gx)$ ⑥ $\forall$I

4. $\exists x\{(Ex \& Fx) \& [(Ex \vee Fx) \rightarrow (Gx \& Hx)]\}$ / $\therefore$ $\forall x(Ex \rightarrow Hx)$

① $\exists x\{(Ex \& Fx) \& [(Ex \vee Fx) \rightarrow (Gx \& Hx)]\}$ / $\therefore$ $\forall x(Ex \rightarrow Hx)$

② $(Ea \& Fa) \& [(Ea \vee Fa) \rightarrow (Ga \& Ha)]$ ① $\exists$E

③ $Ea \& Fa$ ② Simp

④ $(Ea \vee Fa) \rightarrow (Ga \& Ha)$ ② Simp

⑤ Ea ③ Simp

⑥ $Ea \vee Fa$ ⑤ Add

⑦ $Ga \& Ha$ ④⑥ MP

⑧ Ha ⑦ Simp

⑨ $Ha \vee \neg Ea$ ⑧ Add

⑩ $\neg Ea \vee Ha$ ⑨ Com

⑪ $Ea \rightarrow Ha$ ⑩ Impl

⑫ $\forall x(Ex \rightarrow Hx)$ ⑪ $\forall$I

5. $\exists x[Cx \& \neg(Dx \rightarrow Ex)]$, $\forall x[(Cx \& Dx) \rightarrow Fx]$, $\forall x(Gx \rightarrow \neg Cx)$ / $\therefore$ $\exists x(\neg Gx \& Fx)$

① $\exists x[Cx \& \neg(Dx \rightarrow Ex)]$

② $\forall x[(Cx \& Dx) \rightarrow Fx]$

③ $\forall x(Gx \rightarrow \neg Cx)$ / $\therefore$ $\exists x(\neg Gx \& Fx)$

④ $Ca \,\&\, \neg(Da \to Ea)$	① ∃E
⑤ Ca	④ Simp
⑥ $\neg(Da \to Ea)$	④ Simp
⑦ $\neg(\neg Da \lor Ea)$	⑥ Impl
⑧ $Da \,\&\, \neg Ea$	⑦ DeM
⑨ Da	⑧ Simp
⑩ $Ca \,\&\, Da$	⑤⑨ Conj
⑪ $(Ca \,\&\, Da) \to Fa$	② ∀E
⑫ Fa	⑪⑩ MP
⑬ $Ga \to \neg\, Ca$	③ ∀E
⑭ $\neg\neg Ca$	⑤ DN
⑮ $\neg Ga$	⑬⑭ MT
⑯ $\neg Ga \,\&\, Fa$	⑮⑫ Conj
⑰ $\exists x(\neg Gx \,\&\, Fx)$	⑯ ∃I

6. 令 $P=$ 付出努力的，$R=$ 得到相应的奖励，$a=$ 安德鲁。

$\forall x(Px \to Rx), \neg Pa \;/\; \therefore \neg Ra$

假设论域中只有一个个体，那么这个论证可以例示如下。

$Pa \to Ra, \neg Pa \;/\; \therefore \neg Ra$

假设这个论证是无效的。

$Pa \to Ra$	$\neg\, Pa$	$\neg\, Ra$
F T T	T F	F T

我们没有发现任何矛盾，所以这是一个使得论证无效的例示。因此，量化后的论证也是无效的。

7. 令 $M=$ 是管理者，$H=$ 工作很勤勉，$O=$ 是官员。

$\exists x(Mx \,\&\, Hx), \exists x(Ox \,\&\, \neg Hx) \;/\; \therefore \forall x(Ox \to \neg Mx)$

尝试用一个个体来例示这个论证。假设论域中只有一个个体常元 a，那么这个论证可以例示如下。

$Ma\&Ha$, $Oa\&\neg Ha$ / $\therefore$ $Oa \to \neg Ma$

假设论证是无效的。

Ma & Ha	Oa & $\neg$ Ha	Oa $\to$ $\neg$ Ma
T T T	T T T F	T F F T

这个例示中存在一个矛盾，所以这个例示的论证是有效的。

尝试用两个个体来例示这个论证。假设论域中有两个个体常元 a 和 b，那么这个论证可以例示如下。

$(Ma\&Ha) \lor (Mb\&Hb)$, $(Oa\&\neg Ha) \lor (Ob\&\neg Hb)$ / $\therefore$ $(Oa \to \neg Ma)\&(Ob \to \neg Mb)$

假设论证是无效的。

$(Ma$ & $Ha)$ $\lor$ $(Mb$ & $Hb)$	$(Oa$ & $\neg$ $Ha)$ $\lor$ $(Ob$ & $\neg$ $Hb)$	$(Oa$ $\to$ $\neg$ $Ma)$ & $(Ob$ $\to$ $\neg$ $Mb)$
T T T T T F F	T F F T T T T T F	T F F T F T F F T

我们没有发现任何矛盾。因此，量化后的论证是无效的。

8. 令 $V=$ 是老爷车，$R=$ 很稀有，$Oxy=x$ 拥有 y。

$\forall x(Vx \to Rx)$ / $\therefore$ $\exists x \exists y[(Oxy \& Vy) \to (Oxy \& Ry)]$

 ① $\forall x(Vx \to Rx)$ / $\therefore$ $\exists x \exists y[(Oxy \& Vy) \to (Oxy \& Ry)]$

 ② $Vb \to Rb$ ① $\forall$E

 ③ Oab & Vb CP 前提

 ④ Oab ③ Simp

 ⑤ Vb ③ Simp

 ⑥ Rb ②⑤ MP

 ⑦ Oab & Rb ④⑥ Conj

⑧ $(Oab \& Vb) \to (Oab \& Rb)$ ③~⑦ CP

⑨ $\exists x \exists y[(Oxy \& Vy) \to (Oxy \& Ry)]$ ⑧ ∃I